知っておきたい

名僧のことば事典

中尾　堯・今井雅晴　編

吉川弘文館

はじめに

近年、新たな観点から仏教が注目されている。映画や演劇、あるいは各地で仏教関係の展覧会が開催されている。また寺院巡りが盛んになり、仏像を見たいという人たちが増えていると聞く。仏教ブームである。「仏女」（仏教好きの女性）・「仏像ガール」（仏像を見るのが趣味の女性）などの流行語が生まれるなど、少し前では考えられなかった。これらは、個人的な信仰というより、心の癒しを求める社会の要求がこのような動きとなって現れていると思われる。社会的な荒廃がいわれる昨今、やはり日本人にとって仏教は精神的に拠るべきところ、帰るべきところの一つということであろう。

振り返ってみれば、過去の時代には多くの僧侶たちが活躍していた。彼らはよりよき生き方を求めて修行し、さらには無数の人々を導くべく社会に入っていった。そして人々と喜びと悲しみをともにしつつ、それぞれの人生を過ごした。彼らは日本の歴史上に大きな業績と足跡を残している。なかでも名僧と讃えられている僧侶たちが残した言葉には蘊蓄があるものが多く、私たち現代人が生きる上での糧となっている。その言葉は、それらの名僧が生きた時代を背景にして生まれたものであるけれども、その時代を超えて私たちに感動を与えてくれる。

現代は混迷の時代である。個人的に、家庭的にまた社会的に、種々の悩みを抱えている人は多い。そうでなくても、今後の人生に向けての生きる指針を探し求めている人は多い。本書は、その答えを名僧の言葉にたずねていこうという目的のもとに、企画したものである。

本書において名僧として採り上げた僧侶の数は、古代から近世まで三四人である。いずれも各時代で活躍し、それぞれの特色ある表現で、すぐれた深みのある言葉を残した僧侶たちである。この三四人のうち、聖徳太子だけは俗人である。しかし日本で初めて仏教の本質を理解した人であるといわれており、また今日に至るまで大きな影響をおよぼしている人なので、採り上げる対象の一人とした。

本書は、これら名僧たちが残した言葉のなかから、特に注目すべき言葉を選び出し、平易に解き明かすこととした。名僧たちは、その考えを、必ずしもわかりやすい言葉で表現しているわけではない。彼らの人生のそれぞれの場面で、それらに対応する言い方で言葉を残している。本書では、その言葉をより深く理解するために、名僧たちの伝記をみつめつつ、言葉はできるだけ読みやすく現代仮名遣いを基本とし、現代語訳を付して解説を加えた。その作業に当たっては、仏教史上の新しい研究成果を参照し、現代社会の課題に応えられるような内容にするべく、心がけた。

本書が、読者にとって人生の指針の書となるのみならず、現代と将来の時代に対応できる、新しい日本仏教史ともなれば幸いである。

本書の執筆に参加して下さった小原仁、真野俊和、根本誠二、中尾良信、原田正俊の各氏には、ここでお礼を申し上げたい。また編集・制作にあたってくださった大岩由明氏をはじめとする吉川弘文館の方々にも、お礼を申し上げたい。

二〇一〇年六月二十日

中尾　堯
今井雅晴

目次

はじめに

古代

1 聖徳太子（五七四―六二二） 2
三宝崇敬の勧め／仏法興隆と留学僧／真実なる仏を求めて

2 行基（六六八―七四九） 9
小僧から菩薩へ／菩薩の化身

3 最澄（七六七―八二二） 14
仏道修行への志／密教の修得／僧侶の育成／奈良仏教との論争

4 空海（七七四―八三五） 29
師弟とは／弟子の嗜み／伝統をうけつぐ

5 円　仁（七九四—八六四） 41
五台山の巡礼／寺院での生活を学ぶ

6 空　也（九〇三—七二） 46
阿弥陀聖・市聖／利他の心／如来の使者

7 良　源（九一二—八五） 51
学問の奨励／女性へのおもいやり

8 源　信（九四二—一〇一七） 55
往生極楽へのいざない／寛容と謙虚／大陸への眼差し／教えと導き／白骨観

9 覚　鑁（一〇九五—一一四三） 65
密教と浄土教の融合／懺悔の思い

中世

10 西行（一一一八―九〇） 72
出家と修行／桜と日本文化

11 重源（一一二一―一二〇六） 78
旅修行の日々／結縁の功徳

12 法然（一一三三―一二一二） 86
師匠に出会う／選択本願念仏説／法然の悪人正機説／九条兼実との交流／一枚起請文

13 貞慶（一一五五―一二一三） 103
仏法流布の基／能力と修行／極楽への道／仏法と王法

14 栄西（一一四一―一二一五） 110
禅と戒／中興のおもい

15 慈　円（一一五五―一二二五） 115
出家の道と世俗の世界／世の中の道理／仏法に対する思い

16 明　恵（一一七三―一二三二） 123
菩提心の有無／「あるべきようは」

17 親　鸞（一一七三―一二六二） 128
阿弥陀仏への帰依／法然への信頼／悪人正機説／越後への流罪と関東への移住／自然法爾

18 道　元（一二〇〇―五三） 145
修行とは何か／身心脱落／正伝の仏法／慈念衆生

19 叡　尊（一二〇一―九〇） 164
人に生まれ仏法に遭う幸せ／仏の「戒」を受ける意味／殺生禁断の心

20 蘭渓道隆（一二一三—七八） 170
坐禅の重視／修行の心得／修行と人生

21 日　蓮（一二二二—八二） 175
地上の浄土／信仰者の使命／生命を見つめて／心の財宝を積み重ねることが大事

22 無学祖元（一二二六—八六） 190
モンゴル兵との対峙／円覚寺における修行生活の心得

23 一　遍（一二三九—八九） 195
阿弥陀信仰／衣食住と家族を捨てる／捨てきった境地／一遍の遺言

24 無住道暁（一二二六—一三一二） 212
迷いと悟り／仏法と人生

古代

1 聖徳太子

しょうとくたいし

五七四—六二二

推古天皇の摂政《せっしょう》として、政治・外交・文化の多方面にわたって活躍し、古代史上の一時期を画した。用明《ようめい》天皇の第二皇子で穴穂部間人《あなほべのはしひと》皇后を母として、五七四年に生まれる。名を厩《うま》戸豊聡耳皇子《やどのとよとみみのみこ》といい、上宮《じょうぐう》太子ともいった。

五九三年に伯母に当たる推古天皇の摂政となり、蘇我馬子《そがのうまこ》とともに政務を司った。その施策は、まず六〇三年に新たな位階制度を定め、徳《とく》・仁《じん》・礼《れい》・信《しん》・義《ぎ》・智《ち》をそれぞれ大と小に分けた「冠位十二階《かんいじゅうにかい》」を設けて、人材登用の道を開いた。六〇四年には『憲法十七条《けんぽうじゅうしちじょう》』を制定し、群臣に道徳的な心得を示した。その内容は、儒教と仏教の思想を色濃く反映していた。本書は乙巳《いっし》の変（六四五年）の際、蘇我邸の炎上とともに焼失したという。遣隋使《けんずいし》は、六〇〇年に第一回が派遣され、前後六回にわたった。特に六〇七年には、小野妹子《おののいもこ》が使節となって、数十人の僧が仏法の習得を目指して随行している。

聖徳太子は、みずから仏教を信じて、仏法興隆を旗印に文化事業を進めた。とくに四天王寺・法隆寺を創建して、日本の仏教文化史上に不朽の足跡を残した。法隆寺を舞台とする学問研究も盛んで、聖徳太子が著した『三経義疏《さんぎょうぎしょ》』は、法華経《ほけきょう》・勝鬘経《しょうまんぎょう》・維摩経《ゆいまきょう》の注釈書からなり、学僧の高いレベルが窺える。聖徳太子の日本仏教史上に印した足跡は大きく、後世まで「和国の教主」として崇められた。六二二年、四九歳で没した。

一　三宝崇敬の勧め

篤《あつ》く三宝《さんぼう》を敬《うやま》え。三宝とは仏《ほとけ》・法《のり》・僧《ほうし》なり。則《すなわ》ち四生《よつのうまれ》の終帰《おわりのよりどころ》、万《よろず》の国の極宗《きわめのむね》なり。いずれの世、いずれの人か、この法を貴ばざらん。（「憲法十七条」第二条、『日本書紀』推古天皇十二年四月戊辰条）

伝聖徳太子像（聖徳太子二王子像の内，御物）

【訳】ひたすらに仏教の「三宝」を深く敬いなさい。この「三宝」というのは、仏と法と僧とのことである。この「三宝」こそ、命あるありとあらゆるものが従うべき拠り所であり、すべての国が尊ぶべき究極の教えである。いずれの世であろうと、何処のだれ人であろうと、この尊い仏法を崇め敬わないでいられるであろうか。必ず崇敬《すうけい》しなくてはならないのである。

【解説】聖徳太子が六〇四年に制定した『憲法十七条』の第二条に示された条文である。生きとし生けるもの、すなわち「衆生《しゅじょう》」のすべてが敬うべきものとして、仏教にいう「三宝」を掲げる。ここにいうように「三宝」とは仏・

法・僧であって、いわば仏教を構成する三つの要素である。第一には永遠の真理を体現する「仏宝《ぶっぽう》」で、第二にはその説法を経典として伝える「法宝」、第三には衆生に法を解き明かして導く「僧宝」とからなっている。この「三宝」によって、仏教の教えに従って修行し、衆生に伝道する聖者ができあがる。インドでは、これに男性信者の優婆塞《うばそく》と女性信者の優婆夷《うばい》が加わって、仏教の教団ができあがる。何より仏・法・僧の「三宝」を敬うことが、仏教信仰の第一歩であり基本である。

　では、「三宝」をなぜ敬わなくてはならないのか。それはまず、仏教は「四生《ししょう》の終帰」だからである。「四生」とは、すべての生物をその生まれ方によって、胎生《たいしょう》・卵生《らんしょう》・湿生《しつしょう》・化生《けしょう》の四つに分ける考え方である。前の二つは説明を要しないが、湿生とは湿気から生まれるもので昆虫がこれに属し、自分が過去からになってきた「業《ごう》」の力によって生まれた者を化生という。ようするに「生きとし生けるもの」という意味である。「終帰」とは最後の拠り所という意味で、次の「おおもと」を意味する「極宗」の言葉とあわせて、究極の教えを指す。仏教は、国家社会にとって究極の宗教であるから、深く崇敬《すうけい》するように求められている。しかし、その根本理念は、生きとし生けるもののために、仏教の「三宝」を崇敬することである。

二　仏法興隆と留学僧

聞く、海西《かいさい》の菩薩天子《ぼさつてんし》、重ねて仏法を興すと。故に遣わして朝拝《ちょうはい》せしめ、兼ねて沙門《しゃもん》数十人、

来《きた》って仏法を学ぶ。（『隋書《ずいしょ》』倭国伝）

【訳】聞くところによると、遙かなる西海の彼方にある国を統べる、菩薩ともいうべき天子が、仏法を興隆させて信仰を盛んにしているとのことである。それ故に、海を越えて使いを遣わして天子に拝謁させ、あわせて数十人の僧侶を派遣して仏法を学ばせるところである。

【解説】仏教に深い理解を示し、仏法興隆を政治の目標に掲げた聖徳太子は、遙るか西に海を隔てた大陸に栄える隋王朝に視線を投げかけた。当時、隋王朝は煬帝《ようだい》（五六九―六一八）の治世で、聖徳太子は遣隋使を派遣し、「日出《ひい》ずる処の天子、書を日没する処の天子に致す。恙《つつが》なきや」の書き出しで有名な国書を送った。ここにあげた文は、その国書の一節である。

隋王朝では文帝《ぶんてい》・煬帝が二代にわたる仏教信者で、積極的な仏教を保護する政策をとったので、仏教は栄えすぐれた僧を輩出した。天台宗《てんだいしゅう》の智顗《ちぎ》や三論宗《さんろんしゅう》の吉蔵《きちぞう》らは有名で、仏教文化が発展した。

聖徳太子は隋王朝と交流して進んだ文化を取り入れようとし、遣隋使とともに数十人の留学僧《るがくそう》を派遣した。大陸の文化を仏教文化と位置づけ、大海を渡って仏教の文物を輸入することを志したわけだから、大変な壮途といわなくてはならない。仏教文化に象徴される大陸の進んだ文化の輸入と、わが国の仏法興隆に寄せる、太子の篤い意気込みがうかがえる。「海西の菩薩天子」とは煬帝のことである。盛んな仏法興隆の事業を仏教の伝道ととらえて、菩薩になぞらえてこう呼んだ。その天子に国書を奉ることを朝拝という。後に、元日に百官が参内して、天皇に年賀の言葉を申し上げる儀式を朝拝といったが、これとは意味が違う。「来って」は、こちらから向こうに行ってという意味で、大海を渡ってという意を込めているものと思われる。

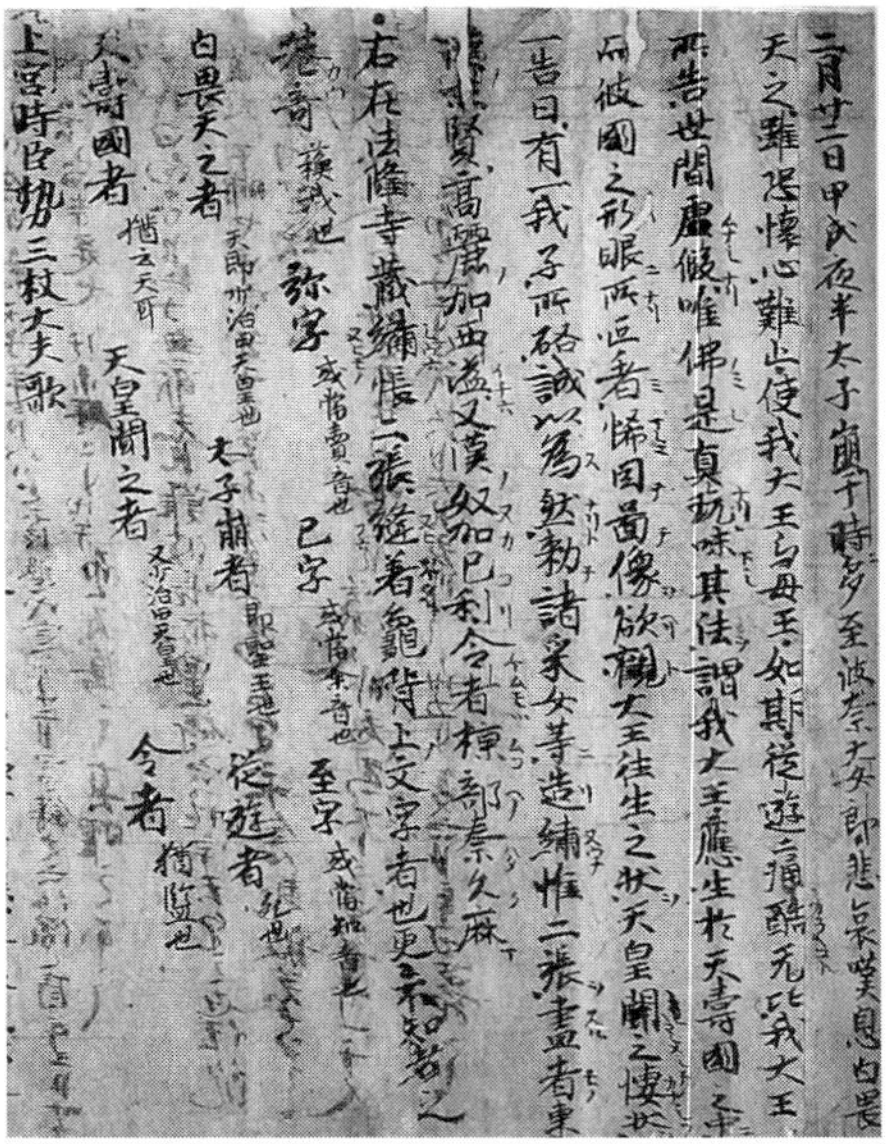

『上宮聖徳法王帝説』（知恩院）
聖徳太子の伝記で，平安中期の成立。『日本書紀』とは異なる所伝も多く，太子研究の基本史料である。

三　真実なる仏を求めて

世間《よのなか》は虚仮《こけ》なり、ただ仏《ほとけ》のみこれ真実《まこと》なり。（「天寿国繡帳《てんじゅこくしゅうちょう》」）

【訳】世間の姿を省みると、すべてが虚しく移ろい行くものとみられる。この無常の世にあって、仏の姿と説法だけが、ただ一つの「真実」なのである。

【解説】奈良法隆寺の東隣の中宮寺《ちゅうぐうじ》に、「天寿国繡帳」の一部が大事に保存されている。その銘文の中に聖徳太子の言葉が記されているが、全文は『上宮聖徳法王帝説《じょうぐうしょうとくほうおうていせつ》』の記事によって窺える。この「天寿国繡帳」は、聖徳太子が没した後に、妃の橘大女郎《たちばなのおおいらつめ》が菩提を弔うために、亡き聖徳太子と母后が往生したであろう天寿国の有様を想像して描き、侍女たちにこれを縫いとらせた「刺繡《ししゅう》」である。「天寿国」というのは、西方にある阿弥陀仏《あみだぶつ》の極楽浄土《ごくらくじょうど》のことで、現存している繡帳は全体のほんの一部にすぎない。

聖徳太子は、推古天皇の摂政として敏腕を発揮し、政治の刷新や仏法興隆などに華々しい成果を上げ、古代史上に燦然と輝く存在であった。その太子が、一生を省みて発した言葉は「世間虚仮《せけんこけ》、唯仏是真《ゆいぶつぜしん》」の八文字で、

「天寿国繍帳」の言葉書に縫いあわされている。深刻な政争に明け暮れしたみずからの一生の姿は、太子にとってはまさに「虚仮」と痛切に感じられた。

法　隆　寺（西院伽藍）
用明天皇が創建を発願した寺院を，推古天皇と聖徳太子が引き継ぎ607年に完成したと伝える。この伽藍は『日本書紀』によると670年に全焼したとあり，再建・非再建論争が繰り広げられたが，1939年西院伽藍前面が発掘されこの伽藍に先行して若草伽藍が存在したことが判明した。

仏教は、不滅の実態を否定し、さまざまな原因（因《いん》）と条件（縁《えん》）が寄り集まって、一切のもの（果《か》）が生じるという、「空《くう》」の観念を説く。この思想を身にまとった聖徳太子は、現実の姿を「虚仮」と観じ、それ故に「不変で真実なるもの」を「仏」に見出した。仏法興隆に象徴される聖徳太子の一生は、真実なる仏を求めての真摯《しんし》な歩みであった。その太子が、母とともに死後に赴いた浄土は、まさに永遠なる仏の国、極楽浄土であった。「天寿国」は、極楽浄土を意味する「无《む》（無《む》）量寿国《りょうじゅこく》」の「无」を「天」と読み違えたのだろうともいわれるが、日本浄土教の貴重な資料である。

もろもろの悪《あしきこと》をなせそ、もろもろの善《よきわざ》をおこなえ。（「遺言」『日本書紀』舒明天皇即位前紀）

【訳】すべての「悪」を、どうして行ってよいだろうか。多くの「善」を実行しなさい。

【解説】仏教では「七仏通戒偈《しちぶつつうかいのげ》」の言葉が、しばしば用いられる。釈尊《しゃくそん》は、過去において六度ほど仏として現れた。これを「六仏」という。それに釈尊を加えて「過去七仏」という。この「過去七仏」が共通して掲げた仏法の目標が「七仏通戒偈」で、今日も仏前でしばしば唱えられる。「諸悪莫作《しょあくまくさ》、諸善奉行《しょぜんぶぎょう》、自浄其意《じじょうごい》、是諸《ぜしょ》仏教《ぶつきょう》（もろもろの悪をなすことなく、もろもろの善をなして、みずから心を清くせよ。これが諸仏の教えである」）という言葉である。聖徳太子はこの「七仏通戒偈」のうち「諸悪莫作、諸善奉行」という二句の言葉を、「遺言」として人々に遺した。聖徳太子が、これこそ真の仏教だと悟り、いつも心の中で唱えていたのが、これら諸仏を通じての言葉であった。

ところで、衆生《しゅじょう》にとって何よりも難しいことは、物事にあたって「善と悪」の正しい判断を下すことである。仏教でいう善と悪は通常の道徳でいう概念とは少し違うところがある。「悪」と「善」は、苦や楽の結果を生んだ前世の因であり、また未来に苦や楽を招くもとともなる。しかも、この善悪についての判断の基準は、当然のことながら仏教の教えにあり、その可否が激しく問われている。この善悪についての正しい判断を下すには、自分の勝手な欲望やよこしまな感情を去って、自分の心を清浄にすることであると教えている。聖徳太子の身辺に漂う清新な雰囲気は、仏教におけるこのような座右銘によるといえよう。

出　典　『日本書紀』（日本古典文学大系六八）岩波書店、一九六五年。沖森卓也・佐藤信・矢嶋泉著『上宮聖徳法王帝説　注釈と研究』吉川弘文館、二〇〇五年。

参考文献　田村圓澄・川岸宏教編『聖徳太子と飛鳥仏教』（日本仏教宗史論集一）吉川弘文館、一九八五年。本郷真紹編『和国の教主　聖徳太子』（日本の名僧一）吉川弘文館、二〇〇四年。

2 行　基

ぎょうき

六六八—七四九

奈良時代の僧。六八二年出家。行基は大寺に寂居《じゃくきょ》する学問僧ではなく、山林修行により宗教家としての力を養い、都鄙《とひ》をめぐって集団的に托鉢《たくはつ》し、困苦《こんく》し浮浪《ふろう》する民衆に食を与え法を説き、灌漑・舟泊《ふなどまり》・橋梁《きょうりょう》などの社会的土木事業をなし、四十九院《しじゅうくいん》と呼ばれる僧尼《そうに》の宗教施設を建立するなど、慈悲にもとづく利他実践《りたじっせん》の宗教家であった。たとえば大阪狭山市に現存する狭山池は、行基が率いる集団によって修理されたとされ、今もその宗教活動の一端を目の当りにすることができる。

しかし、行基の活動は必ずしも律令政府の宗教方針と相容《あいい》れず、しばしば取締りの対象とされ「小僧《しょうそう》」と貶称《へんしょう》された。勝手に民衆に法を説き、多くの私度僧《しどそう》を集めたことが、僧尼《そうに》令《りょう》の規定に違反するとされたからである。

だが、こうした経験や宗教家としての諸力を背景に、天平《てんぴょう》十五年（七四三）東大寺大仏造立《ぞうりゅう》の勧進《かんじん》に抜擢《ばってき》され、同十七年大僧正《だいそうじょう》に任じられた。しかしその後、目立った活動は伝えられず、天平二十一年二月二日、平城京右京の菅原寺《すがわらでら》に没した。八二歳。

行基は時の人に菩薩《ぼさつ》と仰がれ、後世も長く信仰の対象とされて、いまも各地にその遺跡や遺物を残している。しかし残念ながら彼自身の言葉は残されていない。

一　小僧から菩薩へ

まさに今、小僧行基、并《あわ》せて弟子等、街衢《がいく》に零畳《れいじょう》して、妄《みだり》に罪福《ざいふく》を説き、朋党《ほうとう》を合せ構《かま》えて指臂《しひ》を焚《た》き剥《は》ぎ、門《かど》を歴《へ》て仮説《けせつ》して、強《し》いて餘物《よぶつ》を乞《こ》い、詐《いつわ》りて聖道《しょうどう》と称して、百姓《ひゃくせい》を妖惑《ようわく》す。（『続日本紀《しょくにほんぎ》』養老元年四月壬辰条）

行　基　像（唐招提寺）

【訳】小僧行基とその弟子たちは街中に群れ集まり、妄りに吉凶を説き、徒党を組んで指や臂《ひじ》を焼き、家々を訪問しては偽りを説き、無理に物を乞い、聖道と称して人々を惑わせている。

【解説】行基の集団は為政者からすれば明らかに要注意の集団である。ことの善悪ではなく、集団を形成していること自体が不穏なのだ。そしてついに当局はこれを放置できない危険な集団と判断した。「小僧行基」との蔑称《べっしょう》が何よりもそれを物語っている。

所行《ゆ》く処《ところ》和尚《わじょう》来《きた》るを聞けば、巷《ちまた》に居《お》る人无《な》く、争い来りて礼拝《らいはい》す。器《うつわ》に随《したが》いて誘導《ゆうどう》し、咸善《みなぜん》に趣《おもむ》かしむ。また親《みずか》ら弟子等を率《ひき》いて、諸《もろもろ》の要害の処に橋を造り陂《つつみ》を築く。（中略）時の人号《なづ》けて行基菩薩と曰《い》う。（『続日本紀』天平勝宝元年二月丁酉条）

【訳】行基が来ると聞けばみな争うように集まり礼拝したが、彼は人々をそれぞれの能力に合わせて教え導き善行に趣かせた。また弟子たちを率いて地勢の険《けわ》しいところに橋を架《か》け堤防を築いた。（中略）このような行基に対し人々は行基菩薩と称《たた》えたのである。

【解説】行基の行くところに大勢の人々が群がったのは、律令国家の繁栄の陰に呻吟する多数の民衆があったからであり、彼がそれに対し慈悲行《じひぎょう》を実践し救いの手を差し伸べたからである。だから人々は彼を菩薩と称え慕ったのである。そしてこのような吸引力を背景に、架橋・築堤・造寺などの社会活動に展開させていく力により、やがて東大寺大仏造立《ぞうりゅう》の勧進《かんじん》と大僧正就任という国家的地位に挙《あ》げ用いられることになる。

行基遺骨容器残欠（奈良国立博物館）
嘉禎元年（1235）に，奈良県生駒市の竹林寺行基墓から発掘された金銅製円筒形の舎利容器の残欠。

二　菩薩の化身

行基菩薩先読歌曰《まずうたをよみていわく》、霊山《りょうぜん》ノ尺迦《しゃか》ノミマヘニ契《ちぎり》テシ真如《しんにょ》クチセズアヒミツルカナ。波羅門僧正《ばらもんそうじょう》返歌曰《うたをかえしていわく》、伽毘羅衛《かびらえ》ニ

菅　原　寺（喜光寺）
奈良市菅原町にある寺院で，行基が大和国における活動の拠点とし，この寺で示寂した。

トモニ契シカヒアリテ文殊《もんじゅ》ノ御皃《みかお》アヒミツルカナ。トイヒテ、トモニ宮コニノボリ給ヌ。

（『三宝絵《さんぼうえ》』）

【訳】行基菩薩が先に歌を詠み、かつて（釈迦説法の地の）霊鷲山《りょうじゅせん》で、後生《ごしょう》に必ず再会しましょうと誓いあった約束が朽ちることなく果たされて、こうしていまお会いしているのですねというと、波羅門僧正がこれに返して、釈迦生誕の地の伽毘羅衛でともにお約束した甲《か》斐《い》があって文殊菩薩（である行基菩薩）のお顔を拝することができましたと詠《うた》い、ともに都にお上《のぼ》りになった。

【解説】波羅門僧正とはインドから渡来した僧で名を菩提遷那《ぼだいせんな》という。天平勝宝《てんぴょうしょうほう》四年（七五二）四月九日、東大寺大仏の開眼供養会《かいげんくようえ》の導師《どうし》を勤めたことで知られる。彼が来日したのは天平八年（七三六）であるが、この話はそのとき難波津《なにわのつ》に出迎えた行基と波羅門僧正の劇的な対面の光景である。贈答された和歌よりすれば、二人はすでに釈迦説法の地である霊鷲山において後生に日本での再会を約した旧知の間柄であり、しかも波羅門僧正は行基を文殊菩薩と呼んでいるから、行基は文殊の化身《けしん》ということになる。

東大寺大仏殿の大屋根と中門・廻廊
天平の創建以来２度にわたる戦火に遭い，現在の大仏殿は江戸中期再建の３度目のものである。

行基を文殊菩薩の化身とする表現はこれより先『日本霊異《にほんりょうい》記《き》』（上巻五）にも見られる。文殊菩薩は「三人寄れば文殊の智恵」などという俗諺《ぞくげん》で理解されがちだが、古くは一切衆生《いっさいしゅじょう》を貧《ひん》窮《きゅう》や孤独から救済する菩薩として信仰を集めており、これが行基の宗教活動と重ね合わされ『霊異記』や『三宝絵』に伝承されたのであろう。

出　典　『続日本紀』（新日本古典文学大系一二・一四）岩波書店、一九九〇・九二年。『三宝絵』（新日本古典文学大系三一『三宝絵　注好選』岩波書店、一九九七年）。

参考文献　速水侑編『民衆の導者　行基』（日本の名僧二）吉川弘文館、二〇〇四年。井上薫著『行基』（人物叢書）吉川弘文館、一九五九年。

3 最澄《さいちょう》

七六七—八二二

平安時代の僧にして、日本天台宗《てんだいしゅう》の開祖。死後、朝廷より伝教大師《でんぎょうだいし》と贈り名された。神護景雲《じんごけいうん》元年（七六七）、近江国《おうみのくに》（滋賀県）に生まれ、一二歳で仏門に入り、一四歳で得度《とくど》、一九歳のとき東大寺で具足戒《ぐそくかい》を受けたとされる。比叡山《ひえいざん》での、山中修行開始もこの年である。三六歳のとき遣唐使《けんとうし》の一員として唐に派遣される機会をえ、天台大師智顗《ちぎ》が修行して天台の真理を悟ったとされる、天台山への参詣を果たした。最澄はここで、智顗直系の僧侶たちから『法華経《ほけきょう》』を根本経典とする天台の神髄を学び、さらに禅《ぜん》・大乗戒《だいじょうかい》・密教《みっきょう》なども伝授された。

天台宗の奥義を究めた最澄は、帰国後、天台宗興隆のための活動を始めた。大乗戒壇《だいじょうかいだん》設立運動である。しかし、その実現はきわめて困難な道のりであった。それまでの仏教界の主流である奈良大和諸寺院の大きな抵抗にあったからである。最澄は弘仁十三年（八二二）六月四日、比叡山上の中道院で論争に明けくれた波瀾万丈の生涯を終えた。五六歳であった。

大乗戒壇そのものの実現は、最澄の死後七日目まで待たなければならなかったが、比叡山と天台宗はその後の仏教世界にきわめて大きなものをもたらした。著書には、論争の所産として『照権実鏡《しょうごんじつきょう》』『守護国界章《しゅごこっかいしょう》』のほか、『山家学生式《さんげがくしょうしき》』『顕戒論《けんかいろん》』などがある。

比叡山は大学といってよいほどに高度のレベルを維持しつづけ、鎌倉時代におこった新仏教群はすべて比叡山から出発しているのはよく知られたことである。

一　仏道修行への志

我《われ》未《いま》だ六根相似《ろっこんそうじ》の位《くらい》を得ざるより以還《このかた》、出仮《しゅっけ》せじ。其の一。

未だ理を照らすの心を得ざるより以還、才芸あらじ。其の二。

未だ浄戒《じょうかい》を具足《ぐそく》し得ざるより以還、檀主《だんしゅ》の法会《ほうえ》に預《あず》からじ。其の三。

未だ般若《はんにゃ》の心を得ざるより以還、世間の人事の縁務に著《じゃく》せじ。相似の位を除く。其の四。

三際の中間《ちゅうげん》に修する所の功徳《くどく》は独り己《おのれ》が身に受けず遍《あまね》く有識《うしき》に回施《えせ》して悉《ことごと》く皆無上菩提《ぼだい》を得せしめん。其の五。（「願文」）

最　澄　像（一乗寺）

【訳】（その一）私は六根清浄《ろっこんしょうじょう》の位、つまり眼・耳・鼻・舌・身・意の六つがまだ仏と同等の位《くらい》に達していないから、世間にでるこ

比叡山遠望（鴨川より望む）

とはしない。

（その二）私はいまだに仏法の真理を照らす境地に達していないから、仏道以外の技術・芸術にかかわりをもたない。

（その三）私はいまだに清浄な戒律を身につけていないから、施《せ》主《しゅ》の法会には預からない。

（その四）私はいまだに真実の知恵を自分のものにしていないから、世間の仕事にはたずさわらない。ただし六根相似の位に達すれば別である。

（その五）過去・現在・未来の中間、つまり今、この世で積んだ修行の功徳《くどく》を自分だけのものにするのでなく、広くすべての人々に回向《えこう》し、皆がこの上ない悟りに達することができるようにしよう。

【解説】この「願文」とは、最澄が比叡山に籠って山中修行を始めるにあたって記した、発願《ほつがん》の誓いである。「悠々《ゆうゆう》たる三界《さんがい》は純《もっぱ》ら苦にして安きことなく、擾々《じょうじょう》たる四生《ししょう》はただ患《わずら》いにして楽しからざるなし」と書き出されるこの願文は、一方でこのように切実な無常観で彩られるとともに、右にあげた五項目のように強烈な決意と使命感に満ち満ちてもいる。だから、十数年におよぶ籠山《ろうざん》はけっして世間からの退隠といったようなものではなかった。最澄が修行に入山したこの段階で、比叡山が天台専門の山でなかったのは当然であるが、いっぽうこの山での勉学のなかで天台の教えに触れることになったことも確かである。
その後、広い学識で名を知られるようになった最澄に、ついに唐への留学の機会が訪れた。奇しくもその遣唐使の一行に、日本真言宗《しんごんしゅう》の開祖となる空海《くうかい》も加わっていたのは、歴史の不思議な偶然というべきだろう。ただし、仏教界に学名をとどろかせていた最澄は遣唐使とともに往復する短期の還学生《げんがくしょう》であり、空海は長期の留学を予定される留学生《るがくしょう》という身分の違いがあった。

二　密教の修得

但《ただ》、最澄の意趣《いしゅ》、御書《ごしょ》等を写すべきのみ。目録に依って皆悉《みなことごと》く写し取り了《おわ》んぬれば、即ち持して彼の院に向い、一度聴学《ちょうがく》せん。此の院にして写し取ること穏便《おんびん》あり。彼の院に上食せしむこと太《はなは》だ難《かた》し。写し取るに由なし。伏して乞う。吾が大師、奸心《かんじん》を用い、盗《ぬす》みて御書を写し取り、慢心《まんしん》を発《おこ》すと疑うこと莫《なか》れ。泰範仏子《たいはんぶっし》に随《したが》って意を申《の》ぶ。写す所の本、好便借与《こうびんしゃくよ》せよ。小弟子、越三昧《おっさんまい》の心を発さず、委曲《いきょく》の志、具《つぶさ》に泰範仏子に知らしむ。更に違《い》わず。以て指南の志を表す。天照、天照、稽首《けいしゅ》。（「伝教大師消息」）

【訳】私最澄の意図は御書を写すことのみにあります。『請来目録《しょうらいもくろく》』によって皆ことごとくを写し取り終わったなら、ただちにそれらの書物をもって高雄山寺《たかおさんじ》（神護寺《じんごじ》）に行き、一度御講義を聴聞いたしましょう。この比叡山の院でなら書写に都合はよいのですが、高雄の院に滞在することははなはだ困難があり、写し取ることができません。どうかお願い申し上げます。吾が大師よ、私がよこしまな心をもって御書を写し取り、慢心を起こすなどとお疑いにならないで下さい。私の弟子泰範を通して真意を申し上げます。書写したい書物をどうかお貸し下さい。あなたの弟子最澄は、みだりに規則を犯す心はおこしません。委《くわ》しい心のうちは、つぶさに泰範に知らしめてあります。これ以上は申し上げません。お教えを受けたい心のうちを申し述べました。天明らかに照らすごとく、ご賢察下さい。稽首。

【解説】唐にわたって直接天台の教えを修得し、多くの聖典を持ち帰ってきた最澄だったが、それでもなお足りないものがあることを自覚していた。それは密教《みっきょう》である。先述したように、たしかに密教も伝授されたのではあったが、それはごく限られたものにすぎなかった。そこで注目したのが空海である。空海は同じ遣唐使の一行にしたがって唐に渡り、本来ならば二〇年ほども彼の地で学んでいなければならないはずであったが、青《せい》龍寺《りゅうじ》の恵果《けいか》から真言密教《しんごんみっきょう》の神髄を伝授され、最澄よりもすこし遅れただけで帰国していたのである。

空海は当時、高雄山寺におり、その令名はじょじょに知れ渡っていた。最澄はこの空海に弟子の礼をとってまで真言密教を知ろうとしたのである。今日知られている最澄の消息《しょうそく》（書簡）は全部で四〇通あるが、そのうち空海に宛てたものが二四通にのぼる。その半数近い一一通は空海所蔵の経論文書類の借覧要請と返還通知を占め、さらに自身および弟子の真言受法《じゅほう》を懇請したものが六通におよんでいる。そこには「弟子最澄」といった文言さえ見ることができる。最澄の真言修学の熱意がどれほどのものであったかが、ここからも窺えるであろう。さらにさきの消息中に泰範《たいはん》とあるのは最澄の弟子であり、重要なパートナーであった。最澄は泰範を自

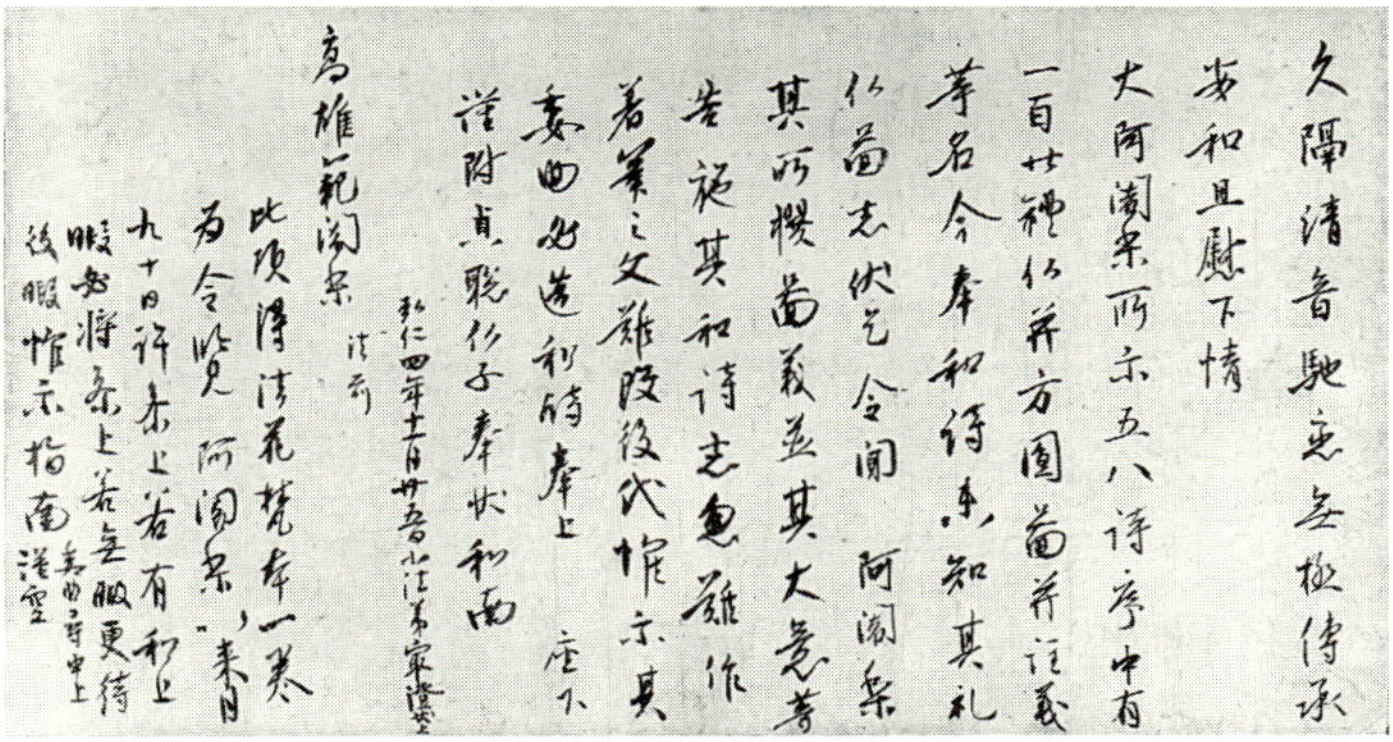

「久 隔 帖」（奈良国立博物館）
最澄の現存する唯一の自筆書簡で，高雄山寺（たかおさんじ）の空海のもとにいた弟子の泰範（たいはん）に宛てたものである。「久隔清音」からはじまることからこの名がある。

らの名代として空海のもとにつかわそうとしているのだから、彼が泰範をどれほど信頼していたか、推測するに難くない。しかもただ使いとか名代とかにとどまらず、泰範を空海の弟子の一員に加えてもらっているほどであった。しかしじつは後述するように、その後の泰範自身の行動が、最澄と空海との間に溝を作り出す一因になってしまうのであった。

はじめのうちこそ空海は最澄の借覧願いに快く応えていたのだが、しだいに最澄に対して違和感をもつようになったらしい。というのはこの消息にもあるように、最澄が密教を学ぶ姿勢の根本にあるのは、一冊でも多くの密教書籍を写し取り、読むことであった。そのうえで高雄を訪れて聴講したいというのである。ここに引用した最澄の書簡には日付がないのだが、弘仁四年（八一三）はじめと推測されている。その同じ年の暮れ近く、いつものように最澄は『釈理趣経《しやくりしゆきよう》』を含む二巻の借用を申し出た。ところが空海はこの依頼を、「秘蔵《ひぞう》の奥旨《おうし》は文の得ることを貴《とうと》しとせず。唯《ただ》心を以《もつ》て心に伝うるに在り。文は是《こ》れ糟粕《そうはく》なり。文は是れ瓦礫《がれき》なり」といって、思いのほかの激しさで拒絶したのである。最澄の依頼文と空海の返書が、確かに対応するものであるかということについて、疑問が提出されてはいるが、それはいま大きな問題ではない。最澄と空海の仏教に対する、とりわけ密教に向かい合う時の姿勢に根本的な相違が明らかにされたのである。最澄は書物で学ぶことがまずさきにあり、面授での修学はそのあとに位置づけられた。ところが空海にとって書物は、密教の修学にとって絶対的な媒体にはなりえないと考えられたのである。「もしそれを学びたければ、自分のところにやってきて、直接心から心への伝授を受けよ」という空海の言い分は、決して驕《おご》りなどではない。最澄にしても、その手間を省こうなどという魂胆があろうはずはない。つまりどちらが正しいのか、という問題ではなく、仏教というものをどのように考えるかという姿勢の問題だったのである。

この行き違いに加えて、泰範の問題もあった。空海のもとに派遣しただけのはずの泰範が、真言密教に魅せられて、最澄のもとに帰ろうとしなくなったのである。最澄は何度も泰範に対して帰参を促す書簡を送っているが、とうとうそれは聞き届けられなかった。その後、天台宗の密教は「台密《だいみつ》」と呼ばれて日本密教のもう一つの柱となりながらも、真言宗の「東密《とうみつ》」とは別の道を進むのであった。

三　僧侶の育成

国宝《こくほう》とは何者ぞ。宝とは道心《どうしん》なり。道心有るの人を名づけて国宝となす。故《ゆえ》に古人の言《い》わく、「径寸《けいすん》十枚、是れ国宝に非《あら》ず。一隅《いちぐう》を照らす、此れ則ち国宝なり」と。古哲《こてつ》また云わく。「能《よ》く言いて行うこと能《あた》わざるは国の師なり。能《よ》く行いて言うこと能《あた》わざるは国の用《ゆう》なり。能く行い能く言うは国の宝なり。三品《さんぼん》の内、唯《ただ》、言うこと能わず、行うこと能わざるを国の賊《ぞく》と為《な》す」と。乃《すなわ》ち道心有るの仏子を、西には菩薩《ぼさつ》と称し、東には君子《くんし》と号す。悪事を己《おのれ》に向え、好事を他に与え、己を忘れて、他を利するは慈悲の極《きわみ》なり。釈教の中、出家に二類あり。一には小《しょう》乗《じょう》の類、二には大乗《だいじょう》の類なり。道心あるの仏子、即ち此《こ》れ斯《こ》の類なり。今、我東州、但《ただ》、小像のみ有りて、未だ大類有らず。大道未だ弘まらず。大人《だいにん》、興《おこ》り難《がた》し。誠に願わくは、先帝の御願、天台の年分《ねんぶん》、永く大類と為し、菩薩僧と為さん。

（『山家学生式《さんげがくしょうしき》』）

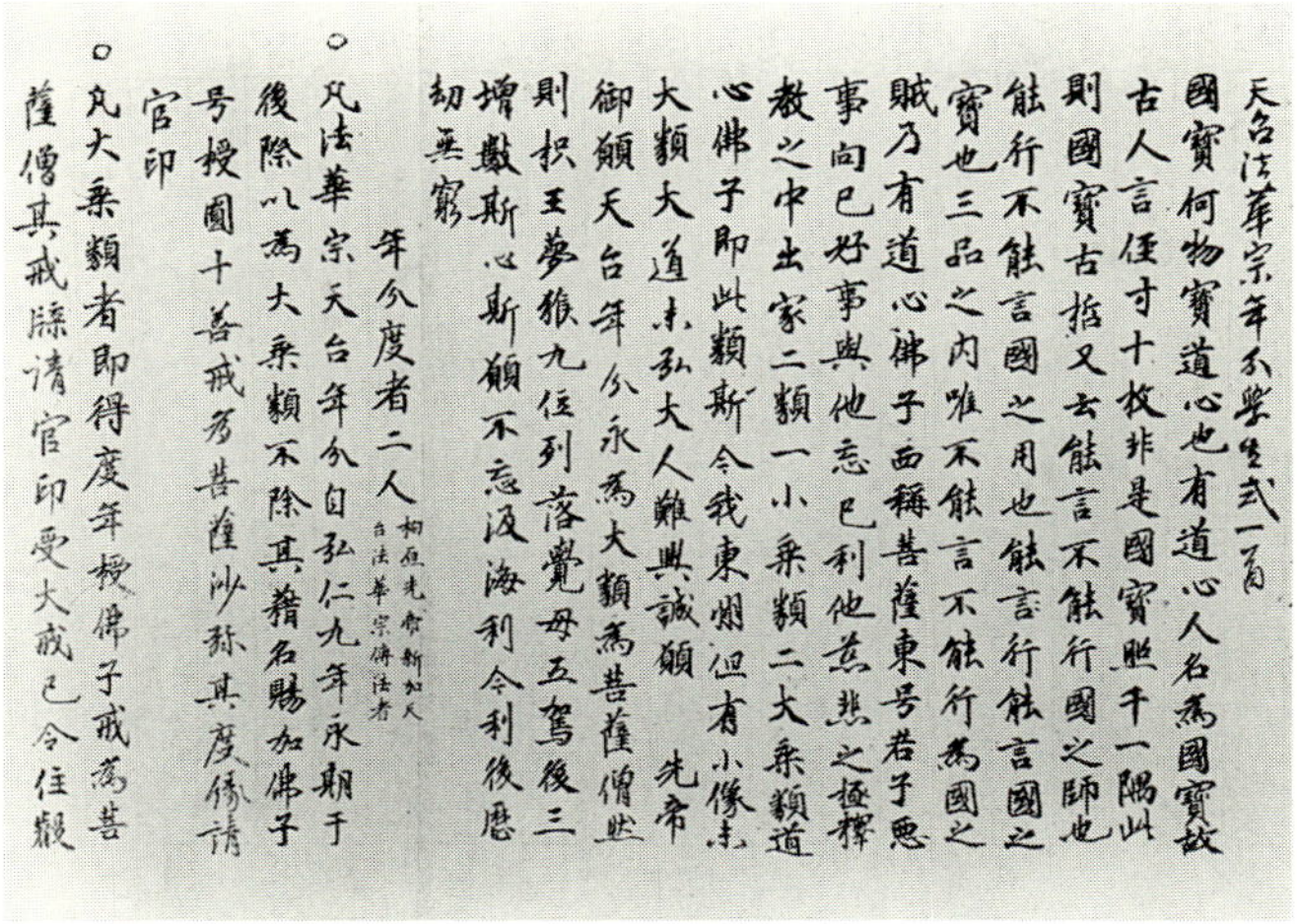

天台法華宗年分學生式一首
國寶何物寶道心也有道心人名爲國寶故
古人言徑寸十枚非是國寶照千一隅此
則國寶古哲又云能言不能行國之師也
能行不能言國之用也能言行能言國之
寶也三品之内唯不能言不能行爲國之
賊乃有道心佛子西稱菩薩東号君子悪
事向己好事與他忘己利他慈悲之極釋
教之中出家二類一小乘類二大乘類道
心佛子即此類斯今我東州但有小像未
大類大道未弘大人難興誠願　先帝
御願天台年分永爲大類爲菩薩僧然
則枳王夢猴九位列落覺母五驚後三
增數斯心斯願不忘汲海利今利後歷
劫無窮
年分度者二人
○凡法華宗天台年分自弘仁九年永期于
後際以爲大乘類不除其籍名賜加佛子
号授圓十善戒爲菩薩沙彌其度縁請
官印
○凡大乘類者即得度年授佛子戒爲菩
薩僧其戒牒請官印受大戒已令住叡

「天台法華宗年分学生式」（延暦寺）
『山家学生式』三首の一首で，最澄は比叡山に独立の大乗戒壇設立のために独自の学生養成の法式を制定し，勅許を請うたもの。

【訳】国の宝とは何か。宝とは道心、つまり仏に帰依《きえ》する心である。道心のある人を名づけて国の宝と名づける。だから古人は言った。「さしわたし一寸の玉十枚は国の宝ではない。一隅を照らすものが国の宝である」と。昔の哲人は言った。「自分の考えを言うことはできるが、行うことのできないものは国の師である。行うことはできるが、行うことと表現のできないものは国の用である。言うことも行うこともよくするものは国の宝である。この三種のうちで、言うことも行うこともできないものは国の賊である」と。すなわち道心のある仏子を、西のインドでは菩薩と呼び、東の中国では君子という。悪いことは自分でひきうけ、良いことは他人の利益として考え、自分を忘れて他人のために行うことは、慈悲の極みである。

釈迦の教えのなかで、出家には二種類があるという。一つは小乗仏教のそれ、もう一つは大乗仏教の出家者である。道心のある仏子とは後者である。今、我が日本には、小乗仏教のかたちのみがあり、大乗仏教は存在しない。大乗仏教の教えがなければ、大乗の人はでてこない。願わくは、先の桓武天皇《かんむてんのう》の願いにしたがって、天台宗に割り当てられた毎年の得度者《とくどしゃ》を、以後永久に大乗の人とし、菩薩僧としたい。

【解説】帰国後の最澄にとって、もう一つの課題は、天台宗を社会的に公認させることであった。当時の日本において正式な僧侶になるためには、国家によって認証されなければならなかった。それも毎年何人というふうに定員（年分度者《ねんぶんどしゃ》）があったから、天台宗としてはその定員を確保することが、最初の関門だったのである。その定員確保そのものは、比較的容易に達成された。帰国の翌年には早くも桓武天皇に願って、天台宗の年分度者二名枠の獲得に成功した。ここまでは南都諸寺院の賛同を得てのうえであったから、社会的な摩擦はおきようもなかった。

しかし最澄はこれでは満足しなかった。というのはこれは従来の奈良仏教や小乗仏教の枠内における小乗の受戒にとどまったからである。したがって実際の受戒は、東大寺などで行われていた。けれども最澄の目標は、あくまで天台宗の、そして大乗仏教の思想にもとづく僧侶の育成と教団の形成にあった。悪いことには、天台宗の年分度者とはいっても、定着率は極めて低く、多くのものが比叡山を去っていったのである。その後、最

延暦寺戒壇院
最澄の死後，大乗戒壇設立の宿願が勅許され建立された。現在の建物は江戸時代初期のもの。

澄は独自に弟子たちに大乗戒を授ける活動を行ったりもしたが、正式の受戒ではないから、これもまた定着率も広がりも思わしいものではなかった。こうして最澄にとって、大乗戒壇の設立は急務の課題になった。

弘仁《こうにん》九年（八一八）のこと、最澄はいよいよ本格的な大乗戒壇設立運動に乗り出した。その第一弾が、僧侶を養成する機関の規則を記した「学生式《がくしょうしき》」の制定である。ここに紹介した「学生式」は、正式には「天台法《てんだいほっ》華《け》年分《ねんぶん》学生式《がくしょうしき》一首《いっしゅ》」という。また具体的な規則が六条からなっているので「六条式《ろくじょうしき》」と略称することもある。このあとたてつづけに「八条式」「四条式」と作成され、この三式を総称して『山家《さんげ》学生式《がくしょうしき》』といい、これにもう一本の学生式も伝わっている。これらを翌十年、朝廷に提出して許可を仰いだのだが、結局その願いは聞き届けられなかったのである。

さてこの学生式のなかで「一隅を照らす、此れ則ち国宝なり」という一言は、最澄の言葉のなかで最も有名なくだりであろう。さらに近年これを「千一隅」と読むべきであるという節が唱えられるようになり、その意味でもこの言葉はよく知られるようになった。この異説の問題から説明しておこう。

原文は漢文でここは「照于一隅」とあり、これを「一隅を照らす」とか「一隅に照る」というふうに読んできた。ところがこの学生式は最澄の自筆本が伝わっていて、それを見るに「照千一隅」と読めるというのである。他の類似の文字例に照らせば、たしかに「于」ではなく「千」と書いてあるように見える。後者の読みをするならば、むしろ「千里を照らし、一隅を守る」というふうに読まなければならないというのが、その説の主張となっている。ただ両説ともこの言葉の出典は同じだと考えているのだから、どう読んだとしても意味するところにたいした違いはない。

それよりも重要なのは、紹介文の最後に出てくる「菩薩僧」ということばである。菩薩といえば普通は、観音菩薩とか地蔵菩薩のように、仏の一類として信仰の対象であり、それが僧であるという感覚はもたないであろう。しかし本来の菩薩とは「悟りを求める人」「悟りをそなえた人」という意味で、自分自身の悟りを求めて修行をしつつも、悟りの真理を世の中に広め、多くの人々の救いにつとめる者のことをさしている。大乗戒とは菩薩戒と呼ばれることもあるように、最澄の大乗戒壇運動がめざしたのは、たんに僧侶を育成するための機関を作りたいというのではなく、それを通して世の中をよくしていく人物、つまり菩薩僧を育てていくというところにあったのである。

凡《およ》そ、天台宗の得業《とくごう》の学生《がくしょう》の数一十《いちじゅう》二《に》人と定むるは、六年を期《ご》と為す。一年に二人を闕《か》かば、即《すなわ》ち二人を補う可《べ》し。其の得業生を試むるには、天台宗の学衆、倶《とも》に学堂に集会《しゅうえ》し、法華・金《こん》光明《こうみょう》二部の経訓を試み、若《も》し、其の第《だい》を得ば、具《つぶさ》に籍名《しゃくみょう》を注《しる》し、試業《しごう》の日、官に申し送らん。若《も》し六年、業《ごう》を成《じょう》ずるは、試業の例に預かる。若し業を成《じょう》ぜざるは、試業の例に預からず。若し退闕《たいけつ》有らば、具に退者の名、並びに補すべき者の名を注して、官に申し替えよ。(『山家学生式』)

【訳】 およそ、天台宗を学ぶ学生の数を一二人と定め、六年を学修年限とする。一年に二人が欠員になったら、二人を補充する。その学生の選抜試験には、天台宗の学僧たちが学堂に集合して、『法華経』『金光明経』の二部の経典を訓読させる。それで及第したならば、つぶさにその人の戸籍名を記入し、試験の当日に官に報告する。六年を修業した者には、年分度者たるべき受験資格が得られる。もし修学が終えられなければ、試験は行わない。またもし中退したものがあれば、退学した者と補充すべき者の名をくわしく書いて、官に申し出てこれを交替させる。

【解説】 右に読んだのは「勧奨《かんしょう》天台宗年分学生式」、通称「八条式」と呼ばれるものの冒頭部分である。「学生式」とは学則にほかならないから、その規定は細かく具体的である。学生式全体をとおして、専攻区分とそれぞれのカリキュラムのこと、学費や生活費の負担のこと、修了後の進路のことなどにまで触れている。さきほど見た「国の師」「国の用」にしてみても、じつはたんなる言葉の綾ではなく、終了時の成績判定や特性のみきわめなどにもとづいて、その人物をどのように任用するかという現実的な要請と結びついているのである。

なお入学試験科目のうち『法華経』はさきほども述べたように天台宗の根本経典であるから、これが科せられるのは当然であろう。もう一つの『金光明経』とは『金光明最勝王経《さいしょうおうきょう》』と呼ばれることもあり、南都諸寺院でも常に読誦されていた伝統的な護国経典《ごこくきょうてん》である。年分度者がいわば国家資格である以上、これもまたうなずける科目選択であった。

四　奈良仏教との論争

僧最澄奉献《ほうけん》せる天台の式《しき》並びに表《ひょう》、教理に合わざるを奏するの事

沙門護命《しゃもんごみょう》ら聞く。式を立てて民を制するは必ず国主に資《よ》り、教を設けて生を利するは良《まこと》に法王にあり。

箴《しん》して曰く。君、独《ひと》り治めず、必ず良臣を須《もち》う。臣、一善を得れば、必ずその君に献《たてまつ》る。いわんや万善を得て、あに君に献らざらんや。梵網《ぼんもう》の教は生を利するの厳制なり。華台《けだい》の舎那《しゃな》、いずくんぞ法王にあらざらんや。（『顕戒論《けんかいろん》』）

【訳】（表題）「僧最澄が天皇に奉った天台の学生式と上奏文は、教理に合致しないものであること」。

（最澄への批判）「沙門護命らが理解するところでは、制式をたてて民を統制するのは必ず国王によるものであり、教えをもうけて人々を救うのは法王によるものである」。

（最澄からの反論）「いましめて言おう。国王とて、独断で国を治めるわけではない。かならず良き臣下の意見を聞いておこなうものである。臣下は一つ善いことを得たならば、必ずそのことを国王にさしあげるものである。いわんや多くの善きことを得たならば、どうして国王にさしあげないことがあろうか。『梵網経《ぼんもうきょう》』の教え

は人々を救うための厳《おごそ》かなものである。華台にまします毘盧舎那仏《びるしゃなぶつ》は法王そのものではないか」。

【解説】天皇にたてまつった先の『学生式』と大乗戒壇設立の願いは、奈良仏教界の猛反発を招いた。寺々は共同して反駁文《はんばくぶん》をまとめ、大乗戒壇に反対する旨の上奏を行ったのである。それに対して最澄もまた厳しい反論文を著した。それが『顕戒論』全三巻である。それはほとんど逐条的といってよいほどに膨大で緻密なものであった。

延暦寺根本中堂

延暦寺の中心建物で，正式には一乗止観院（いちじょうしかんいん）という。現在の建物は寛永19年（1642）に再建されたもの。

引用した部分は、その反駁文の最初である。護命《ごみょう》というのは法相宗元興寺《ほっそうしゅうがんごうじ》の大僧都《だいそうず》であり、南都仏教界随一の高僧であり、したがって仏教社会の統制機関である僧綱《そうごう》の代表的存在であった。構成は、最初に表題としての事書《ことが》きがあり、次に僧綱側からの批判文がある。そして最後が、その批判に対する最澄からの反駁文となる。ここでは、僧綱側が最澄の学生式の正統性・合法性について批判を呈し、それに対して最澄は毘盧舎那仏《びるしゃなぶつ》を教主とする『梵網経』を根拠にとって、その正統性を主張するのであった。僧綱側からの批判も詳細なものであったが、それに対する最澄の反論もまた徹底したものであった。全三巻五八の項目にわけ、そのなかにまた右のようなやりとりがいくつも積み重なるのだから、総計でどれほどの応答になったか数えることも容易ではないほどであった。

しかし結局、このやりとりで大乗戒壇について朝廷の判断がでるには至らなかった。最澄の挑戦はまだまだ続いたのである。この前後には、先に述べた空海との確執があり、会津の徳一《とくいつ》との論争があった。徳一とは東大寺または興福寺の僧侶で、のちに東方教化のために常陸をへて会津に拠点を移した学僧である。徳一もまた南都仏教界の出身であったから、その論争点には、『顕戒論』のそれと重なる所が少なくない。

最澄の生涯は、今日の目から見れば赫々《かっかく》たるもののように映るが、思想的には論争につぐ論争であったといってよい。そこが真言宗の空海との大きな違いであった。しかしこの論争は天台宗にとっては、この上なく大きな財産になった。多くのすぐれた弟子を育て、比叡山という山を単に一宗派の総本山であるにとどまらず、日本の学問センターとして発展させた。そして天台宗の法統が継がれていったばかりでなく、のちに多くの新しい仏教思想がこの法流から生まれることになったのである。

出　典　渡辺照宏編『最澄・空海集』（日本の思想一）筑摩書房、一九六九年。安藤俊雄・薗田香融校注『最澄』（日本思想大系四）岩波書店、一九七四年。

参考文献　塩入良道・木内堯央編『最澄』（日本名僧論集第二巻）吉川弘文館、一九八二年。田村晃祐著『最澄』（人物叢書）吉川弘文館、一九八八年。

4 空海《くうかい》

七七四―八三五

平安時代の僧。真言宗《しんごんしゅう》の開祖。父は、佐伯直田公《さえきのあたいたぎみ》、母は阿刀氏《あとうじ》の出身、幼名は真魚《まお》という。讃岐国《さぬきのくに》多度郡《たどぐん》屏風ヶ浦《びょうぶがうら》（現在の香川県善通寺市）に生まれる。延暦《えんりゃく》十二年（七九三）に大安寺僧の勤操《ごんぞう》のもとで出家し名を教海《きょうかい》、さらには如海《にょかい》と称した。同十六年の二四歳の時に、今日でいう儒教《じゅきょう》と道教《どうきょう》、そして、仏教の三教《さんごう》の比較宗教論とでもいうべき『三教指帰《さんごうしいき》』を著し、仏法に一層、帰依《きえ》することを宣言した。

延暦二十三年八月に入唐《にっとう》し、青龍寺恵果《せいゆうじけいか》などに師事して密教の教えを修め、帰国後は、高雄山寺《たかおさんじ》（神護寺《じんごじ》）・高野山《こうやさん》（金剛峯寺《こんごうぶじ》）・東寺《とうじ》（教王護国寺《きょうおうごこくじ》）を拠点とし、嵯峨天皇・平城《へいぜい》天皇、さらには淳和《じゅんな》天皇の帰依《きえ》を得て、天長《てんちょう》七年（八三〇）に真言密教《しんごんみっきょう》の教学の樹立を宣言した。承和《じょうわ》二年（八二五）三月二十一日、六二歳で高野山で死去した。その後、延喜《えんぎ》二十一年（九二一）十月二十七日に、弘法大師《こうぼうだいし》の号を得た。

空海の死後、高野山を中心として、空海が時を得て現世《げんせ》に再生するとの信仰が平安時代の後半からおこり、高野山参詣や四国八十八ヶ所札所巡礼《ふだしょじゅんれい》など、いわゆる大師信仰《だいししんこう》として現代にいたるまで人々の信仰をあつめている。

書にも通じ、嵯峨天皇・橘逸勢《たちばなのはやなり》とともに「三筆《さんぴつ》」と称された。著書には、『秘密曼荼羅《ひみつまんだら》十住心論《じゅうじゅうしんろん》』『文鏡秘府論《ぶんきょうひふろん》』『即身成仏義《そくしんじょうぶつぎ》』『般若心経秘鍵《はんにゃしんぎょうひけん》』などがある。

空　海　像（板彫，神護寺）

一　師弟とは

師資《しし》の道は父子よりも相親《あいした》し。父子は骨肉相親しといえども、ただこれ一生の愛にして生死《しょうじ》の縛《いましめ》なり。師資の愛は法の義をもって相親しみ、世間出世間《せけんしゅっせけん》に苦を抜き楽を与う。何ぞよく比況《ひきょう》せん。所以《このゆえ》に慇懃《いんぎん》に提撕《ていぜい》して、これを迷衢《めいく》に示す。もし我が誡に随わば、すなわちこれ三世《さんぜ》の仏戒《ぶつかい》に随順《ずいじゅん》するなり。これすなわち仏説なり。これ我が言《ごん》にあらず。（『弘仁御遺誡《こうにんごゆいかい》』）

【訳】 師と弟子の関係は、父と子よりも互いに親しい。父と子とは骨肉の間柄で親しいとはいえ、ただこれは一生だけの愛であって、人の生死と同様にこの世での束縛でしかない。師と弟子との愛は真理のことわりによって互いに親しみ、世間と世間を離れた清らかな世界において、苦を抜き楽を与える。どうしてよく比べることができようか。だから懇《ねんご》ろに教誡《きょうかい》して、ここに道に迷う人々に示すのである。もし私の教誡にしたがえば、それはそのまま過去・現在・未来の三世の仏の戒めにしたがうことになる。これはすなわち仏の説くとこっろであって、私の言葉ではない。

【解説】仏教教団における師弟関係は、たとえば戒律の規定をみると、両者の関係のはじまりは阿闍梨《あじゃり》、すなわち師比丘が弟子とする修行中の沙弥に「帰依仏《きえぶつ》、帰依法《きえほう》、帰依僧《きえそう》」の「三帰三唱《さんきさんしょう》」によって三宝に帰依せしめ、十戒を授与して受持《じゅじ》を誓わせればよく、僧伽《そうぎゃ》（寺院を担っている僧尼の集団）の許可を必要とせず、僧伽の全員に知らしめればよいとある。そして、両者の関係は、和尚比丘《わじょうびく》のもとに弟子比丘が五年以上一〇年間は学ばねばならないとする和尚法と弟子法が準用されるとしている。

恵　果　像（西生院）

　このように結ばれた師弟関係は、場合によっては、奈良時代の僧恵雲《えうん》と某沙弥の関係にみるように、師比丘・尼の命令につき従い東大寺などに設置されていた写経所《しゃきょうじょ》での返経使《へんきょうし》として、日常の雑務などに従事することもあった。こうした労働奉仕が、一人前の僧をめざす沙弥・尼の修行生活の一部であったといっても過言でない。恵雲のような僧尼は、依止師《えじし》ともいわれ戒律の和尚法、弟子法に弟子との関係が規定されていた。両者の関係は、律蔵《りつぞう》に仏陀《ぶつだ》の言葉として、和尚が弟子の修行生活を見守るには、まさに自分の子ように扱い、弟子が和尚の生活、身の回りを世話をするにあっては、まさに父に接するようにしなさいとある。

　そして、受具《じゅぐ》（新たに比丘・尼となるために必要な戒律を授けられること）した比丘の場合、師比丘のもとで、五年ないし一〇年の間、倶《ぐ》住《じゅう》の弟子として学修するとしている。師僧と弟子との関係は、年齢の上下で決められるものではなく、出家してへた年数（これを法臘《ほうろう》と

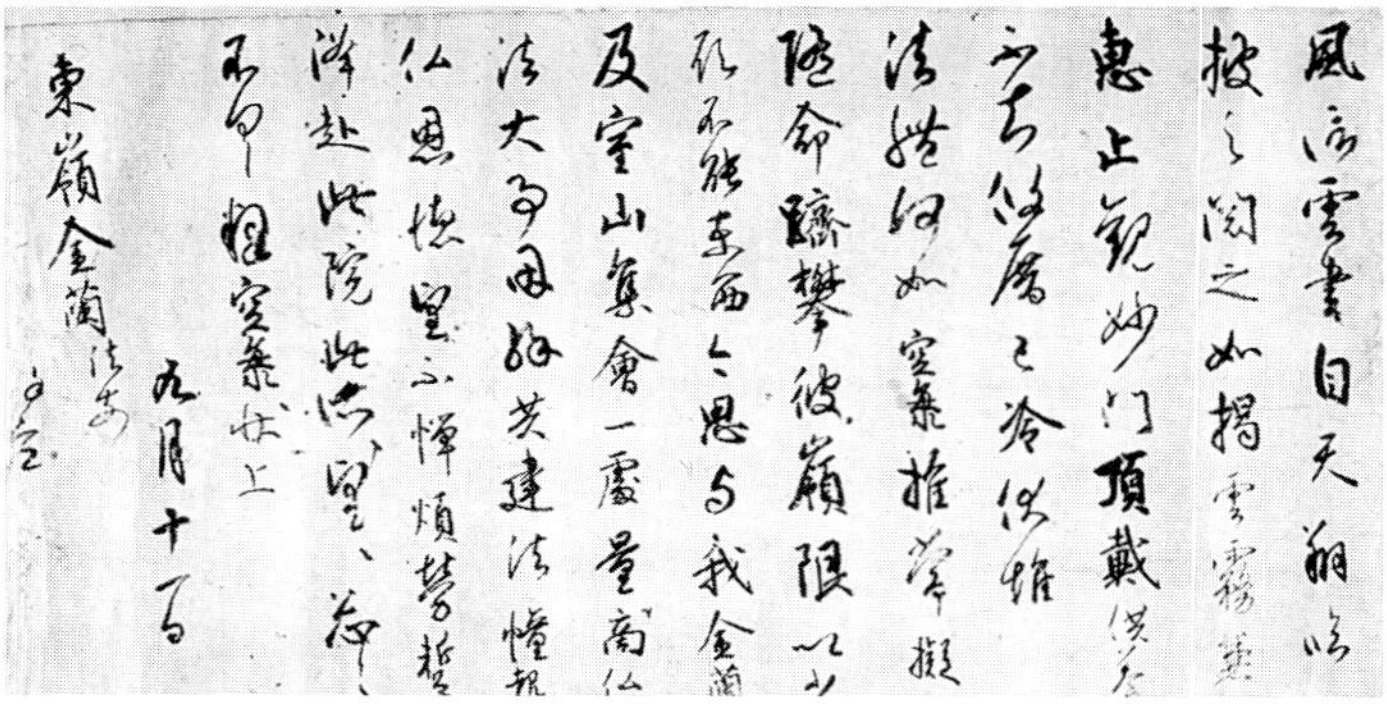

「風信帖」（教王護国寺）
空海が最澄に宛てた自筆書状で，書き出しの「風信雲書」からその名がある。空海と最澄の親交を語る貴重なもの。

いう）によってきめられた。年若き比丘である師僧に壮年の新たに出家した弟子が仕えることもあった。こうした師弟の関係については、奈良時代の基本法律である律令の一法令にかかげている。

すなわち僧尼令三宝物条によれば、

凡《おおよ》そ僧尼、三宝《さんぽう》の物《もの》を将《も》て、官人に餉《おく》り遺《おく》り、若《も》しくは朋党《ほうとう》を合《あわ》せ構《かま》え、徒衆《ずしゅう》を擾乱《じょうらん》し、及び三綱《さんごう》を罵《の》り辱《はずか》しめ、長宿《ちょうしゅく》を陵《しの》ぎ突《つ》けらば、百日苦使。若《も》し集まって事論ずるに、辞《じ》状《じょう》正直《しょうじき》にして、理《り》を以て陳《の》べ諫《いさ》めんは、此の例に在らず。

とあるように、各寺の事務機関である三綱の役職者をののしりはずかしめることとともに、長宿（長老宿徳の略）、つまり師主僧らを欺《あざむ》きしのぐことをしたならば百日の苦使《くし》、すなわち寺院内での労働奉仕を科すとしている。同様な規定は非寺院条にもあり、長老宿徳を殴打したならば、苦使よりきびしい僧団からの追放刑である還俗《げんぞく》に処すとしている。律令政府が、比丘・尼と沙弥・尼という仏教者としての階層を俗法的に追認するということは、賑給《しんごう》などにみる経済的処遇の差だけではなく、以上の両規定にみる僧団内の長老宿徳と凡僧との間の秩序維持という姿勢を含むものであると考えるべきである。それは、前述の仏教教団の律蔵にみる和尚法、弟子法の精神の反映ととるべきであろうが、律令政府による俗法的側面からの寺院内における明確な階層性の形成を促す機運があったことの証ではなかろうか。

こうした奈良時代の寺院内での僧尼の生活規範を受け継いだであろう空海の師弟との関わりあいは、最澄の弟子である泰範《たいはん》をめぐる確執にもあるように、時には、他の師僧との間で問題を起こすこともあった。その原因は、空海がもたらした密教の教えをめぐる評価にも関わるのであろう。それだけ空海が日本にもたらしたものは、新たな教学的な魅力に富むもので、親子の関係と重ねあわされた師弟関係を上回る魅力があったのであろう。しかし、空海が天長五年（八二八）に設立した日本で最初の私立学校である綜芸種智院《しゅげいしゅちいん》などで薫陶を施してきた弟子たちに高野山、京の東寺、さらには高雄の神護寺などの傘下の諸寺院の経営をまかすなど、現代でも通じる経営感覚で組織的に適材適所に配置することで、時には厳しき姿勢で臨んでいたであろう弟子に報いていたように思う。

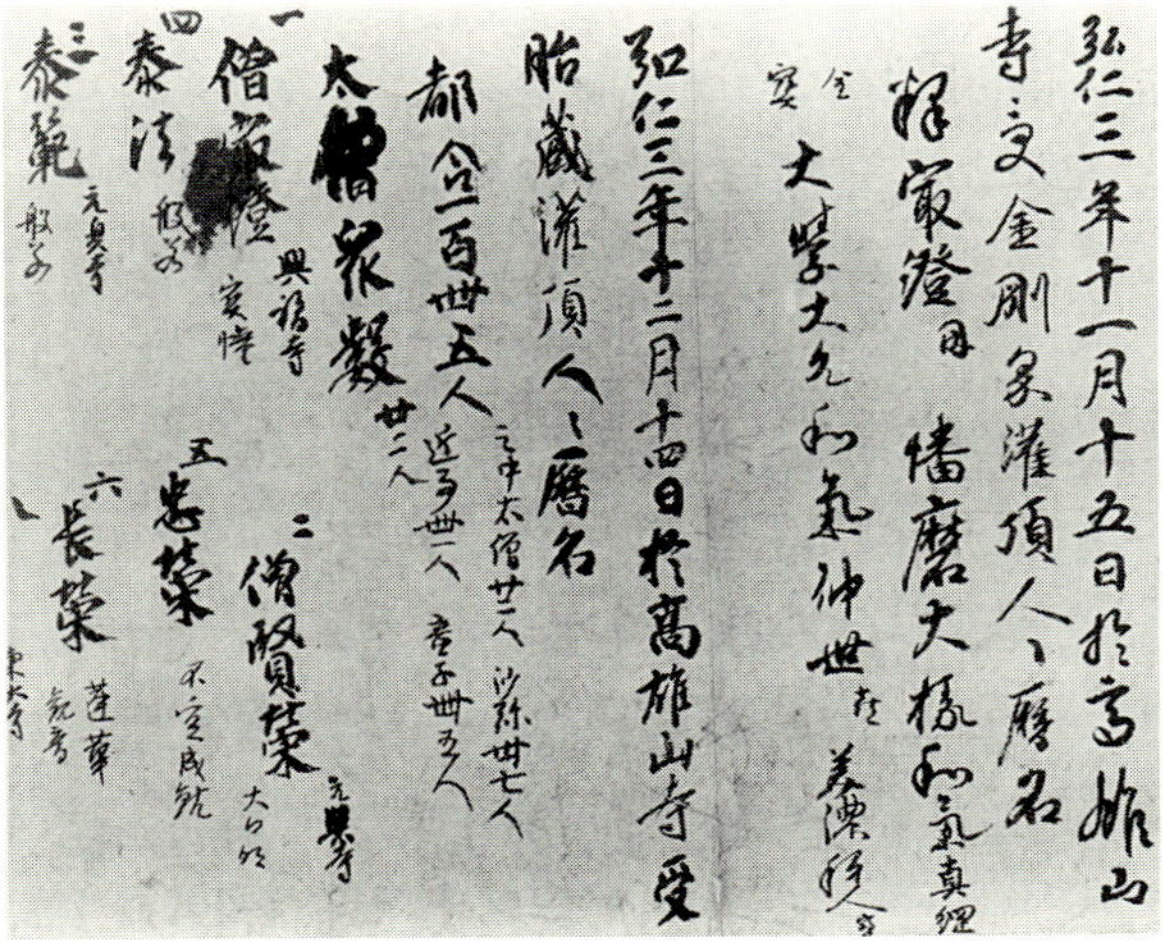

「灌頂歴名」（神護寺）
空海が，求法の人々に真言の灌頂を授けたときの名簿。その中に最澄の名が見られる。

二　弟子の嗜《たしな》み

諸弟子に遺告《ゆいこく》す。

一、僧房の内に酒を飲むべからざるの縁起第十

教王護国寺（東寺）
平安遷都の際，西寺と対に建立されたが，弘仁 14 年（823）空海に与えられ真言道場となる。

九

夫《そ》れ以《おもんみ》れば酒は是《こ》れ治病の珍《たから》、風除《ふうじょ》の宝なり。然れども仏家に於ては大なる過《とが》をなす者なり。是れを以て「長阿含経《ちょうあんごんきょう》」に曰《いわ》く「飲酒《おんじゅ》に六種の過あり」等と云々。「智度論《ちどろん》」に曰く、「三十五種の過あり」等と云々。また、「梵網経《ぼんもうきょう》」の諸説甚深《じんしん》なり。何《いか》に況《いわ》んや秘密の門徒、酒を愛し用うべけん哉《や》。これに依《よ》って制するところなり。但《ただ》し青龍寺恵果《けいか》大師と并びに御相《おんあい》弟子内供奉《ないぐぶ》十禅師《じゅうぜんじ》順暁《じゅんぎょう》阿闍梨《あじゃり》と、共に語らい擬《ぎ》して曰く、「大乗開門の法に依って、治病の人には塩酒《えんしゅ》を許す。これに依ってまた円坐《まとい》の次《つい》でに平《へい》を呼んで数《しばしば》用うることを得ざれ。もし必ず用うべきことあらば、外より瓶《かめ》にあらざる器《うつわ》に入れ来りて、茶に副《そ》えて秘《ひそか》に用いよ」云々。（『二十五箇条御遺告』）

【訳】一、僧房内で、飲酒をしてはいけない。

　考えをめぐらしてみるに酒で病気を治すということは、珍しいことである。しかし、仏教者にとっては、酒を飲むということは、大きな誤りとなる。それ故に『長阿含経《ちょうあごんきょう》』には「飲酒には六種の誤りがある」という。また、『大智度論《だいちどろん》』には、「三十五種の誤りがある」という。『梵網経《ぼんもうきょう》』には、意味深いことも多く説いている。ましてや、どうして真言宗の僧侶が飲酒を嗜《たしな》んでよいことがあろうか。こうした多くの飲酒を禁ずる教えがあるからこそ禁止するのである。ただし、青龍寺の大師恵果《けいか》と同学の宮中の内道場《ないどうじょう》に出仕する十禅師の位にある順暁阿闍梨《あじゃり》と、語らってあらかじめ定めて言われるのには、「大乗の人々のために説かれた慈悲の教えによって、病いを治療する人々には塩酒を許可する。これによりまた集まったついでに酒を勧めあってしばしば飲酒するようなことをしてはならない。もし、どうしても酒を使用することがおこったならば、寺外から酒を入れたとわかる容器ではないものに酒を入れて持ち込み、茶を飲みながらそっと飲酒しなさい」と。

【解説】僧尼令飲酒条によれば、

　凡《おおよ》そ僧尼、酒を飲み、肉食《ししは》み、五辛服《ごしんぶく》せらば、卅日苦使《くし》。若《も》し疾病の薬分《やくぶん》に為《す》るに、須《もち》いん所は、三綱其《さんごうそ》の日限《にちげん》給え。若し酒を飲みて酔い乱れ、及び人と闘打《とうちょう》せらば、各還俗《おのおのげんぞく》。

とあり、飲酒は肉や大蒜《おおびる》などの五辛《ごしん》を食すこととともに、三〇日の苦使《くし》の処罰を受けると規定されている。さらに酒に酔った勢いで俗人と争いごとを起こしたならば還俗《げんぞく》させるとある。ただし、酒は、肉や大蒜などの五辛を薬用に供する場合は、寺院の事務局ともいえる三綱《さんごう》に届け、日時や期間を限って許可されるとある。

　僧尼令の規定内容について、その教学的な裏付けや戒律との関係が大乗的か小乗的かと論じられることが多い。これについては、いまだ決着をみないとすべきであろう。しかし、飲酒については肉食にともなう殺生《せっしょう》と

高　野　山

弘仁7年（816），空海が嵯峨天皇から和歌山県高野町の地を賜り，真言の道場を建立した。真言宗の総本山。

同様に、大乗戒と小乗律ともに詳細な条項を掲げている。例えば、小乗律では、顔色悪《がんしきあく》（顔を赤くする）・増致疾病《ぞうちしつびょう》（病気をもたらす）・無名称悪名流布《むみょうしょうあくみょうるふ》（悪しきことや悪しき評判をもたらす）など飲酒による一〇種の過失を上げている。

さらに大乗戒のうちの『梵網経』に見る第五重戒には、不《ふ》酤酒戒《こしゅかい》として僧が酒を販売することを禁じ、違反した場合は波羅夷罪《はらいざい》、すなわち教団追放とするとある。酒は、諸悪の根源であるから、人々に仏法を説く立場にある僧が自ら「顚倒《てんとう》の心」を起こす原因となる酒を販売してはならないというのである。

ちなみに、鑑真の弟子法進の沙弥（尼）という修行中の僧尼に対する規定を注釈した『沙弥十戒威儀経《しゃみじっかいいぎきょう》疏《そ》』の一節に、

未だ喫せざれば清醒《しょうじょう》にして智慧増明《ちえぞうみょう》なり。飲すれば、狂乱し、その心顚倒《てんとう》す。これすなわち毒水となる。

これを飲まば耳熱眼花《じねつがんか》となり、悪しきこと作さざることなし。

とある。酒を飲まなければ頭脳明晰といえる者ですら、一端、酒を飲むと「耳熱眼花」とあるように耳が熱くほてり、目の色も赤くなるなどして顔の様相が豹変し人々との争いを起こす原因ともなる。これこそが酒を毒水する所以であるという。

しかし、僧尼令にもあるように、酒は毒水ではあるが、薬用にも供されていた。いわゆる「般若湯《はんにゃとう》」の由来

ともなるが。これついては、大乗戒・小乗律の解釈をめぐっても諸説ある。また、「正倉院文書」によれば、宗教的な作業と位置づけられていた写経に従事する経生《きようせい》などが、浄衣《じようえ》（写経用の作業服）の交換や食事内容の改善とともに日常の作業で胸や足に病気があるので「薬分酒」として、三日に一度の酒の支給を求めているのが思いうかぶ。

戒律の規定にみる酒の禁止の眼目は、法進の諸説ではないが、どうやら過度の飲酒による僧尼間の争いの防止にあったように思う。

しかし、早春の高野の山の僧院（これを塔頭《たつちゆう》ともいう）では、蝋燭《ろうそく》の灯火ですら暖炉の薪の炎のごとき暖かさに感じる気候にあっては、一啜《すす》りの酒は身だけではなく心も暖かにするにたるものであろう。酒は、文字通り「般若湯」であれば、そこはかとなき身も心にも暖かさと豊かさをもたらすが、一端、毒水となれば、僧院の雰囲気を一夜にして崩壊させてしまうということに、空海も気がついていたのであろうか。ことに、「もし必ず用うべきことあらば、外より瓶にあらざる器にいれ来りて、茶に副えて秘に用いよ」との一文は、文中にみる恵果や順暁らの中国で出会った師僧と茶（酒を含む）を交えた語らいのたおやかで懐かしい豊かな経験があって書き出されたとするのは、すこしうがちすぎであろうか。これこそが、空海にとって最善の師弟関係を醸し出す「方便《ほうべん》」であったように窺えるのである。いわゆる空海教団の魅力は、広大な教理・教学だけではなく、酒という毒水をも「般若湯」に変えてしまう融通性やそこにうかがえる空海の包容力にあったのではないか。そして、「般若湯」を携えて空海が修行した山河を歩るき偲ぶことができる四国八十八ヶ寺を巡ることも一興であろう。

三　伝統をうけつぐ

一、末代《まつだい》の弟子等に三論《さんろん》・法相《ほっそう》を兼学せしむべき縁起第十二
夫《そ》れ以《おもんみ》れば真言の道、密教の理、同入性《どうにゅうしょう》の故に阿字《あじ》の義に入る。然れども万物の意を案ずるにみな内外《ないげ》在《あ》り。然れば則ち密《みつ》を以て内となし、顕《けん》を以て外となして、必ず兼学すべし。茲《これ》に因《よ》って本宗を軽んじて末学《まつがく》を重んずることなかれ。宜《よろ》しく吾が心を知って兼学すべし。但し人の器に任せて兼ねるに堪《た》へざらん者は、まさに本業に任せて精進《しょうじん》修行せよ。（『二十五箇条御遺告』）

【訳】一、末代の弟子に三論・法相の学問を兼学させるべき事。

考えをめぐらしてみるに、真言宗の道、密教の真理は、あらゆるものが究極において同じくすべての存在するものの本源である阿字のただ一つのものになってしまう。しかし、すべてのものの意味を考えてみると、みな内と外の区別がある。それにならってすなわち、密教を内とし、顕教《けんぎょう》を外として、それらを必ず兼学すべきである。ただこれによって真言密教の方を軽視して顕教を重んずるようなことがあってはならない。こうしたわたくしの考えを理解してともに兼学すべきである。ただし、人の素質の能力によって兼学することができな

い者は、まさに真言密教のはたらきに任せて精進し修行しなさい。

【解説】平安時代となって、最澄と空海が、おのおの天台宗と真言宗を成立させると、それまでのいわゆる奈良時代の仏教を顕教《けんぎょう》と称する気運がおこる。顕教とは、明らかに説かれた教えであるとか、釈迦が人々の性質や能力に応じて説いた仮《かり》の教えであると定義されている。さらには、特に空海が、弘仁七年（八一六）に『弁《べん》顕密二教論《けんみつにきょうろん》』において奈良時代の仏教の教えの内容を比較検討し判断して意志を強くして論じた。大日如来《だいにちにょらい》を中心とする究極の教え、すなわち密教に対するものである。こうした顕密の二教の区別は、時には顕密体制論ではないが、奈良仏教（南都仏教）と平安仏教の関係やその優劣を説くときに用いられる教学上の概念として用いられることが多い。

空海は最澄と比較すると、奈良仏教に対して『秘密曼荼羅十住心論《ひみつまんだらじゅうじゅうしんろん》』にも窺えるように、教学的に包容力に富み穏健な姿勢をとっていたと言われている。いわゆる兼修・兼学の姿勢である。空海は、奈良仏教で得た知識に加えて真言密教の教えを重ねるという姿勢をとった。いわば、奈良仏教を土台としてその上に、真言密教という巨大な構造物を築き上げるという構想であるという。三論宗《さんろんしゅう》と法相宗《ほっそうしゅう》の内、教義上のみならず三論宗に対しては、修業時代に止住《しじゅう》（僧として特定の寺院に籍を置いて修行生活などをおこなうこと）したこともある大安寺が拠点寺院の一つであったためになおさら親近感があったであろうが、そのためだけではないことは、言うまでもない。三論・法相の二宗、というよりも二学派は、奈良仏教、後の南都仏教の中核である。それだけに二学派の教学を自らのものとすることは、真言密教の教え、ないしはその優位性を世の人々に理解させるには最適な課題であったといえよう。事実、空海は、東大寺・大安寺を初めとする南都の寺々に出向いて、各寺の密教化に奔走し、その存在感をたかめる努力を惜しまなかった。こうして空海によって大成された密教を純密《じゅんみつ》といい、それまでの奈良時代以来のそれを雑密《ぞうみつ》と称し区別している。これは、密教史の定説といわれてきた。

しかし、近年の学説では、必ずしもこれまで言われてきた奈良仏教と平安仏教の関係や両者の教学上の区別は、一種のパラダイム（固定観念ともいえる）であって再検討が必要であるとの見解が出されており、密教と顕教という教学上の区分けの見直しも迫られている。むしろ空海にとって奈良仏教は、自らの精神世界を豊潤なものとした、いわば、母胎であったと思いたい。奈良仏教から平安仏教への歴史の流れは、例えば美術史的には、顕教美術と密教美術との中間的な様式（近年では、古密教《こみっきょう》の美術ともよばれている）とされる大安寺や唐招提寺の木彫の仏像群の存在が物語るように、もう少し緩やかであったように思う。さらには、興福寺の善珠《ぜんじゅ》や唐招提寺の如宝《にょほう》・豊安《ほうあん》などの奈良の僧尼と、諸寺の法会《ほうえ》でたびたび同席するなどの交流が物語るように奈良と平安の僧尼との関係も、もう少し「密」であったということである。

出典　「弘仁御遺誡」（弘法大師空海全集編輯委員会『弘法大師空海全集』四）。「二十五箇条御遺告」（『弘法大師空海全集』八）。

参考文献　金岡秀友編『仏家名言辞典』東京堂、一九七一年。笠原一男・下出積與編『原典・日本思想』評論社、一九七四年。高木訷元著『空海—生涯とその周辺—』吉川弘文館、一九九七年。高木訷元・岡村圭真編『密教の聖者空海』（日本の名僧四）吉川弘文館、二〇〇三年。奈良国立博物館『特別展—古密教・日本密教の胎動—』奈良国立博物館、二〇〇五年。宮城洋一郎著『日本仏教社会事業史研究』永田文昌堂、一九九三年。阿部龍一（Ryuichi Abe *THE WEAVING OF MANTRA: Kukai and the Construction of Esoteric Buddhist Discourse*/Columbia University Press/New York/1999）

5

円　仁

えんにん

七九四―八六四

平安時代の天台僧。延暦《えんりゃく》十三年（七九四）、下野国《しもつけのくに》（栃木県）に生まれ、一五歳のとき比叡山《ひえいざん》に登って最澄《さいちょう》に師事した。約一〇年間（八三八―四七）にわたって唐に留学した際に、五台山《ごだいさん》などを巡礼し、都の長安《ちょうあん》で天台宗をさらに深めた。帰国後は天台座主《てんだいざす》に就任し、日本天台宗を大成したとされる。貞観《じょうかん》五年（八六三）正月十四日、弟子の慈叡《じえい》の住房で示寂《じじゃく》。七一歳。

その法流はのちに延暦寺《えんりゃくじ》を拠点にする山門派《さんもんは》と呼ばれ、三井寺《みいでら》（園城寺）の寺門派《じもんは》とことごとに対立するようになったが、比叡山が日本の中世史において学問の一大センターとなったのは、円仁の功績に帰すといって過言ではない。死後、慈覚《じかく》大師の名を朝廷より贈られた。三六歳のころ関東・東北地方を教化のために遊歴したことがあり、この地方には慈覚大師にまつわる伝説が多く分布する。東京都の目黒不動、山形市の立石寺《りっしゃくじ》、宮城県松島町の瑞巌寺《ずいがんじ》なども円仁の開創と伝えられる。

円仁の名を今日もっとも有名にしているのは、在唐中の記録として著した『入唐求法巡《にっとうぐほうじゅん》礼行記《れいこうき》』（全四巻）の故であろう。優れた日本学者にして駐日アメリカ大使を務めたE・O・ライシャワーは、旅行と同時進行で書かれたこの旅日記をきわめて高く評価した。

円　仁　像（黒石寺）

一　五台山の巡礼

平谷《へいこく》に入りて西行《さいこう》三十里、巳時《み》、停点普通院《ていてんふつういん》前に到り、始めて中台《ちゅうだい》の頂を望見す。此即《これすなわ》ち文殊師利菩薩《もんじゅしりぼさつ》の居る所の清涼山《しょうりょうさん》にして、五台《ごだい》の中台なり。地に伏して遙かに礼し、覚えず涙を雨《ふ》らす。（『入唐求法巡礼行記』開成五年〈八四〇〉四月二十八日）

【訳】開けた谷に入って三〇里ほども行き、午前十時ごろ停点普通院（宿泊所）に到着した。ここではじめて五台山を作る五つの峰のうち中央の峰を望むことができた。この地こそは文殊師利菩薩のおられる清涼山なのである。地に伏し礼拝をすると、不覚にも涙は雨がふるようにこぼれてきた。

【解説】ここまでの旅程は苦難の連続であった。遣唐使《けんとうし》の一員として唐に渡ることになったはよいものの、嵐のためようやく三度目の試みでの入唐《にっとう》であった。当初、円仁は南方にある天台山への参詣を望んだのだが、短期の入唐僧《にっとうそう》（請益僧《しょうやくそう》）という身分のためか、中国政府からの許可が出ない。やむなく遣唐使たちが帰国する船に一度は乗らざるを得なかった。そこで彼は一行から離脱して、不法滞在という非常手段に訴えたのである。その強い願いは幸いにして聞き届けられ、ようやく五台山巡礼の許可が下りたのであった。遣唐使の一員となってから五年目、入唐してから三年目、開成五年（唐年号で八四〇）四月二十八日のことであった。一つの目的達成を目前にした円仁にとって、感動の瞬間である。

なお五台山とは、中国山西省にある古くからの仏教聖地である。山の名は三〇〇〇メートル級の五つの峰からなることに由来し、五本の指になぞらえて「釈迦の掌」と唱えられることもある。本文にある清涼山は、正しくは中台ではなく五台山全体の別名である。この霊場は文殊菩薩を本尊とし、かつて三〇〇もの寺が建ちならんでいたという。五台山および円仁の入山が果たせなかった天台山には、平安時代から鎌倉時代にかけ、入唐《につとう》・入宋《につそう》した多くの日本人僧が参拝した。中国にはこのほか四川省の峨眉山《がびさん》（普賢《ふげん》菩薩の霊場）、安徽省の九華山（地蔵菩薩の霊場）、浙江省の普陀山《ふださん》（観音菩薩の霊場）があって、中国四大仏教霊山と称される。

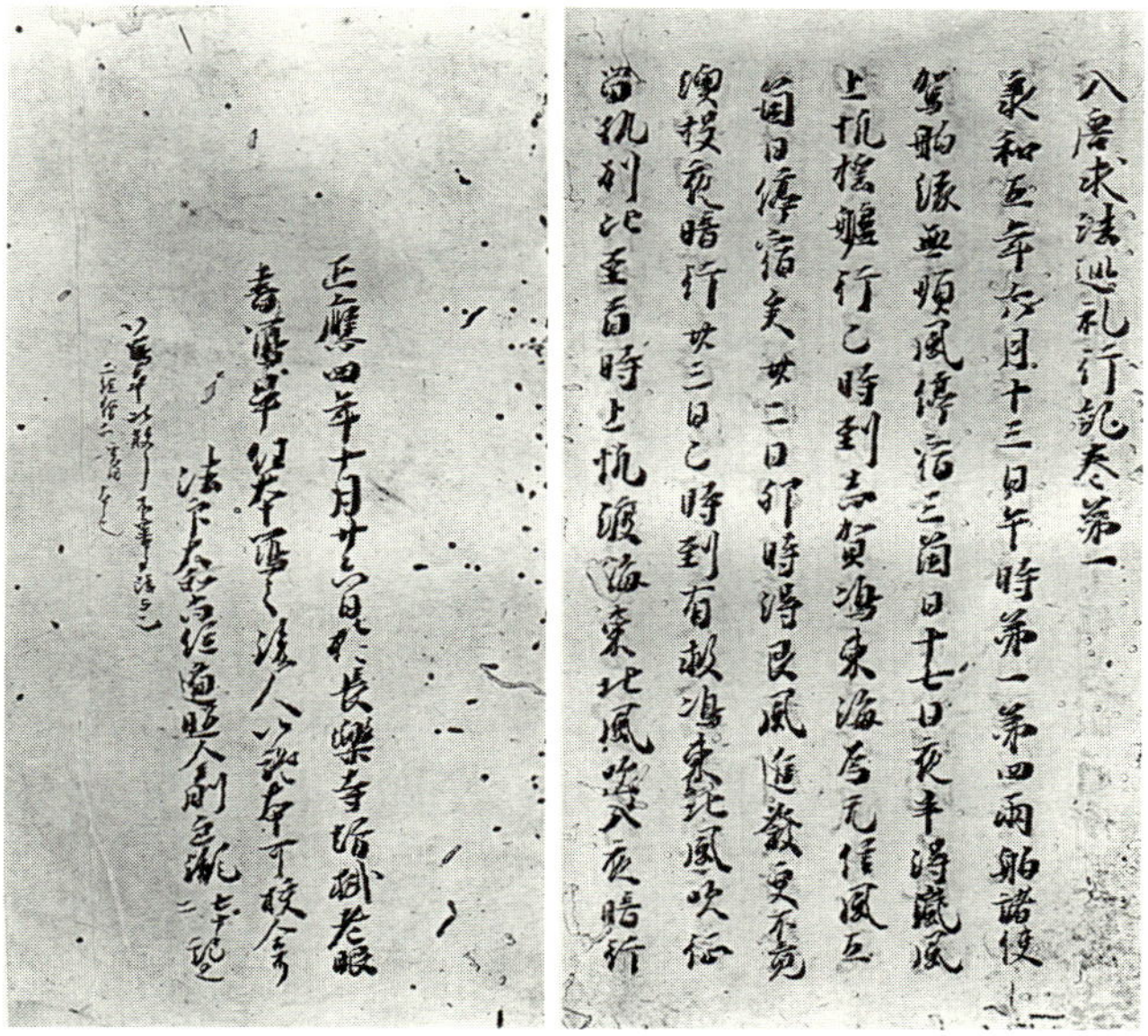
入唐求法巡礼行記巻第一
承和五年六月十三日午時第一第四両舶諸使
駕舶縁無頓風停宿三箇日十七日夜半得嵐風
上帆摇艣行巳時到志賀嶋東海為无信風五
箇日停宿矣廿二日卯時得艮風進発更不覓
澳投夜暗行廿三日巳時到有救嶋東北風吹
…
正應四年十月廿六日於長樂寺…

『入唐求法巡礼行記』（巻一，巻首と奥書）
円仁の在唐９年間の求法の旅の記録で，仏教関係のみならず社会・経済に関わる内容が含まれ貴重なものである。

天色は美しく晴れ、空色は青碧《せいへき》にして一点の翳《かげ》りなし。惟正《ゆいしょう》、惟暁《ゆいぎょう》、院中の数僧と共に院閣の前庭中に色光雲《しきこううん》を見る。光《こう》

延暦寺常行堂（手前）と法華堂

比叡山を学問の一大センターに発展させたのは，円仁によるところが大きい。この常行堂も仁寿元年（851）ごろ建立された。現在の建物は文禄4年（1595）に再建されたもの。

明《みょう》暉《き》曜《よう》して其の色は殊《こと》に麗《うるわ》しく、炳然《へいねん》空に流れて頂上に当たる。良久《やや》しくして没す。

（『入唐求法巡礼行記』開成五年六月二十一日）

【訳】空は青く美しく、一点の翳《かげ》りもない。弟子二人のほか数人の僧侶とともに前庭にいると、輝くような雲をみた。光輝いていて、その色はことに美しく、くっきりと空を流れ、山の頂にあたるとまもなく消えた。

【解説】五台山巡礼といっても、もちろんただの参詣が目的ではない。円仁と二人の弟子たちは二ヶ月余りここにとどまり、むさぼるように多くのことを学んだ。山内諸院に高僧たちを訪れて教えを請い、天台聖典の書写にも励んだのである。

そして五台山を去る直前、このようにささやかな奇瑞に出会いさえもした。彼にとってそれは自分自身の充実感以上のものではなかったかもしれない。しかしこの山に滞在する僧の一人は、「自分はこの山に一〇年もいるのに、こうした光景に出会ったことがない。このような奇瑞に出会うのもあなたとともにいたおかげです」とまで感動してくれたのである。

二　寺院での生活を学ぶ

停点《ていてん》普通院に入って文殊《もんじゅ》の像を礼す。西亭の壁上をみれば、題名して云う。「日本内供奉翻経《にぽんないくぶほんきょう》大徳霊仙《だいとくりょうぜん》、元和十五年九月十五日此の蘭若《らんにゃ》に到る」と。午時《うま》、食堂に入って斎《とき》す。上僧座を見るに文殊像を安置するも賓頭盧《びんずる》の座を見ず。怪しんで問う。衆僧は乃《すなわ》ち云う。此の山の諸画《しょが》は是の如しと。（『入唐求法巡礼行記』開成五年四月二十八日）

【訳】宿泊所に入ってまず文殊菩薩像を拝礼した。西堂の壁を見ると「日本内供奉翻経大徳霊仙、云々」とある。正午に食堂で食事をとった。上の座をみると文殊像は安置してあっても賓頭盧像がない。不思議に思って尋ねると「この山ではいろいろなものがこのとおりなのだ」とのことであった。

【解説】円仁がこの山で学ばなければならなかったのは天台の教学だけではなかった。天台宗という教団の幹部候補生として、寺院内での施設やこまごました生活習慣などにも目を向ける必要があっただろう。この日記にはそうした面での記述も多い。帰国後、比叡山の座主《ざす》としてこのような見聞はおおいに役だったはずである。

出　典　『入唐求法巡礼行記』一・二（東洋文庫）平凡社、一九七〇・一九八五年。

参考文献　E・O・ライシャワー著『円仁　唐代中国への旅』（『世界史上の円仁』一九六三年の改題）、講談社学術文庫、一九九九年。佐伯有清著『円仁』（人物叢書）吉川弘文館、一九八九年。

6 空也

こうや（くうや）

九〇三―七二

平安時代中期の僧。称名念仏《しょうみょうねんぶつ》をすすめ浄土信仰《じょうどしんこう》を鼓吹《こすい》した。延長《えんちょう》元年（九二三）尾張国《おわりのくに》の国分寺《こくぶんじ》で出家して空也と自称。二〇歳前後から三〇代半ばまでは五畿七道《ごきしちどう》を経巡《へめぐ》って苦修練行《しゅうれんぎょう》のかたわら架橋《かきょう》や道路開削《かいさく》などの宗教活動を行い、平将門《たいらのまさかど》が挙兵して不穏な情勢下の天慶《てんぎょう》元年（九三八）に入京、以後京都市中を活動の場とした。みずから阿弥陀仏号《あみだぶつごう》を唱え人にも勧めて阿弥陀聖《あみだのひじり》・市聖《いちのひじり》と呼ばれ、井戸を掘って阿弥陀井《あみだのい》と名付け、鴨川《かもがわ》東岸に西《さい》光寺《こうじ》（弟子中信《ちゅうしん》のとき六波羅蜜寺《ろくはらみつじ》と改称）を開いた。また大般若経《だいはんにゃきょう》の供養会《くようえ》を催しその功徳《くどく》をもって神祇《じんぎ》・天皇・僧俗貴賤《そうぞくきせん》・過去万霊《かこばんれい》に及ぶ救済を願う一方、檀越《だんおつ》の葬儀に地獄の閻魔《えんま》宛ての救済の手紙を読み送ったとか、蛙《かえる》を呑もうとする蛇《へび》に説法して済度《さいど》しようとするなど奇抜性《きばつせい》にも満ちていて、その行動は複雑な相貌《そうぼう》を呈している。天禄《てんろく》三年（九七〇）九月十一日、西光寺で没した。七〇歳。

空也の宗教活動を天台浄土教の教義で読み解くか、民間浄土教の脈絡《みゃくらく》に位置づけるか議論が分かれるが、密教の視角から両者を総合的に理解しようとする考え方も出され注目されている。空也の伝記としては、同時代の文人貴族である源為憲《みなもとのためのり》『空也誄《こうやるい》』や慶滋保胤《よししげのやすたね》『日《に》本往生極楽記《ほんおうじょうごくらくき》』がある。また先の大般若経供養の願文《がんもん》は三善道統《みよしのみちむね》が著したもので、これら文人貴族が空也に対して並々ならぬ関心をいだいていたことがわかる。

空　也　像（六波羅蜜寺）

一　阿弥陀聖・市聖

天慶《てんぎょう》より以往《さきつかた》、道場聚落《しゅうらく》に念仏三昧《ねんぶつざんまい》を修すること希有《けう》なりき。何《いか》に況《いわん》や小人愚女《しょうにんぐじょ》多くこれを忌《い》めり。上人来りて後、自《みずか》ら唱《とな》え他をして唱へしめぬ。その後世を挙《あ》げて念仏を事とせり。誠にこれ上人衆生《しゅじょう》を化度《けど》するの力なり。（『日本往生極楽記』）

【訳】 天慶《てんぎょう》（九三八～四七）より以前は、仏道修行の場や人が集住するところでひたすら念仏を修することは希《まれ》であった。まして小人物や浅はかな女性の多くはむしろこれを忌んでいた。しかし空也上人が来てからというものは、自ら唱えるばかりでなく人々にも唱えさせ、その後は世間中が念仏に励むようになった。これこそまことに人々を救おうとする上人の力そのものによるのである。

【解説】 往生極楽のための念仏は、阿弥陀如来《あみだにょらい》の名を声に出して唱えるのがよいのか（称名《しょうみょう》）、如来や浄土のすぐれたかたちを心中に想い描くのがよいのか（観想《かんそう》）、一〇世紀の日本社会に相次いで登場する空也と源信《げんしん》はこの浄土教史上の大議論のそれぞれを代表している。もちろん空也の念仏は前者である。源信は有名な『往生要集《おうじょうようしゅう》』の中でこの観想について細密《さいみつ》な説明を施したが、空也は浄土信仰を対象化し教義として表現することはしなかった。しかし『空也誄《こうやるい》』や『日本往生極楽記』を一読すれば、彼が上下に称名念仏を勧めたすぐれた浄土教家であったことが明白である。

二　利他の心

彼《かれ》を先《さき》にし我《われ》を後《あと》にするの思いをもって思いとなし、他《た》を利《り》し己《おのれ》を忘《わす》るるの情《こころ》をもって情となす。（三善道統《みよしのみちむね》「為空也上人供養金字大般若経願文《こうやしょうにんのためにきんじのだいはんにゃきょうをくようするがんもん》」『本朝文粋《ほんちょうもんずい》』一三）

【訳】自分のためよりも他人のことを大事と思いやる気持ちを我が思いとし、他者を利するを第一として自分を利することは忘れてしまう心情を我が心情とする。

【解説】応和三年（九六三）八月、空也は鴨川《かもがわ》畔に「大般若経《だいはんにゃきょう》」供養会《くようえ》を催した。その願文《がんもん》の一節である。書いたのは三善道統だが、依頼した空也の立場が反映されているだろう。呪術的《じゅじゅつてき》・狂躁的《きょうそうてき》とされる空也浄土教に利他《りた》の態度を第一とする大乗《だいじょう》菩薩道《ぼさつどう》の精神を認めることができ、天台浄土教の教理による説明が可能な一文である。

三　如来の使者

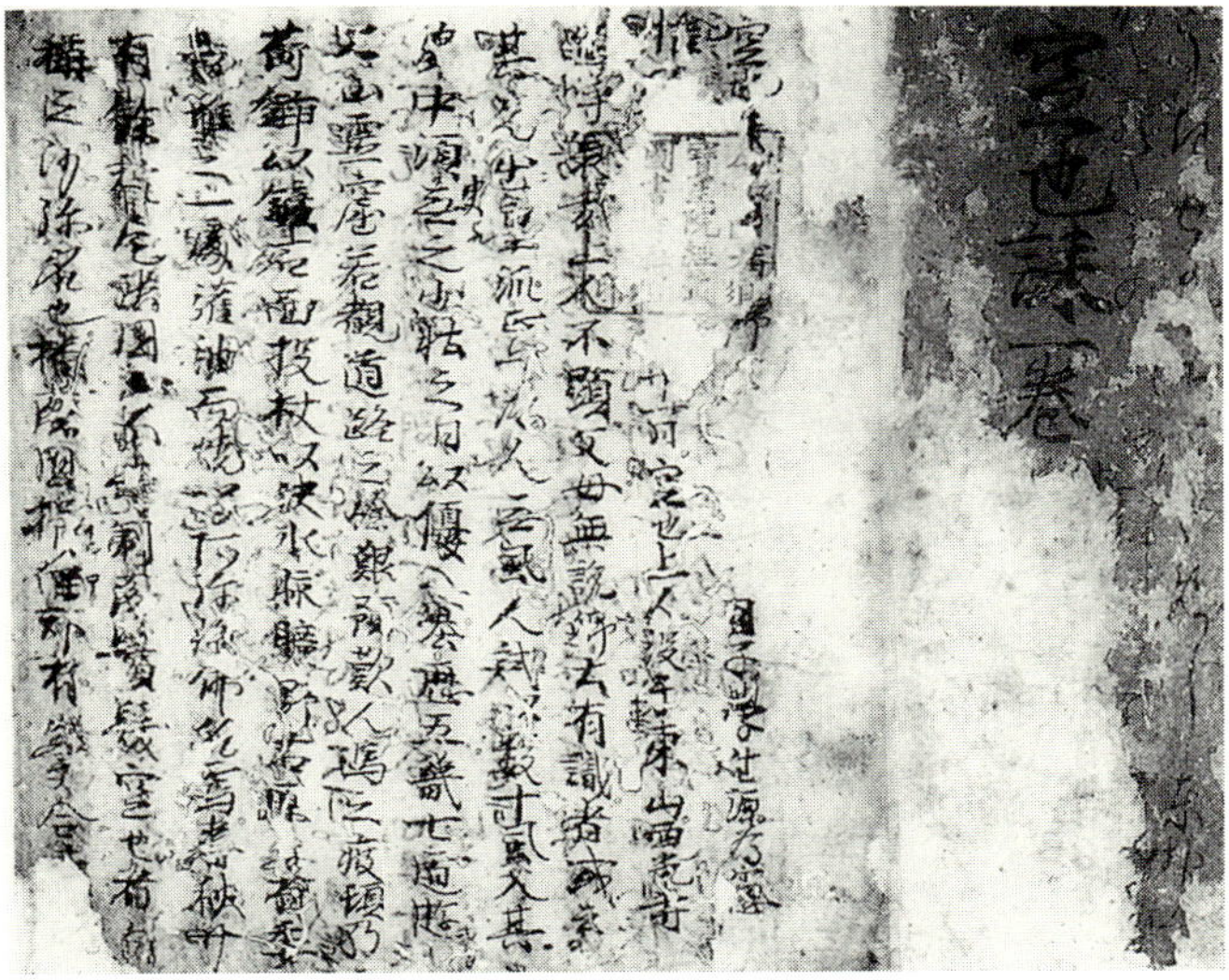

『空　也　誄』（国文学研究資料館）
空也の伝記で，弟子の話や法会の願文などを集め，源為憲が著した。

それ六波羅蜜寺は空也聖者《しょうじゃ》これを権輿《けんよ》し、中《ちゅう》信上人《しんしょうにん》これを潤色《じゅんしょく》す。この両人のごときは、むしろ如来《にょらい》の勅《ちょく》を奉じ如来の使となりこの娑婆《しゃば》世界《せかい》に来たりて、濁悪《じょくあく》の衆生《しゅじょう》を度するにあらずや。（慶滋保胤《よししげのやすたね》「於六波羅蜜寺供花会聴講法華経同賦《ろくはらみつじのくげえにおいてほけきょうをこうずることをききおなじくいっしょう》一称南無仏《なむぶつといふことをふす》」『本朝文粋《ほんちょうもんずい》』一〇）

【訳】六波羅蜜寺《ろくはらみつじ》は空也聖者がこれを開き中信上人がこれを発展させた。この二人は阿弥陀如来の命《めい》をうけその使いとしてこの世に現れ、迷いの世界の我らを救おうとしているというべきだろう。

【解説】空也は活動の拠点として京都に西光寺《さいこうじ》を創建した。これが六波羅蜜寺に発展する。ここに奈良・京都の名僧が招かれ、毎日昼は法華経が講説され、夜はひたすら阿弥陀念仏が修された。またこれとは別に三月の花の季節、四日間の法華八講（法華経八巻を毎日二巻ずつ四日にわたり講説すること）を修し、一日目は一切の男を、二日目は一切の女を、三日目は一切の童子を、四日目は一切の僧侶を済度《さいど》しようとした。これを結縁《けちえん》供花《くげ》会《え》といった。こうした活動が空也とその弟子を如来の使とまでする信仰に至らせたのである。

出典 『日本往生極楽記』（日本思想大系七『往生伝・法華験記』岩波書店、一九七四年）。『本朝文粋』（国史大系二九下）吉川弘文館。

参考文献 伊藤唯真編『浄土の聖者 空也』（日本の名僧五）吉川弘文館、二〇〇五年。堀一郎著『空也』（人物叢書）吉川弘文館、一九六三年。石井義長『空也』ミネルヴァ書房、二〇〇九年。

7

良源

りょうげん

九一二―八五

平安時代中期の天台宗僧。第一八代天台座主《てんだいざす》。慈恵大師《じえだいし》。延喜十二年（九一二）近江国《おうみのくに》（滋賀県）に生まれ、一二歳で比叡山《ひえいざん》に登る。

学僧としての良源は、応和《おうわ》三年（九六三）八月に清涼殿《せいりょうでん》で催された法華八講《ほっけはっこう》（応和宗論《おうわのしゅうろん》）に出仕して弁舌《べんぜつ》を振るい、『極楽浄土九品往生義《ごくらくじょうどくほんおうじょうぎ》』を著しているが、それよりもむしろ、藤原忠平《ただひら》・師輔《もろすけ》・兼家《かねいえ》ら父子の帰依《きえ》を得て円仁《えんにん》開創以来荒廃していた横川《よかわ》の堂塔を復興し、自坊定心房《じょうしんぼう》に四季講《しきこう》を始めて広学竪義《こうがくりゅうぎ》の準備をさせるなど、法会《ほうえ》を興行し学問を盛んにして源信《げんしん》・覚超《かくちょう》・覚運《かくうん》など多数の弟子を育成し、比叡山三塔のうち劣勢であった横川を質量ともに東塔《とうとう》・西塔《さいとう》と並ぶ一大勢力にした人として知られている。なお師輔の子の第一九代座主《ざす》尋禅《じんぜん》も良源入室《にゅうしつ》の弟子であった。

天台座主に就任した良源は、一山の綱紀粛正と自身が最澄・円仁の後継者であることを示すため、教学や法用儀式に関する禁制、住僧として守るべき規律など二十六箇条《かじょう》から成る制式を定めた。比叡山の衰退と混乱を収め、秩序と発展をもたらしたすぐれた経営能力を認めるべきであろう。

寛和《かんな》元年（九八五）正月三日、坂本《さかもと》弘法寺《ぐほうじ》で没する。七四歳。没日が正月三日であることから元三大師《がんさんだいし》と呼ばれ、後世さまざまなかたちで信仰された。

一　学問の奨励

伝法講経《でんぽうこうきょう》の庭、論義決択《ろんぎけっちゃく》の処《ところ》、万障《ばんしょう》を省捨《しょうしゃ》してかならず往《ゆ》きて聴聞《ちょうもん》すべし。護法《ごほう》のため、智恵を成熟《じょうじゅく》するため、闕怠《けたい》するを得ず、遺忘《いぼう》するを得ず。（『二十六《にじゅうろっ》箇条起請《かじょうきしょう》』）

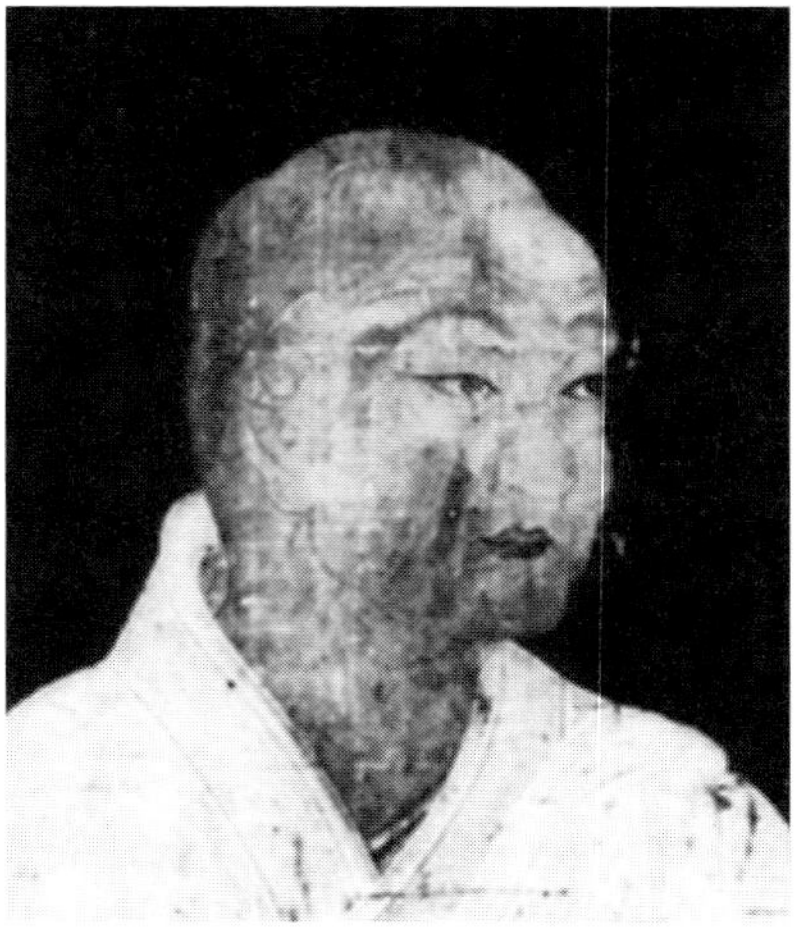

良　源　像（鶴林寺）

【訳】伝法や講経が行われる場や経論に関する論義と判定が下される学問の場には、何があろうとも出席して傾聴すべきである。護法のため、智恵を成熟させるため、決してなおざりにしたり忘れてしまってはならない。

【解説】この時代大きな法会《ほうえ》の場ではしばしば教学上の議論が行われた。そこで繰り広げられる論義問答《ろんぎもんどう》は竪義《りゅうぎ》と呼ばれ、僧侶の学識が試された。質疑応答の当事者にとって、それは名誉であるとともに多大の緊張を強いるものでもあったから、耐《た》え切れずに論義の場から逃げ出し、行方をくらました者もいたほどであった。しかし学問としての仏教の水準はそれにより保たれていたから、常日頃《つねひごろ》からこうした場には万障繰り合わせて出席し聴聞《ちょうもん》すべきだ、と言うのである。

論義会《ろんぎえ》としてはすでに南都三会《なんとさんえ（ね）》と総称される宮中御斎会《ご（み）さいえ》・興福寺維摩会《こうふくじゆいまえ》・薬師寺最勝会《やくしじさいしょうえ》があり、勅会《ちょくえ》として権威を保っていた。比叡山でもこれにならい、最澄が天台大師智顗《てんだいだいしちぎ》の忌日《きにち》の十一月二十四日を中心に法華《ほっけ》十講《じゅうこう》を行い（霜月会《しもつきえ》）、さらに最澄の忌日の六月四日からの五日間にも行われるようになった（六月会《みなつきえ》）。良源は座主就任の直後、この両会が広学竪義《こうがくりゅうぎ》として公認されるよう奔走し勅許《ちょっきょ》を得ている。制式の叱咤激励《しったげきれい》にも仮初《かりそめ》ではない真剣な意気込みがうかがえよう。

公私の読経《どきょう》を闕坐《けつざ》し懈怠《けたい》するものは永く請用《しょうよう》を停止《ちょうじ》すべきこと。（『二十六箇条起請』）

【訳】公《おおやけ》け私《わたくし》に催される読経を欠席し怠けるものは、今後、法会への出仕を禁止するものとする。

【解説】読経は僧侶の基本的義務である。さまざまな法会の次第中、欠くべからざる構成要素でありその効験《くげん》が期待されたから、これを怠ることは許されず、そのようなだらけた僧は今後公私の法会に請用しない、というものである。ここにも良源の座主としての責任感や意気込みが感じられる。学生の勤勉と怠慢、そして指導者の叱咤激励、これは千年の時空を越えて今も新鮮なテーマである。

二　女性へのおもいやり

苗鹿院《のうがいん》一処、（中略）右、年来、源漸《げんぜん》の母堂《ぼどう》宿住せらるなり。小僧他世《しょうそうたせ》の後、母子ともに頼りなきか。病の間これを思い、落涙禁じがたし。（『良源遺告《りょうげんゆいごく》』）

【訳】苗鹿院一処、（中略）右は年来、源漸の母親が居住されていた建物である。小僧（良源）が他界した後はさぞ

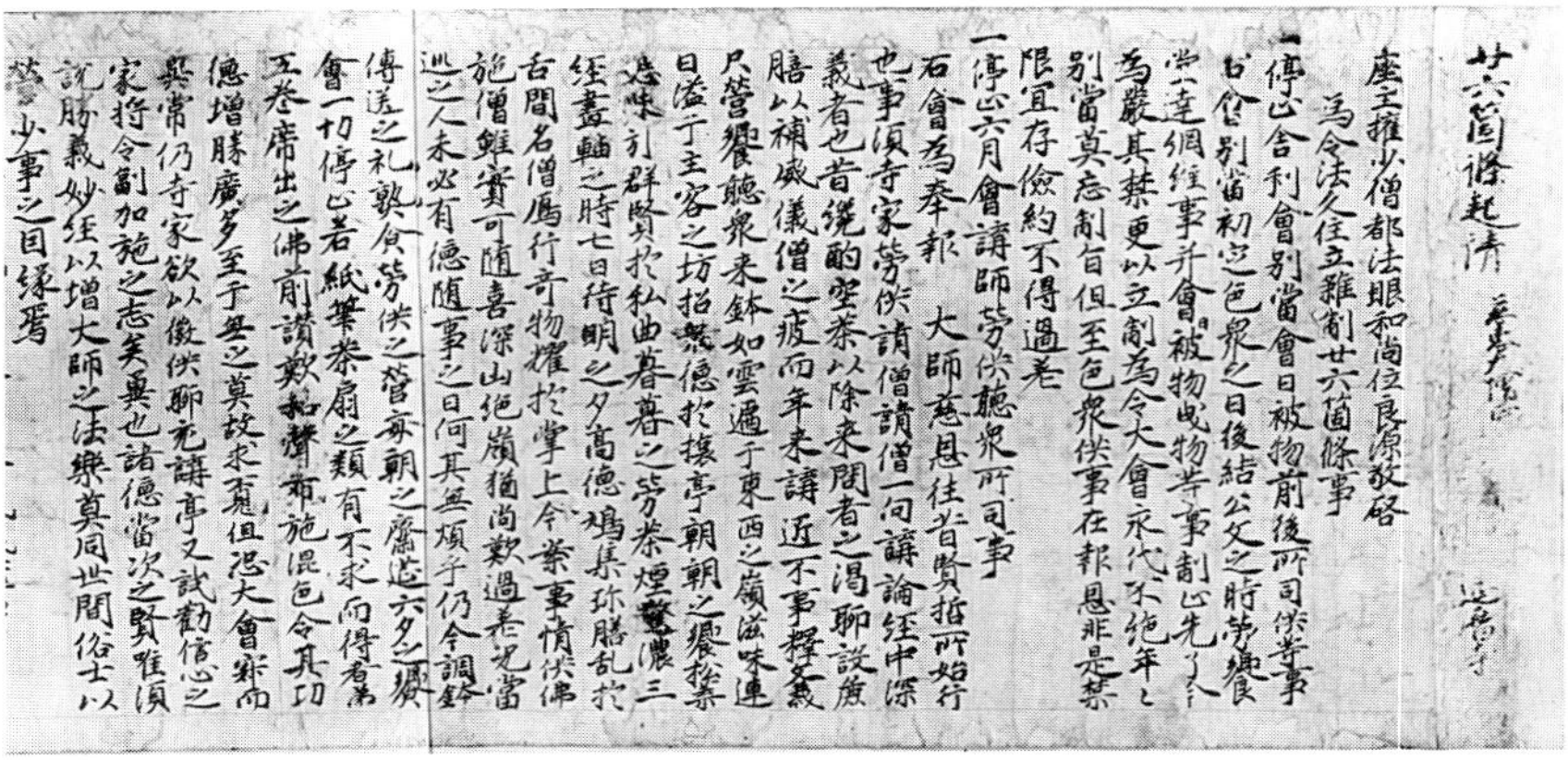

『二十六箇条起請』（廬山寺）
良源が天禄元年（970）に布告した，比叡山のゆるみがちな日常を取り締まった禁制。

かし頼るべきものもなくなるであろう。病中にこのことを考えては涙を抑えきれないでいる。

【解説】良源は七四歳で没するが、六一歳のとき一時的に病臥《びょうが》したことがあり、その際の遺言である。苗鹿院とは横川《よかわ》の東麓《とうろく》苗鹿《のうが》（現大津市）にあった施設で源漸という名の僧侶の母親が住んでいたようだ。自分が死んでしまったらだれが彼ら母子の面倒を見るのか不安でならない、というのである。この後に、だから皆が目をかけてやるようにという趣旨の言葉が続く。

　これとは別に、良源はこの地に彼の母も住まわせ、母がいつも山上の息子を拝せるように配慮したともいう。このような寄《よ》る辺《べ》なき女性や母への優しい気配りは、比叡山四月の恒例行事である舎利会《しゃりえ》を、女人《にょにん》の登山を拒む山上だけで行うのは不平等だから、山下の洛東神楽岡《かぐらおか》の吉田寺《きちでんじ》でも行うことにより、女人もその功徳《くどく》に等しく浴《よく》せるようはかったという点にも現れているだろう。

出　典　「二十六箇条起請」「良源遺告」（『平安遺文』一—三〇三・三〇五、東京堂）。

参考文献　平林盛得著『良源』（人物叢書）吉川弘文館、一九七六年。

8 源信

げんしん

九四二―一〇一七

平安時代中期の天台宗僧。天慶《てんぎょう》五年（九四二）に生まれる。九歳の時、比叡山横川《よかわ》に上り良源《りょうげん》に師事、多くの著述をなし、他の僧侶を教導し、さらにその教学研究の成果を宋の仏教界に問うた。

一般には『往生要集《おうじょうようしゅう》』の著者として、また観想念仏《かんそうねんぶつ》による極楽往生を勧めた人として知られているが、その学問内容はきわめて幅広く、自宗の天台学ばかりでなく因明《いんみょう》や倶舎《くしゃ》といった南都の法相学《ほっそうがく》にも及び、大江匡房《おおえのまさふさ》をして「倶舎と因明は穢土《えど》において極めつくした」と評させたほどである。源信は『往生要集』や『因明論疏四相違略註釈《いんみょうろんしょしそういりゃくちゅうしゃく》』などの学問成果を中国（宋）の仏教界に送り批評を仰いでもいるから、その視線ははるか海外にまで及んでいたといえる。また青年期の論義会《ろんぎえ》における際立った弁舌は、源信諸伝が「論義決択《ろんぎけっちゃく》、智弁《ちべん》抜群《ばつぐん》」と絶賛するところである。一方、源信は横川を中心にいくつもの法会を主宰し、後進の僧や俗人の信心を励ましたことでも知られる。とくに『往生要集』を手本として極楽往生を契った人々の集まり二十五三昧会《にじゅうござんまいえ》、僧俗の男女に毎日の当番を決めて、生ける釈迦《しゃか》に対するがごとく供養させた霊山院釈迦講《りょうぜんいんしゃかこう》などが著名である。さらに浄土の仏菩薩《ぶつぼさつ》の来迎《らいごう》を模した迎講《むかえこう》（来迎会《らいごうえ》）は源信の創始とも伝えられている。寛仁元年（一〇一七）六月十日、阿弥陀仏の手にかけた縷《いと》を執り息絶える。七六歳。

源　信　像（来迎寺）

一　往生極楽へのいざない

それ往生極楽《おうじようごくらく》の教行《きようぎよう》は、濁世末代《じよくせまつだい》の目足なり。道俗《どうぞく》貴賤《きせん》、誰か帰《き》せざる者あらん。ただし顕密《けんみつ》の教法は、その文、一《いつ》にあらず。事理《じり》の業因《ごういん》、その行これ多し。利智精進《りちしようじん》の人は、いまだ難《かた》しと為《な》さざらんも、予《よ》が如《ごと》き頑魯《がんろ》の者、あに敢《あえ》てせんや。この故に、念仏の一門に依《よ》りて、いささか経論の要文《ようもん》を集む。これを披《ひら》いてこれを修むるに、覚《さと》り易《やす》く行い易からん。（『往生要集』序）

【訳】極楽に往生するための教えと行いは、この濁世末代の人々を導く目や足である。僧侶も俗人も貴きも賤しきも、これに帰依《きえ》しないものはいない。しかし顕教《けんぎよう》と密教《みつきよう》の教えはさまざまであり、事観《じかん》や理観《りかん》といった修行も多い。学問に長《た》けよく精進《しようじん》する人にとっては難しくなかろうが、自分のように頑《かたく》なで愚《おろ》かなものは、どうして行うことができようか。そこで念仏の教えに限って、経論から大切な文をいささか拾い集めた。これを披き見れば理解しやすく行いやすいであろう。

【解説】『往生要集』の冒頭を飾る広く人口《じんこう》に膾炙《かいしゃ》した一文である。念仏の一門＝浄土の教えこそ源信の信仰のもっとも基幹的部分を成すものであるが、また長い日本仏教史のなかに置いてみても、これほど時代を超えて各方面に影響を与え続けた思想はあるまい。日本浄土教の大潮流はこれを源流とするというも過言ではない。もちろん源信以前に彼岸《ひがん》に関心を持つ者が皆無だったわけではないが、彼ほどに念仏往生に焦点を絞り込めた学僧はいなかったし、また数多くの聖教《しょうぎょう》に当たったものもいなかった。

『往生要集』の聖教引用回数は九〇〇を超えるという。これを注の数九〇〇超の大著と言い換えることも可能である。彼は万巻の書の中から浄土に関する言葉を拾い集め、これを壮大かつ精緻《せいち》な構想のもと一〇門に分類した。いわゆる厭離穢土《おんりえど》、欣求浄土《ごんぐじょうど》、極楽証拠《ごくらくしょうこ》、正修念仏《しょうじゅねんぶつ》以下、往生の諸業《しょごう》、問答料簡《もんどうりょうけん》に至る構成である。その眼目は極楽に往生するための正しい行を説く正修念仏にあろうが、六道《ろくどう》のおぞましさが印象的な厭離穢土や五官《ごかん》の認識を越えた善美の極楽界を教える欣求浄土も劣らず広く受容された。

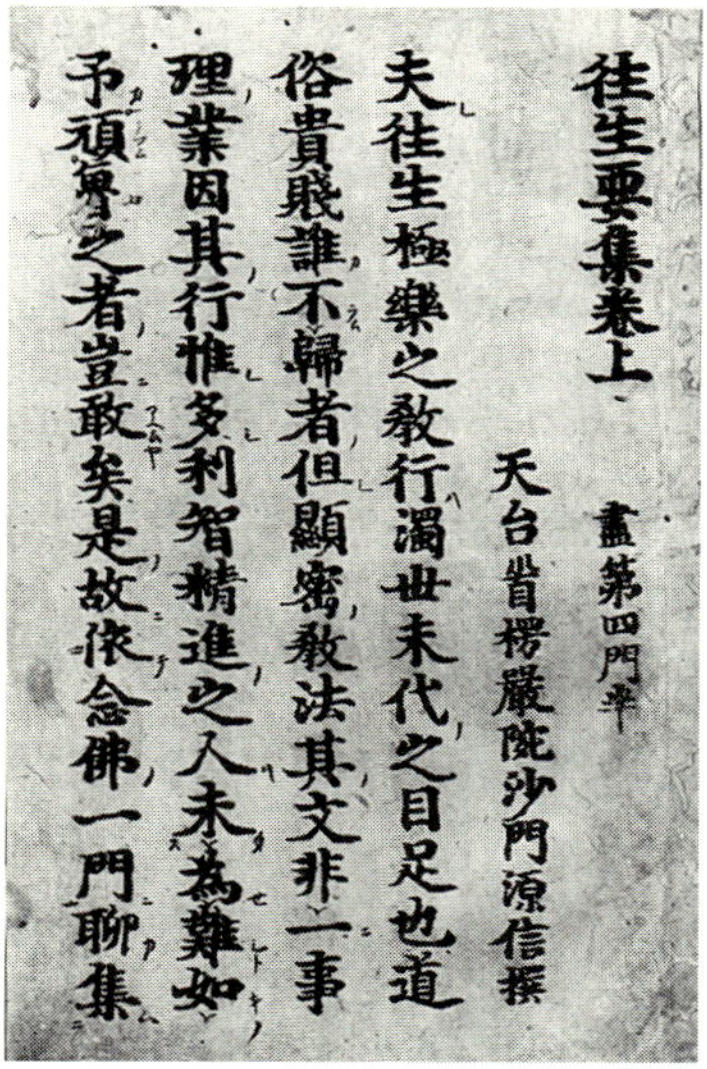
往生要集巻上　盡第四門半
天台首楞嚴院沙門源信撰
夫往生極樂之教行濁世末代之目足也道
俗貴賤誰不歸者但顯密教法其文非一事
理業因其行惟多利智精進之人未為難如
予頑魯之者豈敢矣是故依念佛一門聊集

『往生要集』（龍谷大学図書館）
極楽往生するためにの経論の要文を集め，念仏が最も大切であることを説いた天台浄土教の代表作で，後世の文学・美術に大きな影響をおよぼした。

二　寛容と謙虚

もし別縁《べつえん》あらば余方《よほう》もまた佳《よ》し。およそ意楽《いぎょう》に随《したが》うべし。異執《いしゅう》を生ずることなかれ。（『往生要集』「極楽証拠」）

【訳】もし他に別の因縁《いんねん》があるのなら、他の浄土もまたよいだろう。おおよそは心の欲《ほっ》するところに随うべきであり、異見《いけん》を立ててかたくなに執着《しゅうちゃく》すべきではない。

【解説】源信は阿弥陀如来の西方極楽浄土を最上の浄土として勧めるのだが、一方では熱心な弥勒信仰者《みろくしんこうしゃ》でもあった。それが『往生要集』第三極楽証拠で明快に示される。懐感法師《えかんほうし》の『釈浄土群疑論《しゃくじょうどぐんぎろん》』を引いて、「兜率《とそつ》を志求《しぐ》する者は、西方の行人を毀《そし》ることなかれ。西方に生れんと願う者も、おのおの性《しょう》の欲《ねがい》に随い、情《こころ》に任せて修学せよ（弥勒の兜率天《とそつてん》を求める者は弥陀の浄土信仰者を毀《そし》ってはならない。極楽を願うものも各々の心の欲するところに随い修学すべきである）」と他の信仰も承認する寛容さを示している。ただし阿弥陀信仰への信はいささかも揺《ゆ》らぎはしなかったこと、言うまでもない。

往年《おうねん》みずから経文《きょうもん》を案じ弥陀来迎像《みだらいごうぞう》を図《ず》せり。その中に比丘衆《びくしゅ》多く菩薩衆《ぼさつしゅ》少なし。人有りて問いて云う。何故に菩薩衆少なきや。答う。下品《げぼん》の蓮《はちす》を望むなり。問う。何ぞ上品《じょうぼん》を望まざるや。答う。己《おの》が分《ぶん》を計《はか》るなり。（「楞厳院二十五三昧結衆過去帳《りょうごんいんにじゅうござんまいけちえんかこちょう》」源信伝）

【訳】往時《おうじ》、（源信は）みずから経文の意を案じて阿弥陀如来来迎の様を描いたことがあった。その図中に菩薩の数は少なく比丘《びく》の数が多かったので、ある人が菩薩衆が少ない理由を訊いたところ、それは下品往生《げぼんおうじょう》を望むからだと答えた。そこでさらになぜ上品を望まないかを問うたところ、己《おのれ》の分というものを省《かえり》みたからだと答えた。

【解説】これは源信の弟子であり同朋《どうほう》でもある覚超《かくちょう》の懐旧談である。極楽の九品《くほん》を上中下の三に分けたうち、最下の下品が自分には分相応だというのである。このような謙虚さは、覚超かともされる僧が、没後の源信と夢中に語り合った会話にもみられる。源信は極楽往生を遂《と》げたにもかかわらず往生したともしなかったとも曖昧《あいまい》な言い方で僧に告げるが、その理由は聖衆《しょうじゅ》が雲集して如来を囲繞《いにょう》したとき自分はもっとも遠くにいたからだという。源信の控えめな人柄が偲《しの》ばれる話である。

三　大陸への眼差し

側《ほの》かに聞く、法公《ほうく》、本朝に之《いた》りて三宝《さんぼう》の興隆はなはだ随喜《ずいき》せりと。わが国に東流《とうる》の教は、仏日《ぶつにち》再び中《みち》て、当今、極楽界を刻念《こくねん》し法華経に帰依《きえ》するもの熾盛《しじょう》なり。仏子《ぶつし》はこれ極楽を念ずるその一なり。本習《ほんしゅう》の深きを以ての故に、往生要集三巻を著して観念するに備えたり。それ一天の下、一法の中、みな四部《しぶ》の衆なり。いずれか親しく、いずれか疎《うと》からん。故にこの文を以て、あえて帰帆《きはん》に附《ふ》す。（「宋僧某宛源信書状」）

【訳】側聞《そくぶん》するところでは、貴僧はわが国に来朝されて三宝（仏・法・僧）興隆のさまをご覧になり大いに喜ばれている由《よし》。東流してわが国に伝えられた教え（仏教）は、仏日再中（仏教が再び盛んになること）の勢いであり、極楽往生を願い法華経に帰依することが大変盛んであります。私も極楽を念ずるその一人でありますが、その思いが深くなり三巻の往生要集を著して極楽を観念する頼りと致しております。一天の下、一法の中、みな仏弟子たる四部衆（比丘《びく》・比丘尼《びくに》の出家の二衆と優婆塞《うばそく》・優婆夷《うばい》の在家《ざいけ》の二衆）であります。親疎《しんそ》の区別はありません。それゆえにあえてこの文（『往生要集』）をあなたのご帰国の船に託するのです。

【解説】源信は宋仏教界と熱心に交流しようとした。この書状は『往生要集』を宋に送ろうとして宋僧斉隠《さいいん》に託した際の書簡と考えられる。そのほかに『因明論疏四相違略註釈《いんみようろんそしそういりやくちゆうしやく》』『纂要義断注釈《さんようぎだんちゆうしやく》』『天台宗疑問二十七条』などの自著を送っている。もって宋仏教界の批評を仰ごうとしたものである。これは経典や論書をただ輸入する段階から、蓄積された研究を踏まえて積極的に議論を試みようとする段階へと、わが国仏教研究のレベルが上昇したことを示しているだろう。

この書簡にも「三宝の興隆」「仏日再び中て」などと繁栄の様子が書かれているが、当時の宋仏教界は唐武《ぶ》宗《そう》の破仏《はぶつ》（会昌《かいしよう》の廃仏＝八四五年）をはじめとする法難のため荒廃し、高麗《こうらい》や日本に失われた経典論疏《ろんそ》を求めるほどであった。仏教の本場としてなお高い権威を保っていた一方で、衰退の相も明らかになりつつあったのである。

このような仏教の国際的な環境の下、源信はその足を比叡山横川に据《す》え、目は遥かに海の彼方を見ていたのである。

四　教えと導き

我ら互に契《ちぎり》を合せて善友《ぜんう》となり、最後臨終《りんじゅう》まで相助《あいたす》け教て念仏せしめん。即ち二十五人を点じて以て結衆《けつしゅ》の数となし、もしこの中に一の病める者あらば、結縁《けちえん》の願力によりて、日の吉凶を撰《えら》ばず、その所に往到し問訊勧誘《もんじんかんゆう》せん。もしたまたま極楽に往生する者あらば、自らの願力により、仏の神力により、もしは夢にもしは覚《うつつ》に結縁の人に示し、もし悪道に堕《お》ちなば、また以《もっ》てこれを示さん。（「二十五三昧結衆連署発願文《にじゅうござんまいけつしゅれんしょほつがんもん》」）

【訳】我らは互いに契りを結び、相互に導きあう善き同朋《どうぼう》となり、最後臨終のその時まで相助け教えあって念仏させよう。二五人を結縁衆《けちえんしゅ》の数とし、もし一人でも病人が出たら、日の吉凶にかかわらず行って病状を訪い念仏を勧めよう。もし極楽に往生できた者は、自らの誓願《せいがん》の力により、あるいは仏の神通力《じんつうりき》により、夢を通じてか現《うつつ》にか、いずれにしても結縁衆にこれを示し、不幸にして悪道に堕ちた場合にも同様にそのことを教えよう。

【解説】『往生要集』の影響をもっとも早い時期に受けた例として、源信と同じ横川の僧侶二五名から成る二《に》十五三昧会《じゅうござんまいえ》がある。『往生要集』が著述された翌寛和《かんな》二年（九八六）五月にそれは結成されている。毎月十五日に念仏三昧を修して極楽往生を期すこと、常に西方を念じ深く功徳《くどく》を積むことを誓い合い、病者を収容し看病するための往生院《おうじょういん》を建立し、結衆が没したら墓所に葬り、それを花台廟《けたいびょう》と称し、春秋二季に念仏を修すること、没後も結衆としての義を守り追善《ついぜん》の行を修することなどを契り合った。現世《げんせ》と後世《ごせ》を約束しあった念仏結社というべきだが、彼らの信仰活動の指南《しなん》となったのが『往生要集』であり、源信その人もまた親しく彼らを指導し没後は過去帳中の人としてその伝を記されたのである。

我、善財童子善知識之文《ぜんざいどうじぜんちしきのふみ》を抜き、善知識の大因縁《だいいんねん》たるを知る。今、たちまちに冥路《めいろ》に赴《おもむ》き伴《とも》なく独り行くを憐《あわ》れむが故に、彼をして大善知識に値《あ》わしめんとす。（「楞厳院二十五三昧結衆過去帳《りょうごんいんにじゅうござんまいけっしゅかこちょう》」良範伝《りょうはんでん》）

【訳】私は善財童子善知識の文を抜き見て、善知識（信仰の導き手）こそが大要因であることを知りました。今（良範が）にわかに亡くなって冥土《めいど》に赴き、共に行くものとてないのを憐れに思い、彼を大善知識に逢わせてやりたいと思いました。

【解説】『華厳経《けごんきょう》』の最後の巻「入法界品《にゅうほっかいぼん》」は、文殊菩薩の教導により求道遍歴《ぐどうへんれき》の旅に出た善財童子が、さまざまな人々に出会いながら最後に普賢菩薩《ふげんぼさつ》のもとで、無量《むりょう》の善根《ぜんこん》を生じ、無量の悪業《あくごう》を滅し、命終《みょうじゅう》して極楽に往生するための一〇種の行願《ぎょうがん》を知るという話になっている。源信の近くにわずか二〇歳で亡くなった良範という青年僧がいた。二十五三昧会の会衆《えしゅ》ではなかったが、それに劣らぬ深い信心の持ち主であった。源信はこの僧の死を悼《いた》み、その伝を作り、結衆の過去帳に員数外として付け加えた。そして冥土を独りさ迷う故人のために、善財童子の求道遍歴になぞらえて善知識との出会いと教導を祈願したのである。天台宗の大学者の優しく細やかな配慮を見るべきだろう。

五　白骨観

つらつら一期《いちご》の栄華を思案するに、ただ白骨《はっこつ》を帯《たい》して歳月を送る。白骨の上に衣装を荘《かざ》り着て、白骨の身をもってただ世を渡る。この白骨は久しく世にあらず。憑《たの》みても憑みがたきは薄皮《うすかわ》の白骨なり。（『白骨観《はっこつかん》』）

【訳】よくよく一生の栄華を考えてみるに、ただ白骨を帯びて年月を送っているのであり、白骨の上に衣装を飾り着て、世の中を生きている身体はただこの白骨ばかりなのである。しかるにこの白骨はいつまでも世にあることはなく、憑もうとして憑みがたいこと薄い皮膚《ひふ》のごときものが白骨なのである。

【解説】源信七〇歳ころの述懐である。この前後彼は多くの知己《ちき》の訃報《ふほう》に接している。『往生要集』とともにその著作を宋に送られた慶滋保胤《よししげのやすたね》（出家して寂心《じゃくしん》）はこの一〇年ほど前に東山の如意輪寺《にょいりんじ》に没し、『白骨観《はっこつかん》』を著した寛弘《かんこう》八年（一〇一一）、源《みなもとのためのり》為憲もその生涯を終えている。そのことにより彼の死生観や信仰が揺らぐわけでもないが、己《おの》が身に添えて残りの日を想うころとなった。

この述懐は遠く鎌倉時代の後鳥羽院《ごとばいん》「無常講式《むじょうこうしき》」の一文（「凡《およ》そ墓無《はかな》き者は、人の始中終《しちゅうじゅう》、幻《まぼろし》の如《ごと》きは一期《いちご》の過ぐる程なり。三界《さんがい》は無常なり。古《いにしえ》より未《いま》だ万歳《まんざい》の人の身有りと云うことを聞かず。一生過ぎ易《やす》し。今に在りて誰か百年の形体を保たん。実《まこと》に我や前、人や前、今日とも知らず、明日とも知らず。後れ先だつ人、本《もと》の滴《しずく》、末《すえ》の露《つゆ》よりも繁《しげ》し」）を髣髴《ほうふつ》とさせる。両者はまったくの異文だが底流する無常観《むじょうかん》はなんら異ならない。同質の思想とみるべきだろう。この「無常講式」がさらに一五世紀の蓮如《れんにょ》「紅顔白骨《こうがんはっこつ》の御文《おふみ》」に引用される事実を見るとき、生死に対する思索や絶対的存在への信といったことは、人間がある限り続く永遠の宗教的テーマであるように思えてくる。

出典　『往生要集』（日本思想大系六『源信』岩波書店、一九七〇年）。「宋僧某宛源信書状」（上掲『源信』所収）。「楞厳院二十五三昧結衆過去帳」（平林盛得著『慶滋保胤と浄土思想』吉川弘文館、二〇〇一年）。「二十五三昧結衆連署発願文」（『恵心僧都全集』一所収「廿五三昧式」所載、思文閣）。『白骨観』（『恵心僧都全集』三所収『天台小部集釈』収載）。

参考文献　川崎庸之著『源信』中央公論社、一九七二年。速水侑著『源信』（人物叢書）吉川弘文館、一九八八年。小原仁『源信』ミネルヴァ書房、二〇〇六年。

9 覚鑁

かくばん

一〇九五―一一四三

平安時代の真言僧。嘉保《かほう》二年（一〇九五）、肥前国《ひぜんのくに》（佐賀県）に生まれる。一三歳のとき、郷土に縁ある京の仁和寺《にんなじ》に入り、以後南都の興福寺・東大寺や真言宗の仁和寺・高野山などで仏道の研鑽に努めた。

その後も真言宗に伝えられた種々の法流の修得に努め、大伝法院流《だいでんぽういんりゅう》と呼ばれる一流を開くことになった。その大伝法院とは僧侶の教育機関として、覚鑁三八歳の長承《ちょうしょう》元年（一一三二）、高野山に設立されたものである。同時に覚鑁は大伝法院座主《ざす》に就任し、ついで金剛峯《こんごうぶ》寺《じ》座主をも兼ねた。

しかし、それまで金剛峯寺の座主職《しき》は教王護国寺《きょうおうごこくじ》（東寺《とうじ》）長者のものだったこともあり、大伝法院方と金剛峯寺方は深刻な対立のなかに落ち込むことになる。結果、わずか九ヶ月で覚鑁は座主職を退き、さらに四年ほどのちには、覚鑁自身が山内の敵対勢力に襲われるのであった。危うく難を逃れた覚鑁は、ついに高野山を下り、紀伊国《きいのくに》（和歌山県）に根来寺《ねごろじ》を開いた。

覚鑁はかの地で、康治《こうじ》二年（一一四三）十二月十二日四九歳で入滅《にゅうめつ》したが、その教団は後に新義真言宗《しんぎしんごんしゅう》と呼ばれ、智山派《ちざんは》、豊山派《ぶざんは》へと展開することになるのである。没後、興教《こうぎょう》大師号を贈られた。

一　密教と浄土教の融合

二十有七にして、更に一願を加う。いわゆる臨終《りんじゆう》の剋《とき》、入滅《にゆうめつ》の時、もし生《しよう》を離るることを遂《と》げず、成仏《じようぶつ》を果たすことなくば、また正念《しようねん》を得て、定《さだ》んで倒想《とうそう》を離れ、忽《たちま》ちに大日《だいにち》の来迎《らいごう》に預かり、速やかに遍照《へんじよう》の引接《いんじよう》を感ぜん。両部界会《りようぶかいえ》の加持する所、十方聖衆《しようじゆう》の擁護する所、密厳《みつごん》の金刹《こんさつ》に往生し、華厳《けごん》の蓮都《れんと》に至到《しとう》せん。その土において本尊を成じ、彼の界において性仏を証せん。(『述懐詞《じゆつかいし》』)

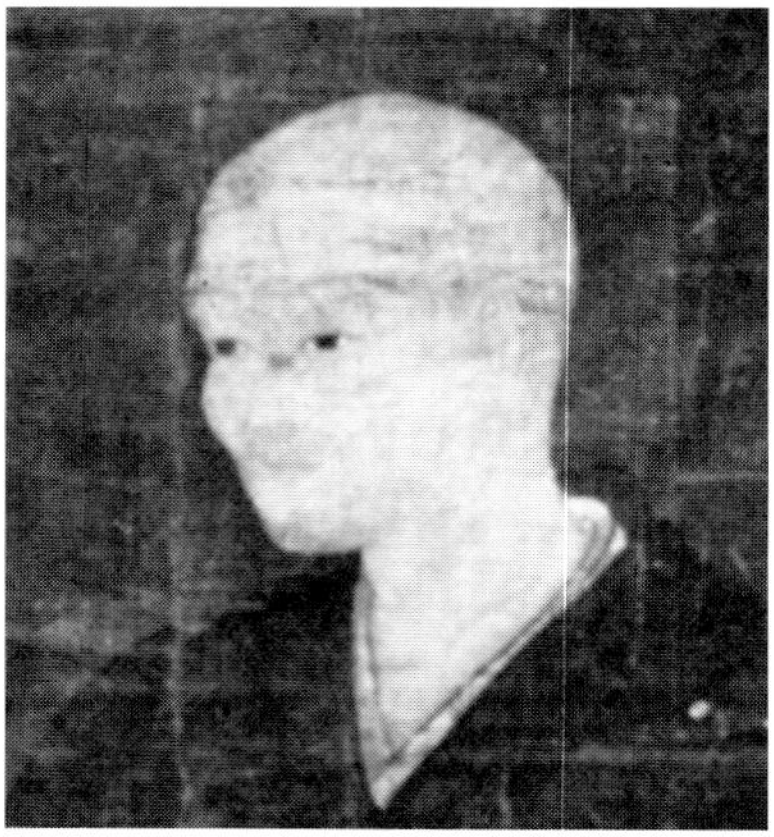

覚　鑁　像(長谷寺)

【訳】私は二七歳のとき、これまでの諸願にさらにもう一つの願をたてた。私が生を終えるまでに即身《そくしん》の成仏《じようぶつ》を果たすことができなかったならば、その場合でも正しい信仰を得て、大日如来の来迎にあずかり、その導きを感じたい。金剛《こんごう》・胎蔵《たいぞう》両部の世界があり、多くの聖者に守護される密厳の浄土に往生したい。そしてその浄土においてこそ成仏を達成したい。

【解説】覚鑁の密教思想をもっともよく特徴づけるのは、浄土往生の思想であろう。覚鑁は真言の行者であるから、即身成仏《そくしんじようぶつ》を目指しているのはいうまでもない。しかしもしそれを達成し得なかった場合にはどうしたらよいだろう、という気持ちを常に持ち続けていた。そのときには大日如来の来迎にあずかり、如来の密厳《みつごん》浄土《じょうど》に往生したいという。これを順次往生ともいう。普通、浄土への往生といえば阿弥陀如来の極楽《ごくらく》浄土をさすのが普通であるが、覚鑁にとっては、往生する先として密厳浄土が想定されたのである。

顕教《けんぎょう》には釈尊《しゃくそん》の外《ほか》に弥陀《みだ》あり、密蔵《みつぞう》には大日《だいにち》すなわち弥陀《みだ》、極楽《ごくらく》の教主《きょうしゅ》なり。まさに知るべし、十方《じゅっぽう》浄土は皆これ一仏の化土《けど》、一切如来《いっさいにょらい》は悉《ことごと》く是れ大日なり。毘盧《びる》、弥陀は同体の異名、極楽・密厳は名、異にして、一処なり。（『五輪九字明秘密釈《ごりんくじみょうひみつしゃく》』）

【訳】密教以外の諸宗派においては釈迦如来のほかに阿弥陀仏を説いている。しかし密教において説く大日如来とは阿弥陀如来のことにほかならない。だから大日は弥陀の極楽浄土の教主でもある。皆このことは知らなければならない。この世界に数ある浄土は皆一人の仏が教化するところであり、すべての仏とはことごとく皆大日如来なのだ。盧舎那仏《るしゃなぶつ》つまり大日如来と阿弥陀仏は同体で名前が異なっているのみである。したがって弥陀の浄土である極楽と大日如来の浄土である密厳は名前が異なっているが、同じところである。

【解説】密教の目標である即身成仏と、浄土教で説く死後の往生とは、一見して相反する信仰である。その問題を覚鑁は、大日如来と阿弥陀如来が異名同体であるという論理によって解決しようとした。つまり極楽浄土は密厳浄土に包摂されており、死後の往生（順次往生）もまた究極的には密厳浄土への往生にほかならないと主張したのである。

二　懺悔の思い

行住坐臥《ぎょうじゅうざが》知ると知らざると、犯す所の是の如《かく》くの無量の罪、今三宝《さんぼう》に対して皆発露《ほつろ》したてまつる。慈悲哀《あい》愍《びん》して消除せしめたまえ。皆悉《みなことごと》く発露し尽《ことごと》く懺悔《さんげ》したてまつる。ないし法界《ほつかい》の諸《もろもろ》の衆生《しゅうじょう》、三業《さんごう》所作の此の如《かく》くの罪、我皆相代わって尽く懺悔したてまつる。更にまたその報いを受けしめざれ。（『密厳院発露懺悔文《みつごんいんほつろさんげもん》』）

根来寺多宝塔

保延５年（1139）ごろ高野山を下った覚鑁は，現在の和歌山県岩出町に新義真言宗を立てる。多宝塔は永正12年（1515）高野山の大塔を模して建立された。

【訳】　行住坐臥、いかなるときでも知らず知らずに犯してしまう無量の罪を、いま仏法僧《ぶつぽうそう》の三宝に対して告白いたします。どうぞ慈悲の心でお許し下さり、それらを消し去って下さい。すべての罪を告白し、懺悔します。またこの世のもろもろの衆生が身・口・意、つまり自らの行いと言葉と心とをもって犯してしまう罪についても、私が皆に代わってことごとく懺悔いたします。そしてその悪業の報いを受けないようにして下さい。

【解説】　大伝法院座主の辞任に追い込まれた覚鑁は、住坊である密厳院《みつごんいん》に籠り、四年間ほどの無言行に入った。

『密厳院発露懺悔文』は、そのおりに著したもので、対立抗争を繰り返すすべての僧侶にたいして反省・懺悔を促すとともに、すべての衆生にかわって懺悔し、衆生が罪を受けることがないように誓願しているのである。この文は今日でも新義真言宗において大切に護持される文とされている。

出　典　宮坂宥勝編『興教大師撰述集』上・下、山喜房仏書林、一九七七年。

参考文献　櫛田良浩著『覚鑁の研究』吉川弘文館、一九七五年。勝又俊教著『興教大師の生涯と思想』山喜房仏書林、一九九二年。

中世

10 西行《さいぎょう》

一一一八—九〇

平安時代から鎌倉時代初頭にかけての歌僧《かそう》。元永《げんえい》元年（一一一八）誕生。俗名《ぞくみょう》を佐藤義清《さとうのりきよ》という中級の公家で、北面《ほくめん》の武士。そして院政《いんせい》を行っていた鳥羽《とば》上皇《じょうこう》に仕えて信頼を得ていた。紀伊国《きいのくに》に荘園《しょうえん》もあり、家も豊かであった。ところが突然、若い二三歳のときに出家して仏道修行の生活に入った。彼は僧侶として修行もしたが、むしろ和歌を詠むことに精根《せいこん》を傾け、奥州から四国まで各地をめぐる生活を続けた。それは五〇年間にも及び、旅の果てに河内国《かわちのくに》の広川寺《ひろかわでら》において七三歳で亡くなっている。

この間、貴族や武士・庶民とも交流して、多くの和歌と逸話を残した。西行は桜の花が好きで、桜についての多くの感動的な和歌を詠んだ。そのために、それまでの日本社会では「花」といえば主に梅の花のことであったが、西行以降は桜の花を意味するように変わっている。

このように西行が文学・芸能・思想の世界に与えた影響は大きい。『新古今《しんこきん》和歌《わか》集《しゅう》』の代表的歌人の一人で、歌集に『山家集《さんかしゅう》』がある。また『西行物語《さいぎょうものがたり》絵《え》巻《まき》』によってその一生をしのぶことができる。

西行についての伝説も鎌倉時代初期から発達して、各地に広まった。西行と桜の精の翁とを主人公に取り上げた世阿弥の『西行桜』はその代表作である。

一　出家と修行

そらになる　心は春の　霞《かすみ》にて　世にあらじとも　おもひ立つかな（『山家集《さんかしゅう》』）

【訳】俗人でいるかぎり不安で何も手につかないが、出家を決心した私の心は春霞のように心地よく、仏道の世界へ昇っていく。

【解説】平安時代後期は貴族社会の勢力がしだいに衰え始める時期である。社会の混乱や、武士・農民の勢力が発展してくるなかで、貴族たちには不安が募っていった。そのなかで自らの生き方を求めての西行の出家であった。しかし急な、妻子を捨てての思いがけない出家に、まわりの人たちは不思議に思い、またその生き方を讃美した、とのちに左大臣になった藤原頼長《ふじわらのよりなが》はその日記『台記《だいき》』に書きつけている。そのころ、俗生活を捨てて出家するのが理想的な生き方であると思われていたからである。この和歌は、出家後まもなく詠んだ和歌である。西行の和歌からは、出家したうれしさや落ちついた気持ちが伝わってくる。

出家した西行は法名を円位《えんい》と名のり、京都の長楽寺《ちょうらくじ》や双林寺《そうりんじ》・鞍馬《くらま》

西　行　像（神宮文庫）

寺《でら》・仁和寺《にんなじ》・醍醐寺《だいごじ》、さらには奈良の興福寺《こうふくじ》や熊野・高野山などでも修行した。また遠く奥州や四国にも出かけている。では、僧侶としての修行に邁進《まいしん》できていたのであろうか。実はどうもそうではなくて、心乱れるときも多かったようである。

わりなしや　氷《こお》る筧《かけい》の　水ゆゑに　思ひ捨ててし　春の待たるゝ（『山家集』）

【訳】私は強い決心をして山に籠った。しかし冬の、筧の水も凍るような厳しい寒さの毎日に、捨ててきたはずの春の暖かさが待たれる。

【解説】修行を始めたばかりのころに、京都北山にある鞍馬寺《くらまでら》で詠んだ和歌である。冬のある日、谷川から引いている筧の水が凍《こお》って流れてこなかった。そしてこれは春まで続くと聞かされ、西行は気が滅入った。これはそのときのがっかりした気持ちを表現したのである。自分の内面を正直に表現していて、いかにも人間らしい。西行の和歌にはどこか滑稽《こっけい》なおかしさがあって、それもまた彼の人気が高い理由となっている。

風になびく　富士のけぶりの　空に消えて　行方《ゆくえ》も知らぬ　わが思ひかな（『山家集』）

【訳】富士山の火口からの噴煙《ふんえん》は風になびいて空に消えていく。私の思いも、その噴煙のように、行方は分からない。

【解説】当時の僧侶は一ヶ所に留まって修行するというよりも、各地に動いて修行するということが多かった。

ただ西行の場合は純粋な仏道修行に生きることはできなかった。人恋しい性格でもあった。出家して俗世間を捨てたとはいっても、京都の貴族社会に出入りすることも多かった。そこで和歌の交換をすることもあった。僧侶の友人とも和歌の交換をした。西行はそれだけ心が繊細《せんさい》で、型にはまった生き方ができなかったということであろう。彼は常に自分の心をみつめ、それを詠歌という方法で表現したかったのである。

また一方では全国をまわり、それぞれの土地の雰囲気のなかで和歌を詠んだ。西行には「旅に生きる」という表現がぴったりである。

六九歳、奥州への旅の途中、西行は駿河国《するがのくに》（静岡県）で前掲の和歌を詠んだ。この和歌は最晩年の澄んだ心境を吐露《とろ》した和歌で、彼自身が「これぞわが第一の自嘆歌《じたんか》」と語ったという（慈円『拾玉集』）。「喜び」よりも「嘆くこと」で自分の気持ちを正直に表現できる。これが西行の告白であった。

ちなみに、西行のころは富士山が噴煙を上げていたことがわかる。

二　桜と日本文化

うきよには　留《とど》めおかじと　春風《はるかぜ》の　散らすは花を　惜《お》しむなりけり（『山家集』）

【訳】美しい桜の花が咲くと、すぐ春風が吹いて散らしてしまう。なぜかといえば、それは枯れかかって汚くなった姿を、私たちの記憶に残したくないからだ。

『西行物語絵巻』（大原本）
吉野山で桜の枝に降る雪を眺める西行。

【解説】本来、僧侶は現世のすべてを捨てて修行をすべきなのであって、現世の何が好き、これがすばらしいなどといってはいけないのである。現世は空しく、真実の生き方を求めて出家したはずだからである。しかし西行は美しい桜の花が好きだった。桜の花を讃美する和歌を無数に詠んだ。吉野山の桜などについては、特に多くの和歌を詠んでいる。それは同時代の、そして後世の人々に大きな感動を呼び起こし、日本文化の新しい潮流を作り上げることになった。

また西行は「花」といえば「桜の花」を指すという、その後の日本社会の常識を作り上げた。それ以前は、「花」といえば梅の花を思い起すのが文化人の常識であったのである。また西行と桜との関係で注目すべきことは、桜の花は満開のうちに早く散るからこそよいのだ、と主張したことである。美しいままの姿が私たちの目に焼きついているうちに散ってほしい。それがこの和歌を成り立たせている西行の心である。このように、西行は早く散るからこそ美しいという日本独特の感性も作り出したのである。

願はくば　花の下《した》にて　春死なむ　そのきさらぎの　望月《もちづき》のころ（『山家集』）

【訳】私はできれば桜の花の下で、春の季節に臨終を迎えたいものだ。その桜の花が咲く二月の満月のころに。

【解説】西行は自分の将来について、ロマンチックな希望を持っていた。それは春の満月の晩に、大好きな桜の花が満開の木の下で死にたいという希望である。そして実際に西行が亡くなったのは陰暦《いんれき》二月十六日であった。これはなんと太陽暦《たいようれき》では三月下旬から四月上旬の、桜の咲く季節にあたる。また陰暦では毎月十五日が満月である。まさに西行は希望どおりのときに亡くなったのである。

当時の有名な歌人の藤原俊成《ふじわらのしゅんぜい》は、西行の訃報《ふほう》を聞いて非常に心を動かされ、「願い置きし花の下にて終りけり　蓮《はちす》の上《うえ》もたがはざるらむ」という歌を詠んでいる。これは、「西行は、以前からの願いどおり、桜の花の下で満月に亡くなった。極楽浄土の池の蓮の上に生まれ変わることはまちがいないであろう」という内容である（『長秋詠藻《ちょうしゅうえいそう》』）。

俊成は西行の生前の寿永四年（一一八三）、後白河上皇《ごしらかわじょうこう》に命ぜられて『千載和歌集《せんざいわかしゅう》』を編集することになっていた。このことを聞いた西行は、この歌集に載せてもらおうと、「願はくば……」も含めた自分の和歌を何点か俊成に送っていた。そして文治《ぶんじ》四年（一一八八）に完成した『千載和歌集』に「願はくば……」は採用されたのである。西行が亡くなったのはそれから四年後であった。

藤原俊成と同じく、多くの人々も感動し、西行は一挙に伝説上の人物となった。鎌倉時代から現在に至るまで、数えきれないほどの人たちが西行の「願はくば……」の歌に憧《あこが》れている。

出　典　『山家集』新潮日本古典集成、一九八二年。

参考文献　目崎徳衛著『西行』（人物叢書）吉川弘文館、一九八〇年。高橋英夫著『西行』（岩波新書）一九九三年。白洲正子著『西行』新潮社、一九八八年（のち新潮文庫に収録、一九九六年）。

11 重源《ちょうげん》

一一二一―一二〇六

鎌倉時代初期に、戦火にかかった東大寺《とうだいじ》を復興した勧進僧《かんじんそう》で、房号《ぼうごう》を俊乗房《しゅんじょうぼう》といい、「南《な》無《む》阿《あ》弥《み》陀《だ》仏《ぶつ》」ともいった。一三歳の時に醍醐寺《だいごじ》で出家《しゅっけ》して密教《みっきょう》を学び、一七歳の時に四国に渡って弘法大師《こうぼうだいし》の聖地で、ついで紀伊の大峰《おおみね》で修行した。そののち、霊山を渡り歩く山林修行者として活動し、その足跡は近畿をはじめ北陸・九州にまでひろがった。さらに海を越えて中国に渡り、天台山《てんだいさん》や阿育王寺《あいくおうじ》を訪れて、たびたび神秘的な体験を重ね、自ら「入宋《にっそう》三《み》度《たび》」といって誇った。

治承《じしょう》四年（一一八〇）に、平家が奈良を焼き討ちしたとき、東大寺をはじめ諸大寺が炎上した。その翌年、六一歳の重源は「東大寺造営勧進職《とうだいじぞうえいかんじんしき》」に任じられて、東大寺の復興事業に乗り出した。ついで、「大勧進職」に任じられ、文治《ぶんじ》元年（一一八五）に大仏開眼供養《だいぶつかいげんくよう》を行い、建仁《けんにん》三年（一二〇三）には伽藍《がらん》の復興が完成して、「東大寺総供養」が行われた。東大寺復興は、重源にとって畢生《ひっせい》の大事業であった。その偉容は東大寺南大門が今に伝えている。東大寺復興の勧進活動に当たって、重源は「南無阿弥陀仏」と称える念仏《ねんぶつ》をすすめ、仏《ぶつ》舎利《しゃり》の信仰や仏教芸能を盛んに行った。また、仏像の造立や伽藍の建築にあたっては、大陸の技法など積極的にとりいれた。それらの行動は自ら著した『南無阿弥陀仏作善集《なむあみだぶつさぜんしゅう》』に示されている。建永《けんえい》元年（一二〇六）六月五日、東大寺にて八六歳で入滅《にゅうめつ》。

重　源　像（東大寺）

一　旅修行の日々

霊地《れいち》・名山処々《めいざんのしょしょ》、春草にわずかな孤庵を結び、巡礼を修行すること年々、秋月をただ親友となす。（「重源敬白文《ちょうげんけいびゃくもん》」『東大寺続要録』）

【訳】あちこちの霊地や名山をたずね歩き、春は草深い山中に一人住まいの小さな庵を造り、聖地巡礼の旅を重ねて修行する日々は、もう何年になりましょうか。煌々《こうこう》と照る秋の月だけを、ただひとりの親友として語り合う年月です。

【解説】昨今、「日本百名山」に数えられる高山に登り、大自然の霊気に包まれて、日常からはなれた異界の体験を積む人が多い。四国八十八ヶ所や西国三十三ヶ所などの霊場を辿る「巡礼の旅」は、このころ大いに繁盛している。人は、神秘に包まれた大自然のなかに、一時の安息を求めるのだろうか。

　重源が生きた平安時代後期には、深い山中で仏教のきまりにしたがった修行をする、「聖《ひじり》」とよばれる僧が大勢いた。若い時期の重源もその一人であった。山岳の景観に恵まれた日本には、奈良県の吉野から富山県の立山《たてやま》に至るまで、多くの霊地や名山が点在する。年老いた重源が、若かりし時に体験した仏教修行の姿を、「重源敬白文」のなかで、はるかに回顧している。

修行や巡礼の旅に出るのは、春になって若草が萌える、春の彼岸のころである。修行の装束にわずかな持ち物をもって、深い山中の草庵に一人籠って修行をはじめる。あるいは弘法大師の霊地を訪ねる、四国八十八ヶ所の巡礼の旅にのぼる。

修行の旅に出ると、わが身ただ一人で山岳をよじ登り、霊場への道を歩く。煌々《こうこう》と輝く秋の月のように、大自然だけを友としてともに旅をする。旅の本来の心を、東大寺大仏の前で読んだこの短い文は、大きく描きあげる。大自然の風光のなかに、巨大な仏の姿を感じ取ったのである。

大願力《だいがんりき》に乗じて、はるかに大宋国《だいそうこく》に渡り、五台山《ごだいさん》に詣でて文殊菩薩《もんじゅぼさつ》の瑞光《ずいこう》を拝す。三遊山《さんゆうざん》につい て早く伽藍《がらん》の洪基《こうき》をたすく。（「重源敬白文」）

【訳】仏の大いなる慈悲によって、はるかに大海を渡って宋《そう》の国に赴きました。ここでは、五台山の真影院《しんえいいん》に参詣して、本尊の文殊菩薩が放つめでたい光を仰ぎました。また、仏舎利を奉安する阿育王寺《あいくおうじ》では、伽藍を建てる大事業を援助しました。

【解説】仏法の修行によせる思いは、はるかな異郷の地を旅して、日常生活とは異なる体験をすることによって満たされる。日本の霊山霊地を修行して回った重源は、さらに高度の仏教修行を目指して、大海を渡って大陸の宋に赴いて、さまざまな神秘的な体験をつんで帰った。

重源が赴いたのは、中国の山西省にある三〇〇〇メートルの高地で、文殊菩薩の聖地として訪れる人が多い。かつて、伝教大師最澄《でんきょうだいしさいちょう》の弟子円仁《えんにん》は、五台山を訪れたことを『入唐求法巡礼行記《にっとうぐほうじゅんれいこうき》』に記している。とくに、「菩薩真影院」には文殊菩薩の像が安置され、耳の後方から光輝を放つなど、しばしば神秘的な現象をあらわすという。この聖地を訪れた重源は、文殊菩薩の「瑞光」を仰ぎ、山中で童子を連れた老人に会って、これこそ生身の文殊に違いないと思った。

浙江省寧波《ニッポー》の郊外に、舎利信仰《しゃりしんこう》で有名な阿育王寺がある。伽藍の舎利殿《しゃりでん》には石造の舎利塔があり、インドのアショカ王が建立した八万四千塔のうちの一つだという。ここを訪れた重源は、舎利塔に納めた仏舎利が、五色の光を放つという奇跡を体験した。仏堂の柱にかけた「聯《れん》」には、重源が舎利殿の建築に用いる材木を、日本から海を越えて運び寄進したと書かれている。

古代に大陸に渡った大勢の僧侶たちは、仏教の文物を求め、大量の経典を日本にもたらした。重源は、みずからの身をもって霊地を訪れ、数々の神秘を体験した。常に仏を実感するということが、重源の求めた仏教信仰の世界である。

二　結縁の功徳

一切同心合力《いっさいどうしんごうりき》して、家々に清虚《せいきょ》なく、ただ力の能《あた》う所に任せて、尺布寸鉄《せきふすんてつ》といえども、一木半《いちぼくはん》銭《せん》といえども、必ず勧進の詞《ことば》に答え、各々奉加《おのおのほうが》の志を抽《ぬきんず》れば（中略）その福無量にして得記すべからざるものか。（「重源敬白文」）

【訳】すべての人々が心を一つにして力を合わせ、信心のいかんにかかわらず、ただその能力にしたがって供養しよう。たといそれが一尺（三〇センチ）ほどの短い布や、一寸（三センチ）ばかりの小さな鉄くずであっても、あるいは一切れの木の端であっても、一銭にも満たないわずかの銭であってもよいのです。「勧進帳」の詞にしたがって奉加の善行を施せば、計り知れない幸福が得られ、それは一々記すことができないほどです。

【解説】重源は、戦火にかかった東大寺の伽藍を復興するにあたって、おおいに勧進をおこなって膨大な資金を集めた。その趣旨を述べたのが、この敬白文の詞である。

世間の上下を問わず、すべての人々が心を合わせて、東大寺の再建に金品を寄進して、仏の大いなる恵みにあずかるようにという勧めである。勧進に応じることは、たんに金品を寄付することではなく、寄進という行為によって仏の恵みにあずかろうという、信仰のための一つの行いという意味をもっている。しかも、仏の恩徳は、ありとあらゆる人々に平等に与えられるもので、身分の上下や貧富の差などは、けっして問題にならない。さらには、信仰の有無さえもこだわらないという。これが、勧進の心である。

平安時代の末期から鎌倉時代にかけて、寺院や神社の造営や仏像の造立《ぞうりゅう》を願って、大勢の勧進聖が町や村を訪れた。なかでも、重源を先頭にたてる東大寺の勧進は、すべての面で規模が大きく注目を浴びた。だからといって、膨大な額にのぼる金品だけを期待するわけにはいかない。その経済的な能力にしたがって、勧進に応じるようにと求める。

仏教の説話に、「貧者《ひんじゃ》の一灯《いっとう》」という話がある。貧乏な信者が、たったひとつの灯を仏に捧げたという話である。ここにいう、「尺布寸鉄」「一木半銭」という言葉は、これと同じ意味合いである。たとえ僅かのものであっても、勧進に応じてこれを仏に捧げると、すべての人々が平等に仏の恵みに浴すことができる。

東大寺南大門

東大寺は，治承４年（1180）平重衡（たいらのしげひら）の焼き討ちに合い灰燼に帰したが，その再建を進めたのが重源である。南大門は正治元年（1199）ごろに建立され，重源の偉業を今に伝えている。

今の功をもって船となし、すなわち生死《しょうじ》の大海を渡るべし。然ればすなわち現世安穏《げんぜあんのん》、後生善処《ごしょうぜんしょ》、得無生《とくむしょう》忍《にん》、住不退転《じゅうふたいてん》ならん。有縁《うえん》よりはじめて無縁《むえん》におよび、あまねく引接《いんじょう》をもってことごとく抜済せしめん。（「重源敬白文」文治元年八月二十三日）

【訳】今の功徳《くどく》を船として、生死の無常を越えた広い大海を渡りなさい。そうすれば、現世は安穏であり、死後には浄土に往生できますよ。また成仏を遂げて永遠に仏の功徳を受け続けるでしょう。仏法を信じる者から信じない者に至るまで、すべてが仏の導きによって、救いとられるでしょう。

【解説】仏教には、「輪廻転生《りんねてんしょう》」の思想がある。人は死後にその「業《ごう》」によって、地獄《じごく》・餓鬼《がき》・畜生《ちくしょう》・修羅《しゅら》・人《にん》・天《てん》という六界《ろっかい》に

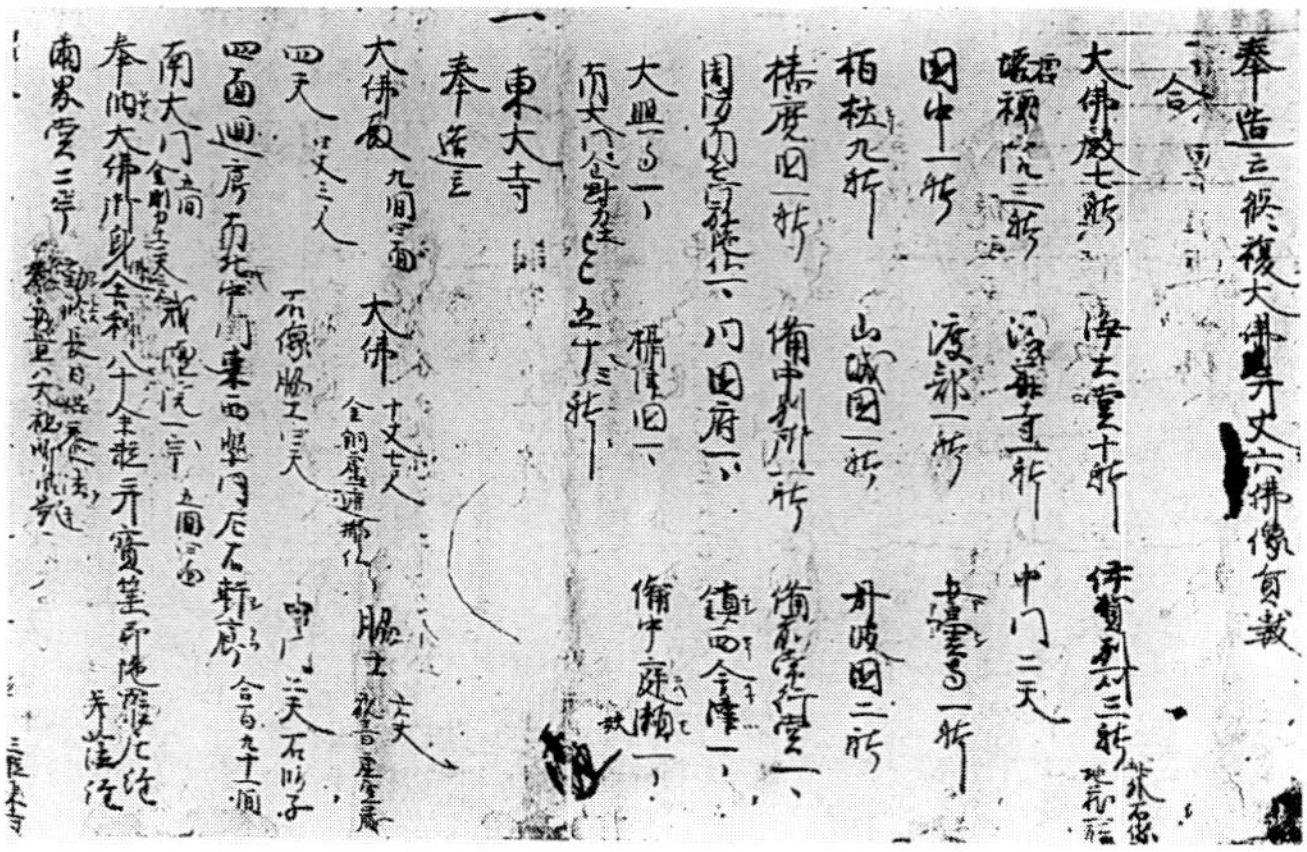

『南無阿弥陀仏作善集』（東京大学史料編纂所）
重源は晩年の82歳のとき，仏法に対する修行と事業の数々を振り返り『南無阿弥陀仏作善集』としてまとめている。

うまれ変わるという。この六界では、生と死が必ずつきまとい、荒れ狂う大海の波ように苦しみが果てしなくつづく、これを「生死《しょうじ》の大海」とよんで、信仰の力によってここを渡りきって、はるか彼方に見える仏の浄土の岸にたどり着くことを、「成《じょう》仏《ぶつ》」という。

この大海を渡るには、嵐をものともしないほどの、頑丈な大船が必要である。東大寺の大規模な伽藍の再建に、勧進に応じて僅かな金品であっても寄進すると、その功徳はちょうど大船のような乗り物となって、大海を越えた彼方の浄土に導いてくれると説く。

重源は、際限なく広がる東シナ海の荒海を、苦難に満ちた命がけの航海の末、三度まで中国大陸の土を踏んだ。仏の霊山や霊地に満たされた宋の大地は、重源にとって浄土そのものに思えたから、この喩《たと》えは実感として語られたはずである。

勧進に応ずる功徳はこのように莫大だから、すべての願いが見事に叶うだろう。現世《げんぜ》では苦しみを離れた安らかな生涯が約束され、来生《らいせ》では必ず浄土に往生して永遠の生命に生きることができる。浄土にあっては、不《ふ》生不滅《しょうふめつ》の永遠の生命に生き、けっしてふたたび苦しみの充満する六界《ろっかい》には帰ってくることがないという、絶対的な救いに浴すると約束する。しかも、有縁《うえん》と無縁とを問わず、勧進に応じたすべてが、仏の恵みに浴して、苦しみの世界から救われるという。

仏教の根本の願いは、一切《いっさい》すべての生きとし生けるものが、みな平等に仏の救いにあずかると約束する。勧進のこころは、「一切」に普遍的な救いの道を説き、寄進という行為をもって人々を救済する契機とするところにある。

出　典　小林剛編『俊乗房重源史料集成』吉川弘文館、一九六五年。

参考文献　中尾堯著『中世の勧進聖と舎利信仰』吉川弘文館、二〇〇一年。中尾堯編『旅の勧進聖　重源』（日本の名僧六）吉川弘文館、二〇〇四年。

12 法然《ほうねん》

一一三三—一二一二

鎌倉時代の念仏僧《ねんぶつそう》。浄土宗《じょうどしゅう》の開祖《かいそ》。長承《ちょうしょう》二年（一一三三）美作国《みまさかのくに》久米《くめ》南条《なんじょう》稲岡荘《いなおかのしょう》（岡山県久米郡久米南町）の武士漆間時国《うるまときくに》の子として生まれた。九歳の時、近くの武士の夜襲《やしゅう》によって父を失い出家した。このとき瀕死の父が法然に敵討《かたきうち》を禁じ、出家として生きる道を望んだことは有名である。そして、一三歳で比叡山に登った。

承安《じょうあん》五年（一一七五）、四三歳の時、中国の善導《ぜんどう》の『観無量寿経疏《かんむりょうじゅきょうしょ》』に出会い、人間が救われる道はひたすら念仏を称えること、すなわち専修念仏《せんじゅねんぶつ》にあると確信した。以後、京都東山《ひがしやま》の吉水《よしみず》に草庵《そうあん》を構え、人々を導く生活に入った。門弟には浄土宗西山派《せいざんは》の派祖《はそ》証空《しょうくう》、浄土真宗《じょうどしんしゅう》の開祖親鸞《しんらん》、あるいは熊谷直実《くまがいなおざね》（法力房蓮生《ほうりきぼうれんせい》）、宇都宮頼綱《うつのみやよりつな》（実信房蓮生《じつしんぼうれんしょう》）ら多くの名が知られている。やがて摂政《せっしょう》九条兼実《くじょうかねざね》との交流が始まり、建久《けんきゅう》九年（一一九八）にはその依頼によって『選択本願念仏集《せんちゃくほんがんねんぶつしゅう》』を著した。

専修念仏の勢力発展は既成仏教《きせいぶっきょう》教団《きょうだん》に危機感をもたらし、それがついに後鳥羽《ごとば》上皇《じょうこう》による法然と門弟七人の流罪《るざい》、門弟《もんてい》四人の死罪《しざい》となった。承元《じょうげん》元年（建永《けんえい》二〔一二〇七〕）の、いわゆる承元の法難である。法然は四国に流されたが、翌年には摂津国《せっつのくに》の勝尾寺《かつおうじ》（大阪府）に住むことを許された。その三年の後の暮れには正式に赦免された。しかし翌年の建暦《けんりゃく》二年（一二一二）正月に東山大谷《ひがしやまおおたに》で亡くなった。八〇歳であった。

一　師匠に出会う

一心《いっしん》に専《もっぱ》ら弥陀《みだ》の名号《みょうごう》を念《ねん》じて、行住座臥《ぎょうじゅうざが》、時節《じせつ》の久近《くごん》を問わず、念々《ねんねん》に捨てざるもの、これを正定《しょうじょう》の業《ごう》と名づく。かの仏の願《がん》に順《じゅん》ずるが故《ゆえ》に。（『選択本願念仏集《せんちゃくほんがんねんぶつしゅう》』）

法　然　像（二尊院）

【訳】心を込めて「南無阿弥陀仏《なむあみだぶつ》」とのみ称え、歩いている時も立ち止まっている時も、時間が長いか短いかを問わず、称え続けて止まないことを正定の業という。これは阿弥陀仏の本願の主旨に沿っているからである。

【解説】この文は『選択本願念仏集』に記されているが、実は法然の創作ではなく、唐の善導《ぜんどう》の『観無量寿経疏』から引用した文章なのである。法然はこの文章によって称名念仏の重要性に思いあたり、無数の人間が救われる道はこれしかないと、ひたすら念仏を称える専修念仏の道に入った。それは法然自身が『選択本願念仏集』に、「たちどころに余行をすて、ここに念仏に帰」した、と述べているとおりである。この時法然は四三歳であって、ここに至るまでの道のりは決して短くはなかった。比

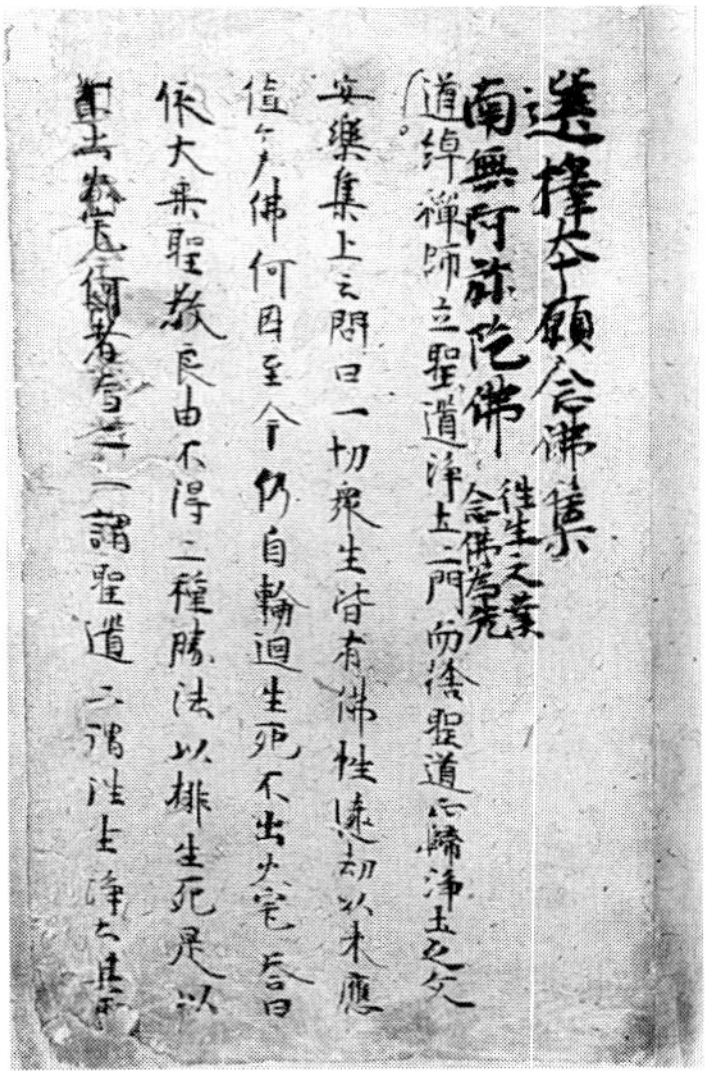

『選択本願念仏集』草稿本（廬山寺）
建久9年（1198）九条兼実の求めに応じて，弟子に口述筆記させた浄土宗の根本経典。

叡山に登ってからでも三〇年の年月が流れていた。

法然が出家したきっかけは、父が武士同士の争いで夜襲《やしゅう》に遭《あ》い、瀕死《ひんし》の重傷を負ったことにある。父は苦しい息の下で、次のように遺言した。「いま自分は痛く苦しい。まもなく死ぬだろう。しかし決して敵討《かたきう》ちなどは考えてはならぬ。もし敵《かたき》を討てば、その子はそなたを父の敵として狙うだろう。そしてそなたの子もまた同じことをするだろう。きりのない敵討ちと不幸の連鎖《れんさ》となる。その連鎖はそなたから断ち切り、出家して私の菩提《ぼだい》を弔《とむら》ってほしい」。

法然は父の遺言を守り、叔父の僧観覚《かんがく》の助けで出家し、やがて比叡山《ひえいざん》に登った。法然は非常に聡明で記憶力もよく、観覚は比叡山への添え状に「文殊菩薩《もんじゅぼさつ》一体を送る」と書いたそうである。

法然は、はじめ西塔北谷《さいとうきただに》の源光《げんこう》の門に入った。しかし三年後には隠遁《いんとん》の気持ちを強くして、そのような人々が集まる黒谷《くろだに》で叡空《えいくう》の門弟となった。叡空は、若くして隠遁の心をおこすとは仏法の精神に自然にかなっていると讃えて、法然房《ほうねんぼう》という房号を与えた。法名は源光と叡空という二人の師匠から一字ずつもらって、源空《げんくう》とした。

以後、無数の人々を救うにはどのようにしたらよいか、戒律《かいりつ》を厳しく守って身を律しつつ多くの経典を読破し、また念仏修行に明け暮れた。この中で法然は念仏の重要性を説く源信《げんしん》の『往生要集《おうじょうようしゅう》』に大きな関心を寄せた。さらにまた、この書に引用されている中国・唐の善導《ぜんどう》の『往生礼讃《おうじょうらいさん》』の文を読んで善導の思想を深く探るようになった。そして『観無量寿経《かんむりょうじゅきょう》』について善導が解説した『観無量寿経疏《かんむりょうじゅきょうしょ》』の中にある、「一心《いっしん》に専《もっぱ》ら…」の文章に出会い、これこそ無数の人々が救われる道であると確信したのである。

『法然上人絵伝』（知恩院）
法然の生涯を絵画化したもので，浄土宗の発展とともに多く作られた。図は，選択集講義の場面。

偏《ひとえ》に善導《ぜんどう》一師《いっし》に依《よ》るなり。（『選択本願念仏集』）

【訳】私は、ただひたすら善導大師に従って信仰生活を行っている。

【解説】法然は実在の善導に出会ったわけではない。善導は七世紀の人物で、日本でいえば聖徳太子の晩年と生存年代が重なる。しかし『観無量寿経疏』の文に出会って以来、ひたすら善導を慕い、善導を自らの思想と行動の規範とした。それは一生の間続いた。それが右の文章として『選択本願念仏集』に示されているのである。

『観無量寿経疏』の文章に出会ったのち、法然は比叡山を下り、東山大谷《ひがしやまおおたに》の吉水《よしみず》（京都市東山区。現在の知恩院《ちおんいん》内外の地域）に住房を構えた。吉水の草庵である。当初は積極的な布教はしなかったというが、やがて多くの人々が集まってきて法然の教えを聞くようになった。

二　選択本願念仏説

念仏は易《やす》きが故《ゆえ》に一切《いっさい》に通ず。諸行《しょぎょう》は難《かた》きが故に諸機《しょき》に通ぜず。しかれば則《すなわ》ち一切衆生《いっさいしゅじょう》をして平等に往生せしめんがために、難《なん》を捨て易《い》を取りて、本願としたもうか。もしそれ造像起塔《ぞうぞうきとう》をもって本願とせば、貧窮困乏《びんぐこんぼう》の類《たぐい》は定《さだ》んで往生《おうじょう》の望《のぞみ》を絶《た》たん。しかも富貴《ふうき》の者は少なく、貧賤の者は甚《はなは》だ多し。もし智慧高才《ちえこうさい》をもって本願とせば、愚鈍下智《ぐどんげち》の者は定んで往生の望を絶たん。しかも智慧の者は少なく、愚痴《ぐち》の者は甚だ多し。もし多聞多見《たもんたけん》をもって本願とせば、少聞少見《しょうもんしょうけん》の輩は定んで往生の望を絶たん。しかも多聞の者は少なく、少聞の者は甚だ多し。もし持戒《じかい》持律《じりつ》をもって本願とせば、破戒無戒《はかいむかい》の人は定んで往生の望を絶たん。しかも持戒の者は少なく、破戒の者は甚だ多し。（『選択本願念仏集』）

【訳】念仏は行うのがたやすいので、すべての人々が行える易行《いぎょう》である。しかし極楽往生のためのその他の行は難しいので、どんな人にでも行えるというものではない難行《なんぎょう》である。そういうことなので、阿弥陀仏はすべての人々を平等に極楽往生させるため、難行を捨てて易行を取り、本願とされたのではないだろうか。

もし、仏像を造り塔を建てて崇拝することを本願とされれば、貧しく金銭的に余裕のない者はきっと極楽往生の望みを絶たなければならないだろう。しかしながら豊かな者は少なく、貧しい者は大変多い。

またもし、知恵があり才能があることを本願とするならば、愚かで智恵のない者はきっと極楽往生の望みを絶たなければならないだろう。しかしながら智恵がある者は少なく、愚かな者は大変多い。

もし、仏教の教えを見聞きする機会が多かった者を本願にするならば、その機会の少なかった者はきっと極楽往生の望みを絶たなければならないだろう。しかしながらその機会が多かった者は少なく、機会が少なかった者は大変多い。

さらにまたもし、戒律を厳しく守っている者を本願とするならば、戒律を破った生活をしている者や戒律自体の意識のない者はきっと極楽往生の望みを絶たなければならないだろう。しかしながら戒律を守っている者は少なく、戒律を破っている者は大変多い。


【解説】法然の専修念仏の思想は選択《せんちゃく》本願《ほんがん》念仏《ねんぶつ》説《せつ》と呼ばれている。阿弥陀仏の本願の念仏を「選択」という観念で理解したのは法然が最初である。「選択」というのは「選び取り選び捨てる論理」である。

阿弥陀仏は、その救いに関する四十八願中の第十八願において、一切の諸行を選び捨て、称名念仏ただ一行を選び取って極楽往生のための本願とした。なぜなら念仏はあらゆる阿弥陀仏の功徳《くどく》を六文字の中に摂《おさ》めて諸行に勝《まさ》り、また誰にでも修し得る易行《いぎょう》であるので、阿弥陀仏は平等の慈悲心からこの念仏を本願とした。つまりこの念仏は阿弥陀仏が選択した本願の念仏なのだ。そしてそれは釈迦《しゃか》や諸仏の選択でもあるのだ。

法然は諸行の中から念仏の一行を選び取ったが、それはすでに阿弥陀仏によってなされていたのである。

法然は、無数の貧しく、学問もなく、仏法に触れる機会も少なく、戒律を維持する生活もできない人々のことが念頭にあった。彼らをいかにすれば救うことができるか。その道が称名念仏であったのである。この念仏をとなえれば、誰でも平等に極楽に往生することができる。それが法然の善導から学んだ確信であった。

何《なに》が故《ゆえ》ぞ、第十八の願《がん》に、一切《いっさい》の諸行《しょぎょう》を選捨《せんしゃ》して、ただ偏《ひとえ》に念仏一行《いちぎょう》を選取《せんしゅ》して、往生の本願とするや。答えて曰《いわ》く、聖意《しょうい》測《はか》り難《がた》し、たやすく解《げ》することあたわず。しかりといえども、今《いま》試《こころ》みに二の義《ぎ》をもってこれを解《げ》せば、一は勝劣《しょうれつ》の義、二は難易《なんい》の義なり。初めの勝劣は、念仏はこれ勝《しょう》、余行《よぎょう》はこれ劣《れつ》なり。ゆえいかんとならば、名号《みょうごう》はこれ万徳《まんとく》の帰する所なり。しかれば則ち、弥陀一仏の所有の四智《しち》・三身《さんじん》・十力《じゅうりき》・四無畏《しむいとう》等の一切《いっさい》の内証《ないしょう》の功徳《くどく》、相好《そうごう》・光明《こうみょう》・説《せっ》法《ぽう》・利生《りしょう》の一切の外用《げゆう》の功徳《くどく》、皆《みな》ことごとく阿弥陀仏の名号の中に摂在《しょうざい》せり。故に名号の功徳《くどく》、最《もっと》も勝とするなり。余行はしからず。(『選択本願念仏集』)

【訳】なぜ阿弥陀仏は第十八願で諸々の往生・成仏の行を選び捨て、ただ念仏一行だけを選び取って極楽往生の本願としたのか。答えは、阿弥陀仏の考えは人間の私でははかりがたく、たやすくはわからない。しかしながら、いま二つの観点から検討してみることにしよう。

第一は、勝れた行か劣った行か、という観点である。第二は難しい行か、易しい行か、という観点である。

第一の観点でいえば、念仏は勝れた行であり、他の諸々の行は劣った行である。その理由は、念仏の「南無阿弥陀仏」という名号《みょうごう》には、阿弥陀仏の数限りない徳が込められているからである。阿弥陀仏の四つの勝れた智恵、三つの仏格《ぶっかく》、仏のみが所有している十の勝れた作用、仏の説法の時の四つの勝れた智力《ちりょく》、これらが皆すべて「南無阿弥陀仏」の中に込められている。このように名号の功徳《くどく》は最も多いから、「勝」とするのである。他の諸々の行はそうではない。

【解説】これは阿弥陀仏の第十八願についての法然の解説である。いかに「南無阿弥陀仏」という名号に阿弥陀仏の勝れた力が込められているかを強調している。法然は、第十八願には名号を称えることが極楽往生のために最も優れた行であると説かれていると、主張している。ここでは省略したが、『選択本願念仏集』では引き続いて第二の観点「念仏は難しい行《ぎょう》か、易しい行か」について解説し、「念仏は修し易し、諸行は修し難し（念仏は簡単で行いやすい、他のすべての行はそうではない）」と結論づけている。

それ速《すみ》やかに生死《しょうじ》を離れんと欲せば、二種《にしゅ》の勝法《しょうぼう》の中に、しばらく聖道門《しょうどうもん》を閣《お》いて、浄《じょう》土《ど》門《もん》に選入《せんにゅう》すべし。浄土門に入らんと欲せば、正雑《しょうぞう》二《に》行《ぎょう》の中に、しばらくもろもろの雑行《ぞうぎょう》を抛《す》てて、選《せん》じてまさに正行《しょうぎょう》に帰すべし。正行を脩《しゅ》せんと欲《おも》わば正助《しょうじょ》二《に》業《ごう》の中に、なおし助業《じょごう》を傍《かたわ》らにして、選じてまさに正定《しょうじょう》を専《もっぱ》らにすべし。正定の業《ごう》とは即ちこれ仏名《ぶつみょう》を称するなり。名を称すれば、必《かなら》ず生《しょう》ずることを得《う》。仏の本願に依《よ》るが故《ゆえ》なり。（『選択本願念仏集』）

【訳】すぐさま迷いの世界を離れようと望むならば、二種類ある勝れた方法の中で、ともかく自力の悟りを得る聖道門の方法を捨てて、阿弥陀仏の極楽への往生を願う方法である浄土門を選び取れ。浄土門に入ろうとするには、正行と雑行のうち、阿弥陀仏以外を対象とする種々の雑行を捨てて正行を選び取れ。正行とは、浄土の経典を読む、阿弥陀仏の姿を観察《かんさつ》する、阿弥陀仏の姿を拝む、阿弥陀仏の名を称える、阿弥陀仏の徳を讃《たた》えるという五つの行為である。正行を行おうと望むならば、浄土に生まれることをもっとも直接的に可能にする正定の行為とその他の行為と二種類の行為があるうち、その他の行為を傍らに置き、正定の行為を選び取ってそれに集中せよ。正定の行為とは阿弥陀仏の名を称えることである。阿弥陀仏の名を称えれば、かならず極楽浄土に生まれることができる。それは阿弥陀仏のほんとうの願いにかなうからである。

【解説】聖道門《しょうどうもん》とは天台宗《てんだいしゅう》・真言宗《しんごんしゅう》などの既成仏教《きせいぶっきょう》で、浄土門というのは法然の専修念仏《せんじゅねんぶつ》の教えのことである。法然はしきりに専修念仏の道に入ることを勧めている。ただ、あまりにあからさまにこのような主張をすると既成仏教教団の大きな反発を招く。そのため、『選択本願念仏集』は数人の特に信頼できる門弟にしか見せなかった。既成仏教の僧侶たちには「能力のある人はどうぞ旧来の修行を行ってください。私は能力がないので念仏を称えます」という言い方をしていた。

三　法然の悪人正機説

善人《ぜんにん》なお以《もっ》て往生す、いわんや悪人《あくにん》をや。（醍醐本《だいごぼん》『法然上人伝記』）

【訳】善人でさえ極楽往生できるのに、どうして悪人が往生できないことがあろうか。

【解説】これはいわゆる悪人正機説《あくにんしょうきせつ》の考え方である。悪人正機説は長い間、親鸞の独創《どくそう》とされてきた。しかし悪人正機説は、大正六年（一九一七）、京都山科《やましな》の醍醐寺三宝院《だいごじさんぼういん》の宝蔵《ほうぞう》から発見された『法然上人伝記』によって、法然の考え方にもとづくことが明らかにされた。そこに法然の発言として右のような内容が記されていたからである。

この醍醐本『法然上人伝記』は、法然の高弟勢至房源智《せいしぼうげんち》の著書と推定されている。右の法然の発言について源智が「口伝《くでん》これあり」とし、続けて次のように述べている。

「弥陀の本願は、自力《じりき》を以て生死《しょうじ》を離るべき方便《ほうべん》有《あ》る善人の為におこし給わず。極重悪人《ごくじゅうあくにん》、他《た》に方便無《ほうべんな》き輩《ともがら》を哀《あわれ》んでおこし給えりと云々（阿弥陀仏の本願は、自分の力で迷いの世界を出ることのできる方法を持っている善人のために起こされたのではない。最も罪深い悪人が、まったくその方法を持っていないことを哀れんで起こされたのである、ということなのだ）」。

つまり悪人正機説は法然に始まり、親鸞も源智もその教えを受けていたこと、すなわち法然の門弟たちに広まっていた考えであることが明らかになったのである。ただし悪人正機説は、当時としてはあまりにも革新的な内容であった。社会の中で公然と説けば、既成仏教教団の激しい反発を招く恐れがあった。それで公けにすることはせず、口伝だけにすることにした、と推定されるのである。

醍醐本『法然上人伝記』が発見されてから、その内容に疑問を持つ意見もあって、悪人正機説親鸞独創説は訂正されなかった。しかし近年に至って、やはり悪人正機説は法然に始まり、その門下にも広まっていた思想であると判断すべきであるとの認識が強まっている。

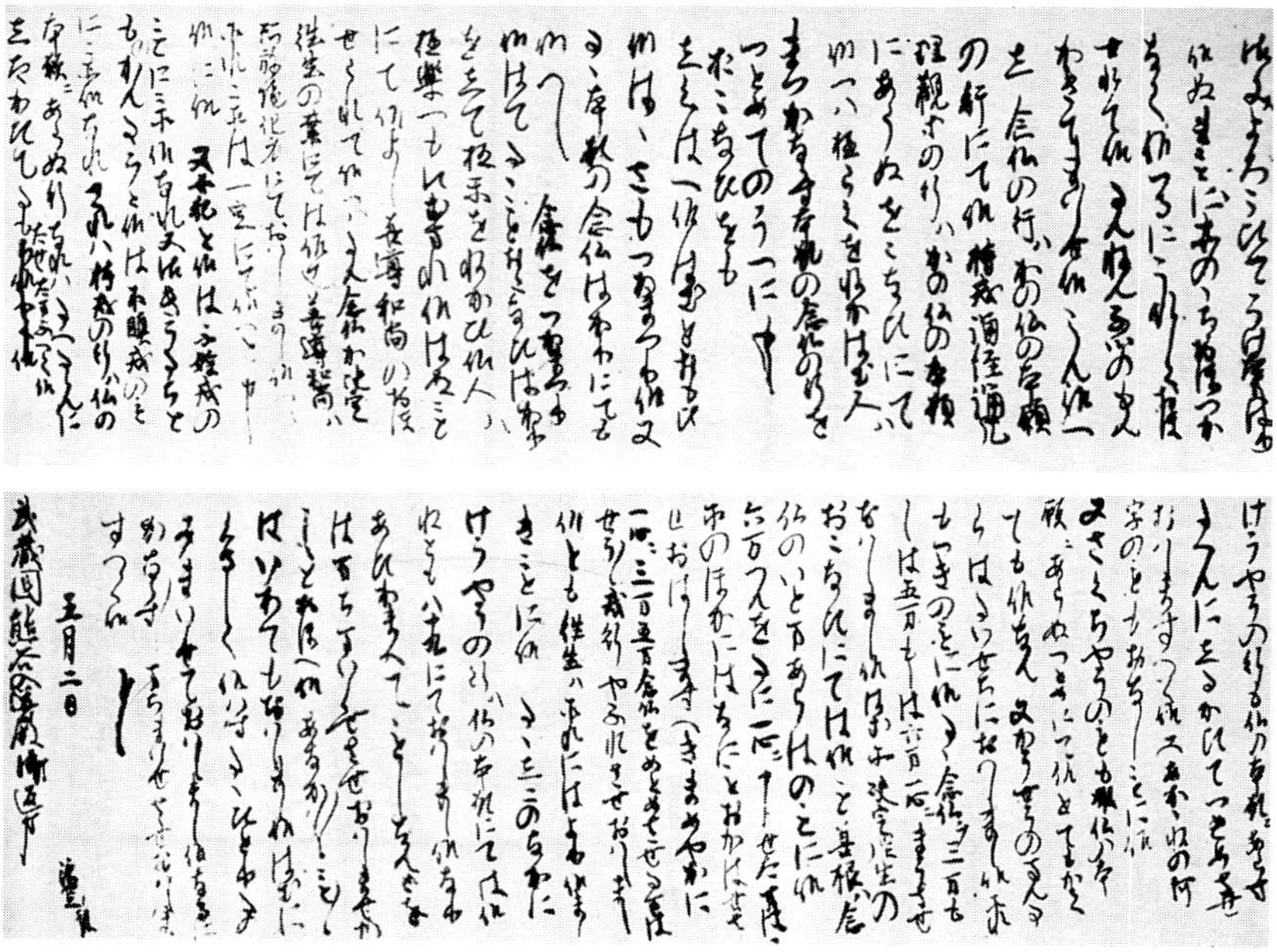

「熊谷直実入道蓮生へつかわす御返事」（清涼寺）
法然が弟子の一人である熊谷入道蓮生に，ただ念仏を称えるようにと導いた書状である。

弥陀の本願は専《もっぱ》ら罪人《ざいにん》の為なれば、罪人は罪人ながら名号《みょうごう》を唱て往生す。是《これ》本願《ほんがん》の不思議なり。（『九巻伝《くかんでん》』）

【訳】阿弥陀仏の本願は専ら罪人を救うためのものであるから、罪人はそのままで南無阿弥陀仏の名号を称えれば往生できる。これは誠に阿弥陀仏の本願の不可思議な救いの力である。

【解説】悪人正機説に関して、法然は甘糟《あまかす》太郎《たろう》忠綱《ただつな》という武士に右のように述べたという。罪人と悪人とことばは異なるけれども、明らかに悪人正機説にもとづく発言である。公式には表明できなくとも、法然は信頼できる門弟たちには伝えていたのである。同様の内容を示す、次のことばもある。

無智《むち》の罪人の念仏申《ねんぶつもうし》て往生すること、

本願の正意《しょうい》なり。（「熊谷直実《くまがいなおざね》に示す御詞《おことば》」）

【訳】まったく仏教についての知識のない罪人であっても、念仏を称えれば極楽往生するというのは、阿弥陀仏の本願の正しい意味なのです。

【解説】熊谷直実は武蔵国（埼玉県）の武士で、法力房蓮生《ほうりきぼうれんせい》という法名《ほうみょう》を与えられた法然の熱心な門弟である。最後には高声念仏《こうしょうねんぶつ》（大声で称える念仏）を称えて自ら往生したと伝えられている。法然はその直実にも悪人正機説を伝えていた。直実には、次のようなことばも与えている。

ただ念仏を三万《さんまん》、もしは五万、もしは六万、一心《いっしん》にもうさせおわしまし候わんぞ、決定往生《けつじょうおうじょう》のおこないにては候。（「熊谷直実入道蓮生へつかわす御返事」）

【訳】ただ念仏を一日に三万回、もしくは五万回、もしくは六万回、一心にお称えになることこそ、極楽往生が確実になる道なのです。

【解説】法然には、念仏は一回称えれば極楽に往生できる、と受け取れる発言もある。しかし右のような発言もある。それで法然門下では念仏は一回だけでよいと主張する考え方と、いやたくさんの回数を称えるべきだと主張する考え方が対立した。前者を一念義《いちねんぎ》、後者を多念義《たねんぎ》という。結局のところ、回数にこだわらず、熱心に念仏を称えよというのが法然の説きたいところだったようである。

ところで法然には次のような発言もある。

罪《つみ》ハ十悪《じゆうあく》、五逆《ごぎやく》ノモノウマルト信ジテ、少罪《しようざい》ヲモオカザジトオモウベシ。罪人ナオウマル、イワンヤ善人ヲヤ。（「黒田の聖人につかわす御《み》消息《しようそく》」）

【訳】念仏を称えれば、十の悪（生き物を殺すこと、盗みをすること、邪《よこしま》な性関係を結ぶこと、嘘《うそ》をつくこと、悪口《わるくち》をいうこと、二枚舌《にまいじた》を使うこと、いい加減《かげん》なことをいうこと、欲張《よくば》ること、怒ること、悪い考えを持つこと）と五つの逆罪《ぎやくざい》（父を殺す、母を殺す、部派仏教《ぶはぶつきよう》の聖者《せいじや》である阿羅漢《あらかん》を殺す、仏の身から血を流さしめる、教団の和合《わごう》を破滅し分裂させる）を犯した者でも極楽浄土に生まれることができると信じて、少しの罪も犯さないようにと思いなさい。罪人だって極楽浄土に生まれることができるのですから、善人が生まれないことがありましょうか。

【解説】「罪人ナオウマル、イワンヤ善人ヲヤ」。この文は、いわば善人正機説《ぜんにんしようきせつ》である。悪人正機説とは矛盾する。しかし悪人正機説は決して公表できないものであった。外に向かっていう時には、やはり「善人こそ救われる」といわざるを得なかったと考えられる。ただし悪人が見捨てられているかというと、そうではない。法然は悪人も極楽に往生できるとはっきりいっているからである。

四　九条兼実との交流

南無阿弥陀仏　往生の業《ごう》は念仏を先《せん》とす。（『選択本願念仏集』）

【訳】南無阿弥陀仏。極楽往生のための行いは、念仏が一番である。

【解説】法然は、善導の『観無量寿経疏《かんむりょうじゅきょうしょ》』の「一心《いっしん》に専《もっぱ》ら弥陀の名号を念じて、行住座臥《ぎょうじゅうざが》に、時節《じせつ》の久近《くごん》を問わず、念々《ねんねん》に捨てざる、これを正定《しょうじょう》の業《ごう》と名づく、かの仏の願《がん》に順ずるが故《ゆえ》に」の文章に出会って比叡山黒谷《ひえいざんくろだに》を下りてから、しばらくは積極的な布教活動はしなかった。あまり世の中に知られることもなかった。

知恩院三門

京都市東山区にある浄土宗の総本山。法然が念仏を弘めた「吉水草庵」跡に建立された。三門は元和５年（1619）の創建で日本最大のものである。

しかしそれから約一〇年後の文治《ぶんじ》二年（一一八六）、天台宗《てんだいしゅう》のトップである天台座主《てんだいざす》の顕真《けんしん》という僧が法然に注目し、京都大原《おおはら》に招いて講演を行わせた。これがきっかけとなり、法然は世の人々の注目を集めることとなった。この講演を大原談義《おおはらだんぎ》あるいは大原問答《おおはらもんどう》という。法然はこの講演で、「今のような末法《まっぽう》の世で、悟り得る能力もない我々が救われる道は阿弥陀仏にすがって念仏を称えるしかない」と説いたのである。

このの ち多くの人々が東山の法然の草庵を訪ねるようになった。そのうちの一人に当時摂政《せっしょう》だった九条兼実《くじょうかねざね》がいた。兼実との交流は文治五年（一一八九）から始まった。兼実は長男の良通《よしみち》が二〇代の若さで早世し、また自分も病気勝ちであった。そのため息子と自分との極楽往生に強い関心があり、念仏による往生を説く法然に関心を抱いたようである。また法然は厳しく戒律を守る生活を行っていたので、そのことも兼実に感動を与えた。兼実は建久《けんきゅう》二年（一一九一）に関白《かんぱく》になったが、同七年には貴族間の争いに敗れて失脚《しっきゃく》した。しかし法然との交流は続いている。

兼実は法然に「念仏の要点を記した書物を執筆してほしい」と願い、それに応えて法然が書いたのが『選択本願念仏集』である。完成は建久九年（一一九八）のことであった。この書物は法然の弟子たちも協力してまとめたもので、文章の執筆《しっぴつ》は弟子たちが行った。法然自身の手になる部分は、表紙に「南無阿弥陀仏　往生之業念仏為先（南無阿弥陀仏　往生の業《ごう》は念仏を先《せん》とす）」とある、漢字にすれば一四文字だけと考えられている。

建仁《けんにん》元年（一二〇一）、兼実の娘の藤原任子《ふじわらのにんし》が法然を戒師《かいし》として出家した。任子は後鳥羽天皇《ごとばてんのう》の中宮《ちゅうぐう》であったが、父の失脚に連座《れんざ》して朝廷を退出《たいしゅつ》していた。翌年、今度は兼実自身が法然を戒師として出家した。

のちに法然が既成仏教教団から弾圧された時に、兼実は法然を守る側にあった。しかし建永《けんえい》二年（一二〇七）四月、法然が四国に流されて二ヶ月後に亡くなっている。

五　一枚起請文

もろこし我《わ》がちょうに、もろもろの智者達《ちしゃたち》のさたし申さるる、観念《かんねん》の念ニモ非《あら》ズ。又学文《またがくもん》をして念の心を悟《さと》リテ申《もうす》念仏ニモ非《あら》ズ。ただ往生極楽のためニハ、南無阿弥陀仏と申て、疑《うたがい》なく往生スルゾト思《おもい》とりテ、中外《もうすほか》ニハ別ノ子細《しさい》候ワず。但三心四修《ただしさんじんししゅう》と申事《もうすこと》ノ候ハ、皆決定《みなけつじょう》して南無阿弥陀仏にて往生スルゾト思ウ内ニ籠《こも》リ候也。此外《このほか》ニおくふかき事を存ぜバ、二尊《にそん》ノあワれみニハヅレ、本願ニもれ候べし。念仏ヲ信ゼン人ハ、たとい一代《いちだい》ノ法ヲ能々学《よくよくがく》ストモ、一文不知《いちもんふち》ノ愚《ぐ》とんの身ニナシテ、尼入道《あまにゅうどう》ノ無《む》ちノともがらニ同《おなじう》しテ、ちしやノふるまいヲせずして、只一《ただいつ》こうに念仏すべし。（一枚起請文）

【訳】中国や日本で、智恵の深いさまざまな僧侶たちがいわれるような、極楽世界を目の前に浮かび上がらせつつ称える念仏ではなく、理論的な学問を勉強し理解したうえで称える念仏でもない。ただ極楽往生のためには、南無阿弥陀仏と称えて間違いなく往生するぞ、と確信して称えるほかには特別のことは何もない。ただし、三心（至誠心《しじょうしん》〔心の底から誠《まこと》の心をもって〕、深心《じんしん》〔念仏をすれば救われると信じ〕、廻向発願心《えこうほつがんしん》〔自分の念仏を他にさしむけて浄土に生まれようと願うこと〕）や四修《ししゅう》（善導《ぜんどう》が『往生礼讃《おうじょうらいさん》』に説く四つの修行の規則。恭敬修《くぎょうしゅう》、無余修《むよしゅう》、無間修《むけんしゅう》、長時修《ちょうじしゅう》）というようなことは、すべて、必ず往生することが定まったと思う気持ちの中に込められている。この他に奥深いことを考えたら、釈迦と阿弥陀仏の慈悲《じひ》から外れてしまい、本願の救いから漏《も》れてしまうであろう。

念仏を信じようという人は、たとえ釈迦が生涯をかけて説かれた教えをよくよく勉強しているとしても、学問のひとかけらも知らない愚かな身のようにし、無智な出家者と同等に自分を思い、智者のような振舞いをせずに、ただひたすら念仏を称えよ。

【解説】元久《げんきゅう》元年（一二〇四）十月、延暦寺《えんりゃくじ》の僧たちが法然の念仏禁止を座主真性《ざすしんしょう》に訴えた。法然は比叡山《ひえいざん》を下りたといっても、まだ籍は比叡山延暦寺にあると思われていたからである。翌月、法然は争いを避けるために訴えに従うことにし、また「七ヶ条制誡《しちかじょうせいかい》」を作って門弟たちに慎重な行動を取るよううながした。

元久二年九月、今度は興福寺《こうふくじ》の僧たちが念仏禁止を朝廷に訴え出た。その強い要求に対し、朝廷を主導していた後鳥羽《ごとば》上皇《じょうこう》や貴族たちは法然に同情的であった。そのため、朝廷の決定は先延ばしにされていた。ところが翌承元《じょうげん》二年（一二〇六）暮、後鳥羽上皇が熊野《くまの》に参詣している最中に女官《にょかん》たちが法然の門弟の住蓮《じゅうれん》と安楽の念仏の会に参加し、上皇の逆鱗《げきりん》に触れるという事件が起きた。激怒した後鳥羽上皇は住蓮と安楽その他二人を死罪に、法然を土佐国《とさのくに》（高知県）に流した。そのほか親鸞ら門弟七人も流罪にしている。

従来この事件は専修念仏者に対する国家と既成仏教教団の大弾圧といわれてきたが、必ずしもそうはいえない。なぜなら責任者の法然はともかく、彼の高弟たちは誰も処罰されていないからである。最近には後鳥羽上皇の私刑《しけい》としての意味合いが強いという説が出ている。尊重すべき説である。

法然は四国には行ったが、九条家の領地のある讃岐国《さぬきのくに》（香川県）に留まった。この年の暮には赦免《しゃめん》されている。ただし都に入ることは許されず、摂津《せっつ》の勝尾寺《かつおうじ》（大阪府）に四年間滞留《たいりゅう》した。

建暦《けんりゃく》元年（一二一一）になると帰洛を許され、十二月に東山大谷に住んだ。しかし流罪の疲れが出たのか、翌年正月に病床に臥し、同月二十五日に亡くなった。その直前の二十三日、念仏についての重要な点を門弟の源智の願いで一枚の紙にしたためている。これが「一枚起請文《いちまいきしょうもん》」である。法然の一生の信仰生活の思いが込められた、いわば遺言ともいうべきものである。現在の浄土宗ではこれを朝夕読誦《どくじゅ》している。

出　典　『法然　一遍』（日本思想大系一〇）岩波書店、一九七一年。

参考文献　中井真孝編『念仏の聖者　法然』（日本の名僧七）吉川弘文館、二〇〇四年。

13

貞慶

じょうけい

一一五五—一二一三

鎌倉時代の法相宗《ほっそうしゅう》の僧で、房号を解脱房《げだつぼう》といい、すぐれた学僧として有名である。笠置寺《かさぎでら》に隠棲《いんせい》したので、笠置寺上人《しょうにん》ともよばれた。八歳で奈良興福寺《こうふくじ》に入り、一一歳で得度《とくど》した後、広く仏教学を学んで将来が期待されていた。ところが、当時の仏教界に批判を抱き、建《けん》久《きゅう》四年（一一九三）に笠置寺に隠棲した。ここでは、はるか未来に仏になると約束されている弥勒菩薩《みろくぼさつ》を信仰し、仏として説法する龍華会《りゅうげえ》を期して、「龍華会願文《がんもん》」を著した。ついで、六角三間の堂と僧坊を備えた般若台《はんにゃだい》を建立し、龍華会を催して弥勒信仰を広めた。この般若台には、東大寺を復興した重源《ちょうげん》が『大般若経《だいはんにゃきょう》』一部と、六葉蓮華の形をした梵鐘一口《ぼんしょういっく》を寄進している。

元久《げんきゅう》二年（一二〇五）十月には、法然《ほうねん》の説く「専修念仏《せんじゅねんぶつ》」の教えを批判する「興福寺奏《そう》状《じょう》」を起草して、念仏の布教を停止することを主張した。この後、諸大寺の法会《ほうえ》に導師・講師としてのぞみ、恭仁京跡《くにのきょうあと》に海住山寺《かいじゅうせんじ》を創建して移った。ここでは、戒律の復興を企てて、建保《けんぽ》元年（一二一三）正月に「海住山寺起請文《きしょうもん》」を作ったが、その二月三日に五九歳で没した。

著書には『愚迷発心集《ぐめいほっしんしゅう》』『唯識同学鈔《ゆいしきどうがくしょう》』『法華開示抄』『観音講式』などがあり、晩年に完成をみた『明本抄』は貞慶の学識の高さとその見解を示すものである。

一　仏法流布の基

仏法東漸《ぶっぽうとうぜん》の後、わが朝に八宗あり、あるいは異域の神人来《きた》って伝授し、あるいは本朝の高僧往来で益を請う。時に上代の明王勅して施行《せぎょう》し、霊所名所、縁に随って流布《るふ》す。（「興福寺奏状」）

貞　慶　像（海住山寺）

【訳】仏教の信仰が、大陸から東に進んで、やがて日本に渡来して、今八つの宗派があります。これまでの長い間、はるか遠い国から尊い僧が海を渡ってやってきて、仏教の深い教えの旨を伝授してきました。あるいは、日本の高僧がはるかに大陸に渡り、日本の人々に益ある仏教をたずねて、その教えをこの国にもたらしました。その時の明哲な天皇は、勅令を発して人民にこの教えを尊崇させ、霊所や名所など、縁に随って広まったのです。

【解説】貞慶が著した書物の中で、もっとも有名なのは「興福寺奏状」である。同じ時代の法然が『選択本願《せんちゃくほんがん》念仏集《ねんぶつしゅう》』を著して、「専修念仏」の教えを広めた。そのなかで「南無阿弥陀仏《なむあみだぶつ》」と称える念仏以外は今の世では意味がないと主張したので、興福寺衆徒がこれを禁止するよう朝廷に訴え出た。このときに提出されたのが

「興福寺奏状」で、解脱房貞慶が起草した。鎌倉時代初期の元久二年（一二〇五）十月のことである。

この「興福寺奏状」は、法然が主張する専修念仏について、九ヶ条の非難を掲げた書である。その一方で、貞慶が仏教の現状をどうみていたかについて、はっきりと窺うことができる。

ここで「八宗」というのは、奈良時代からの三論《さんろん》・法相《ほっそう》・華厳《けごん》・律《りつ》・成実《じょうじつ》・倶舎《ぐしゃ》の六宗に、平安時代の天台《てんだい》・真言《しんごん》を加えた、合わせて八宗である。仏教が日本に伝来してから、多くの学問僧が大陸に渡って仏教を学び、豊かな仏教文化をもたらした。また、大陸からも鑑真らの名僧が渡来して、この国に教えを広めた。そのころは、源平争乱の戦火に焼かれた東大寺や興福寺が、木の香りも新しく復興を遂げた時期で、清新な気風にあふれていた。法然は、末法において「八宗」は成仏《じょうぶつ》の役に立たないというが、それはとんでもない思い違いだと主張する。

二　能力と修行

およそ恒沙《ごいしゃ》の法門、機《き》を待ちて開き、甘露《かんろ》の良薬、縁に随って授く。みなこれ釈迦大師《しゃかだいし》。無《む》量劫《りょうごう》の中に難行苦行して得るところの正法《しょうぼう》なり。（「興福寺奏状」）

【訳】だいたい、数限りないほどある仏教の教えは、それが広まる機が熟するのを待って、開花します。また、甘露のように美味な良薬に譬《たと》えられる仏法は、仏縁あってこそはじめて与えられるのです。それは、決して安易に得られるものではなく、長い間にわたって難行苦行の修行に精進《しょうじん》してこそ、はじめて得られる「正しい仏法」なのです。

【解説】仏が説かれた教えは、「八万四千」といわれるほど、それこそ無数である。「恒沙」というのは、インドのガンジス川流域に広がる川原の砂のことで、無数を表す譬えである。その一つ一つの教えは、それぞれの教えを受け止める人の能力が整ってこそはじめて、その心の中で花を咲かせ果実を実らせる。機は機根ともいい、仏教では仏の教えを聞き修行する人の能力や素質を指す。甘露は天人の飲み物で、とても美味で不老長寿の効能があるという。仏の教えを譬えて「甘露の法門」などという。仏法と機とが相応してこそ、理想的な仏教信仰とその成果が得られるという。

仏教に「五性各別《ごしょうかくべつ》」という言葉がある。一切の衆生には、生まれながらに備えている定まった素質がある。それは菩薩定性《ぼさつじょうしょう》（菩薩になるはずの者）、縁覚《えんかく》定性（縁覚になるはずの者）、声聞《しょうもん》定性（声聞になるはずの者）、不定性《ふじょうしょう》（そのどれにも決まっていない者）、無性《むしょう》（絶対に救われない者）の五つである。つまり、衆生の能力を、成仏できる者とできない者とに分ける考え方で、すべての者が平等に成仏できるという鎌倉仏教の主張とは相容れない考え方である。

貞慶は、法相宗の立場から五性各別の説を主張し、これこそ釈尊が難行苦行の上で悟り得た、正しい仏法であると確信する。人の能力には差別があるからこそ、精進《しょうじん》しようという求道《くどう》の心が生まれるのだという。

三　極楽への道

それ極楽《ごくらく》の教門《きょうもん》は、盛んに戒行《かいぎょう》を勧《すす》む。浄土の業因《ごういん》、これをもって最とす。（「興福寺奏状」）

【訳】死後に極楽浄土に往生すると約束する教えは、現世《げんぜ》において戒律を守りこれを実践することを勧めています。浄土に往生する元となる現世での行いは、「戒」を守って実践する精進《しょうじん》が第一なのです。

【解説】人は、死後に極楽浄土に往生して、阿弥陀仏のもとで永遠の生命に生きようと願う。苦難に満ちた現世のなかで、人々が究極の願望として懐いたのが、このような思いで、「南無阿弥陀仏」と念仏を称えて極楽往生を祈った。法然は、この願いがかなえられるにはただ念仏を称えるだけで、そのほかの信仰はすべて拒否する「専修念仏」を説いた。これに対して、貞慶は成仏を心から願い、仏が定めた戒律をしっかり守って、不断に精進することこそが第一の道だと主張する。

仏教で説く死後の救いについて、浄土で往生できる

貞　慶　墓（海住山寺）
京都府加茂町の海住山寺（かいじゅうせんじ）にある。海住山寺は承元２年（1208）貞慶によって再興され，建保元年（1213）寂するまで住した。

かどうかは、とくに戦乱が日常的に起こる中世では、何よりも切実な問題であった。極楽に往生できる幸を得るためには、この現世においていったいどのような種をまかなくてはならないのか。法然は「念仏ただ一つ」といい、貞慶は「戒行」を第一に掲げる。

四　仏法と王法

仏法と王法は猶《なお》心身のごとし、互いにその安否を見、よろしく彼の盛衰を知るべし。（「興福寺奏状」）

【訳】仏の説いた仏法と、天皇が行う施政を意味する王法とは、人に例えると心と身体が離れることがないように、まったく一体で不即不離なのです。仏法と王法が、互いにその安否を見合って、その盛衰の姿を知らなくてはなりません。

【解説】現在の憲法では、政治と宗教はきっぱりと分ける、政教分離の原則が掲げられている。しかし、前近代にあっては、宗教と政治が一体不離の関係にあるという、仏法と王法が、相応じるというのが原則であった。貞慶は、奈良の興福寺につらなる法相宗の僧であったから、王法と仏法が一体であるという思想に立って、国家の安泰を第一に祈った。

このような関係を「王法仏法相即《おうほうぶつぽうそうそく》」といい、さまざまな譬えで説明されてきた。貞慶は、王法と仏法とは心と身のように、決して二つに分かれることはないという。比叡山では、王法と仏法は、「車の両輪の如く、鳥の両翼の如し」といっている。車にしても鳥にしても、一方が欠けると走ることも飛ぶこともできない。仏法が衰えると国家の運命に陰りがあらわれ、国家が滅びると仏法の命運もつきるという。この理論が、国家仏教といわれる奈良時代仏教の特色であり、平安時代の天台・真言両宗にも受け継がれた。

貞慶は、王法と仏法との深い関係を省みて、その姿をしっかりと見定めて方策を立てられたいと願う。それは、念仏ただ一つを選んで、他はすべて捨て去れという法然の教えが、やがては王法を失う原因となるという訴えである。

出典　「興福寺奏状」（日本思想大系一五『鎌倉旧仏教』岩波書店、一九七一年）。

参考文献　大隅和雄・中尾堯編『日本仏教史　中世』吉川弘文館、一九九八年。

14　栄西

えいさい（ようさい）

一一四一―一二一五

平安末期から鎌倉時代初頭の天台僧《てんだいそう》。日本禅宗《ぜんしゅう》の初祖とされる。道号は明庵《みんなん》、葉上房《ようじょうぼう》、千光国師《せんこうこくし》ともいう。父は吉備津神社《きびつじんじゃ》（岡山県）の神官で賀陽《かや》氏。

一四歳で出家し、おもに比叡山《ひえいざん》や大山《だいせん》（鳥取県）で天台密教《てんだいみっきょう》を学ぶ。仁安《にんあん》三年（一一六八）入宋《にっそう》して天台山や阿育王山《あいくおうさん》に参拝し、俊乗房重源《しゅんじょうぼうちょうげん》とともに帰国する。文治《ぶんじ》三年（一一八七）再入宋し、インドへ赴こうとするが許可されず、天台山万年寺の虚庵懐敞《きあんえしょう》に就いて禅を学び、建久《けんきゅう》二年（一一九一）帰国して臨済宗黄龍派《りんざいしゅうおうりょうは》の禅を伝えた。

博多（福岡県）に聖福寺《しょうふくじ》を開き、京に上って禅宗を弘めるが、比叡山からの圧迫により、達磨宗《だるましゅう》の大日房能忍《だいにちぼうのうにん》とともに京での布教を禁じられる。建久九年（一一九八）に著した『興《こう》禅護国論《ぜんごこくろん》』において、禅宗の正当性を主張し、自らが最澄《さいちょう》の天台宗復興を目指していることを表明した。

正治《しょうじ》元年（一一九九）ごろには鎌倉に下り、源頼朝一周忌法要の導師《どうし》を勤め、鎌倉に寿福寺《じゅふくじ》、京に建仁寺《けんにんじ》を開いた。また重源の後を請けて東大寺大勧進職《だいかんじんしき》に就いたり、高野山金剛三《こうやさんこんごうざん》昧院《まいいん》を開創するなど、幕府や北条政子《ほうじょうまさこ》の篤い帰依《きえ》を受けた。晩年、『喫茶養生記《きっさようじょうき》』を著して源実朝《さねとも》に献じた。建保《けんぽう》三年（一二一五）鎌倉の寿福寺、または京都の建仁寺に寂すという。七五歳。

一　禅と戒

此《こ》れは扶律《ふりつ》の禅法《ぜんぽう》に依《よ》って、法をして久住《くじゅう》せしむるの義《ぎ》を明かす。（『興禅護国論』「令法久住門《りょうぼうくじゅうもん》」）

【訳】このように、戒律に裏打ちされた禅の教えによって、正しい仏法が後世にまで伝えられることを説いていく。

栄　西　像（両足院）

四分《しぶん》、梵網《ぼんもう》等の戒、是《こ》れ正《まさ》しく宜《よ》しとするところなり。外《そと》に声聞《しょうもん》の威儀《いいぎ》を学《がく》し、内《うち》に菩薩《ぼさつ》の慈《じ》心《しん》を持《じ》するが故《ゆえ》なり。（『興禅護国論』「第七門の余」）

【訳】四分律《しぶんりつ》（南方仏教の律）、梵網戒《ぼんもうかい》（大乗仏教の菩薩戒）の双方を護《まも》ることが望ましい。それというのも、立《た》ち居振舞《いふるま》いにおいて、小乗仏教のように細かな規定を護ることによってこそ、内なる大乗の菩薩の精神を保つことができるからである。

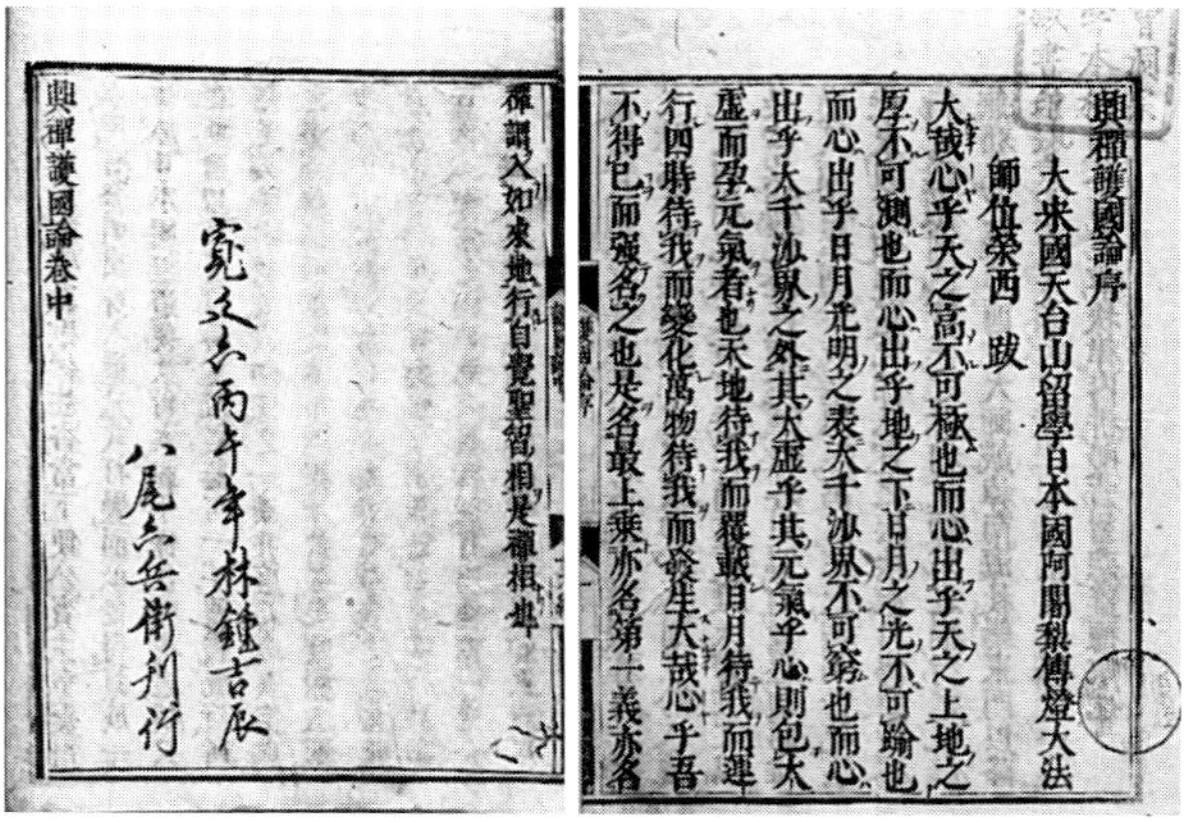
興禪護國論序
大宋國天台山留學日本國阿闍梨傳燈大法
師位榮西 跋
大哉心乎天之高不可極也而心出乎天之上地之
厚不可測也而心出乎地之下日月之光不可踰也
而心出乎日月光明之表大千沙界不可窮也而心
出乎大千沙界之外其太虚乎其元氣乎心則包太
虚而孕元氣者也天地待我而覆載日月待我而運
行四時待我而變化萬物待我而發生大哉心乎吾
不得已而强名之也是名最上乘亦名第一義亦名

禪謂入如來地行自覺聖智相是禪祖也
寛文六丙午年林鐘吉辰
八尾六兵衛刋行
興禪護國論卷中

『興禅護国論』（駒沢大学図書館）
日本の禅宗を開く宣言書というべきもので，日本仏教史上の貴重な史料である。

【解説】栄西は『興禅護国論』において、再三「参禅問答《さんぜんもんどう》は戒律を先《さき》となす」と述べ、また天台宗の典籍《てんせき》である『摩訶止観《まかしかん》』の「悪を破するは浄慧《じょうえ》により、浄慧は浄禅《じょうぜん》により、浄禅は浄戒《じょうかい》による」という文を引いている。

栄西自身は、小乗戒を棄捨《きしゃ》した日本天台宗の僧であるが、むしろ内なる菩薩の心を維持するためには、衣服や食事などについて細かく規定した小乗の律儀《りつぎ》を護らなければならない、としている。栄西が「持律第一葉上房《じりつだいいちようじょうぼう》」と呼ばれたのは、このように戒律を厳密に護持する姿勢によるものであるし、それは中国禅林での厳しい修行生活を経験したからにほかならない。また、道元の『正法眼蔵随聞記《しょうぼうげんぞうずいもんき》』に伝えられるような、仏像の光《こう》背《はい》を貧しい人に与えるような慈悲深さについても、同じことがいえる。

二　中興のおもい

是れ即ち法を持《じ》する者の法宝《ほうぼう》を滅《めっ》し、我《われ》にあらざる者の我心《わがこころ》を知らんや。ただに禅関《ぜんかん》の宗門《しゅうもん》を塞《ふさ》ぐのみにあらず、そもそもまた叡嶽《えいがく》の祖道《そどう》を毀《そし》る。慨然《がいぜん》、悄然《しょうぜん》たり、是《ぜ》なるや非《ひ》なるや。

（『興禅護国論』序）

【訳】このようなことをいうのは、仏法を護《まも》ろうとする者の教えを滅ぼすことであり、そうした（私を非難するような）人に、私の思いが理解できるはずがない。それはただ、奥深い禅の教えに向かって開かれた門を閉じるだけではなく、比叡山に伝えられた伝教大師《でんぎょうだいし》最澄《さいちょう》の教えをも貶《おとし》めるものである。まったく嘆かわしく愚かしいことである。どちらが間違っているというのだろうか。

心《こころ》をこの願文《がんもん》に留《とど》め、つぶさに奏聞《そうもん》を経《へ》、中興の叡慮《えいりょ》を廻《めぐ》らし仏法・王法を修復せば、最も望むところなり。小比丘《しょうびく》の大願《たいがん》ただ是《こ》れ中興の情《じょう》なり。

（『日本仏法中興願文《にほんぶっぽうちゅうこうがんもん》』）

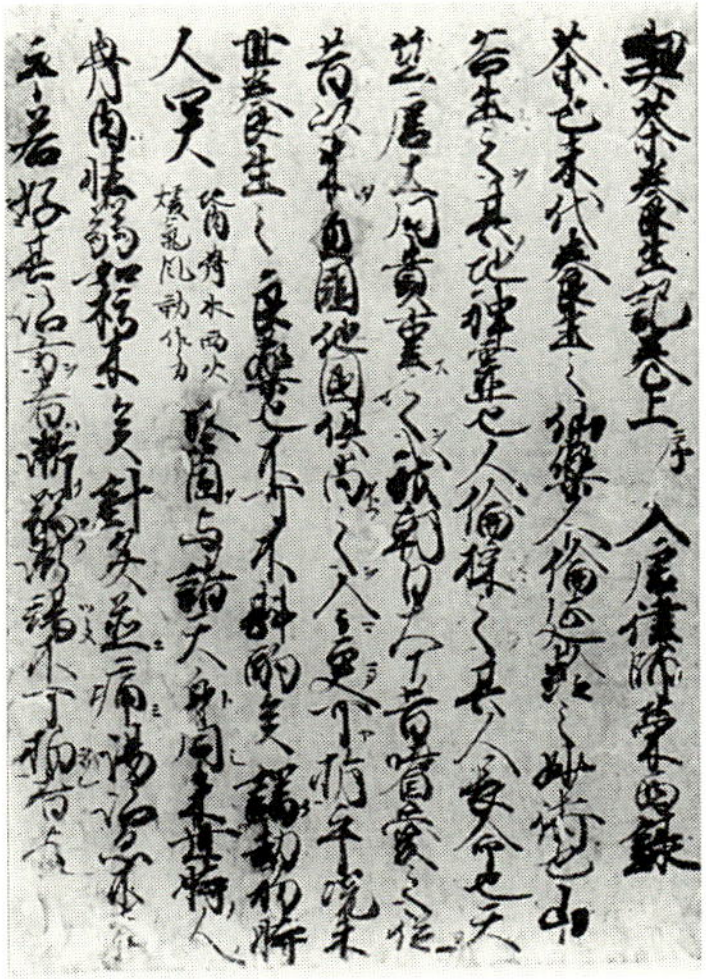

『喫茶養生記』巻上（寿福寺）
病気の要因と茶の効能を著したもので，源実朝に献じた。

【訳】思うところは、この願文に述べた通りであり、これを天皇がお聞き届け下さり、中興のためにお力を賜わって仏法と王法の良き関係が取り戻されれば、それが最も望むところです。私の願いは、ただただ（伝教大師の教えを）中興することのみであります。

【解説】建久五年（一一九四）、達磨宗《だるましゅう》の大日房能忍《だいにちぼうのうにん》とともに布教を禁じられた栄西が、比叡山からの非難に応えるために著したのが『興禅護国論』である。しかしその反論は、叡山仏教つまり天台宗の教えを否定するものではなく、むしろ最澄が中国で学んだ禅の教えを受け継いでいる、と主張している。鎌倉仏教というと、概して、腐敗した叡山を飛び出した祖師たちが、新しい教えを打ち立てたとされるが、栄西は、禅を主張する自分を否定することは、天台宗徒が伝教大師の教えを否定するのと同じであると、反論している。

鎌倉に下った栄西は寿福寺を建立し、建仁《けんにん》二年（一二〇二）には京の東山に建仁寺《けんにんじ》を建立した。『興禅護国論』撰述当時は、京での活動がままならない時期であったが、将軍家や幕府の力を背景として布教の拠点を獲得し、本格的に禅を説き始めた元久《げんきゅう》元年（一二〇四）「日本仏法中興願文」を著したが、ここでも「小比丘の大願ただ是れ中興の情なり」と、中興を強調しており、最澄の教えを復興するという『興禅護国論』の主張は、けっして天台宗向けの詭弁《きべん》であったわけではないことがわかる。いわば、栄西の意図は叡山仏教の復興にあり、そのことが栄西の唱えた禅の特徴にもつながっている。

出　典　「興禅護国論」（日本思想体系一六『中世禅家の思想』岩波書店、一九七二年）。

参考文献　多賀宗隼著『栄西』（人物叢書）吉川弘文館、一九六五年。

15 慈円《じえん》

一一五五―一二二五

鎌倉時代前期の天台宗《てんだいしゅう》の僧。父は関白藤原忠通《かんぱくふじわらのただみち》で、関白九条兼実《くじょうかねざね》は同母兄、摂政松殿《せっしょうまつどの》基房《もとふさ》は異母兄になる。一一歳で青蓮院門跡《しょうれんいんもんぜき》に入り、一三歳で出家して道快《どうかい》と称する。比叡山《ひえいざん》の無動寺《むどうじ》や西山の善峰寺《よしみねでら》（京都市）で修行した後、治承《ちしょう》二年（一一七八）法性寺座主《ほっしょうじざす》に任じられ、養和《ようわ》元年（一一八一）には法印《ほういん》に叙せられて、名を慈円と改めた。諸寺を兼管しつつ、翌寿永《じゅえい》元年（一一八二）無動寺検校《けんぎょう》に補《ほ》せられ、無動寺法印と呼ばれた。

兄の兼実が後鳥羽《ごとば》天皇のもとで政権を取ると平等院執印《びょうどういんしゅういん》・法成寺《ほうじょうじ》執印を兼ね、建久《けんきゅう》三年（一一九二）後白河法皇《ごしらかわほうおう》が他界《たかい》すると、天台座主《てんだいざす》・権僧正《ごんのそうじょう》として後鳥羽天皇の護持僧《ごじそう》に任じられた。その後、院《いん》の要請による祈禱の功で大僧正に任じられたり、四天王寺別当《してんのうじべっとう》となったほか、何度かの蟄居《ちっきょ》をへながら、建保《けんぽう》四年（一二一六）までの間、四度にわたって天台座主に就任した。

公武の融和と、比叡山・四天王寺の興隆に尽力し、叡山仏教の立場から見た日本通史ともいえる『愚管抄《ぐかんしょう》』のほか、多くの撰述を遺した。一方で当時の歌壇でも重きをなし、『新古《しんこ》今和歌集《きんわかしゅう》』には西行《さいぎょう》に次ぐ九二首が収められているほか、家集『拾玉集《しゅうぎょくしゅう》』がある。嘉禄《かろく》元年（一二二五）に遷化《せんげ》したときには、一世の識者を喪《うしな》ったとおしまれた。七一歳。嘉禎《かてい》三年（一二三七）四条天皇から慈鎮《じちん》の諱《いみな》を贈られた。

慈　円　像（個人蔵）

一　出家の道と世俗の世界

都にもなほ山里はありぬべし　心と身とのひとつなりせば（『拾玉集』）

【訳】都《みやこ》の中にも山里《やまざと》のような場所はある、心と体が一つのものであるように。

深くしれ人の有《ある》をぞ世とはいふ　そむかば人の世もあらじかし（『拾玉集』）

【訳】人がいるからこそ世の中なのである、俗世を厭《いと》うのは人の世を否定することだ。

【解説】慈円といえば、関白九条兼実の弟であり、自らも四度にわたって天台座主に任じられるなど、僧侶でありながらときの権力との関係が顕著であるという印象が強い。時代背景を見ても、壮年期には源平の争乱を経験し、源頼朝《みなもとのよりとも》の新政権が樹立された後も、後鳥羽上皇の院《いん》と幕府との確執の中で、公武の融和に心を砕いたが、承久《じょうきゅう》の乱に傷心した末に、その復興の途上に生涯を閉じている。おそらくこのような経験の中で、仏法の中枢である比叡山の座主職《ざすしき》という立場にあり、しかも氏《うじ》の長者《ちょうじゃ》である兄兼実と連携しつつ、世の平安を願っていたのではあるまいか。

慈円自身も、若年には隠遁《いんとん》の志があったと述懐している。権力に近い家柄の出身でありながら、あるいは、だからこそ出家の後は世に背を向けるように生きようとしたのかも知れない。しかし、権力構造の大きな変化を目の当たりにして、僧侶として俗塵《ぞくじん》を避けることが、一方では衆生救済《しゅじょうきゅうさい》を放棄することにつながると考え、出家・在家の双方に関わっていったのであろう。右にあげた二首には、出家の身をあえて俗世に置こうという強い思いが述べられている。

君をいはふ心の底をたづぬれば　まづしき民を撫《な》づるなりけり（『拾玉集』）

【訳】天皇陛下のためにお祈り申し上げる心根をよくよく見てみれば、それはそのまま貧しい庶民をいとおしむことであることよ。

【解説】慈円は戦乱の世の中にあって、しきりに公武の融和に心を砕いているが、つまるところ、それが衆生の安穏な生活につながるという気持ちが表れた一首である。二八歳で無動寺法印と呼ばれ、四九歳のときには大僧正に任じられて吉水僧正《よしみずそうじょう》と呼ばれ、建久《けんきゅう》三年（一一九二）・建仁《けんにん》元年（一二〇一）・建暦《けんりゃく》二年（一二一二）・建保《けんぽう》元年（一二一三）と、四度天台座主に任じられている。権僧正から直接、僧正を経ずに大僧正となったのも、四度天台座主に就任したのも慈円が初例であるが、その間にはしきりに朝廷・院、そして公武の協調のために祈禱する一方、政見をめぐる対立から座主職を辞してもいる。護持僧《ごじそう》としての役割を果たしながら、政治に対

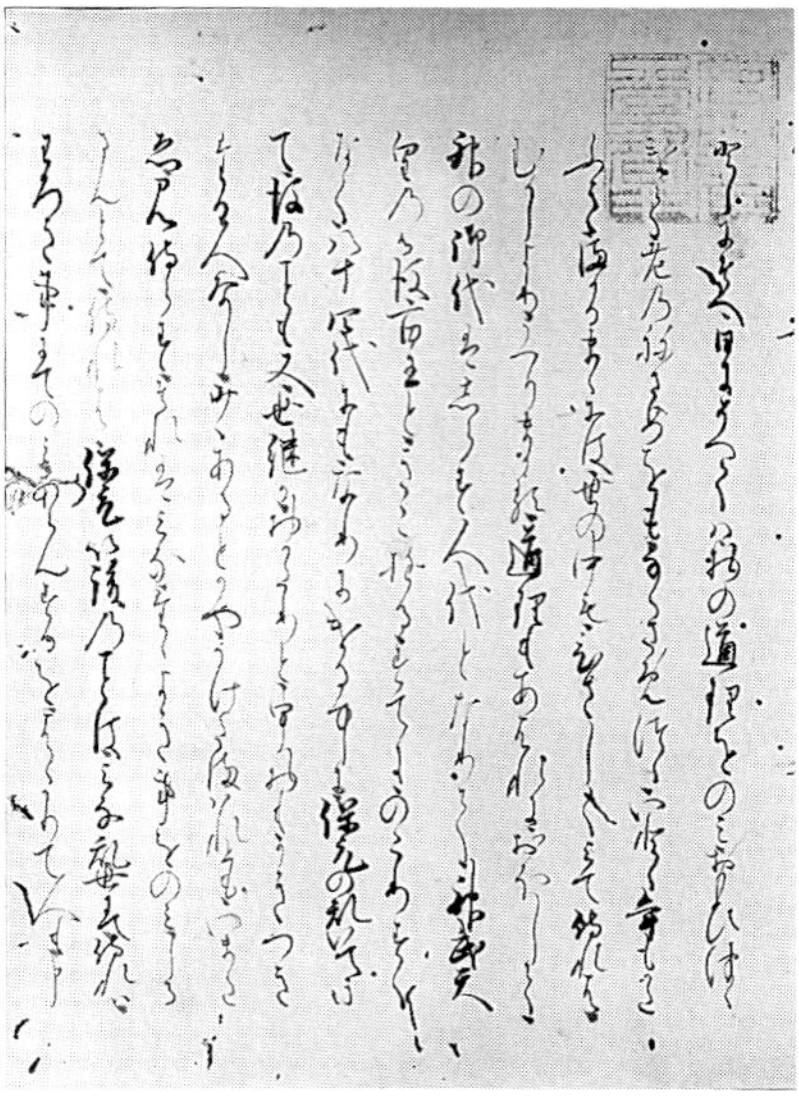

『愚　管　抄』（宮内庁書陵部）
慈円が著した歴史書で，歴史の道理を知りそれに従うことが肝要であると説く。

しても、歯に衣着せぬ発言をした結果が、四度の座主就任と辞任という結果となったのではないかと考えられる。

二　世の中の道理

学問ハ、僧ノ顕密《けんみつ》ヲマナブモ、俗ノ紀伝《きでん》・明経《みょうぎょう》ヲナラフモ、是レヲ学スルニ従ヒテ、智解《ちげ》ニテソノ心ヲ得レバコソオモシロクナリテセラル、コトナレ。（『愚管抄』七）

【訳】学問というものは、僧侶が顕密の教えを学ぶのも、俗人が歴史や経書を学ぶのも、正しい智慧によってその言わんとするところを理解すればこそ、ますます興味がわいてくるものである。

【解説】『新古今和歌集』選者の一人である藤原定家《ふじわらのていか》は、慈円を評して「一代の賢者」と呼んだといわれる。そのことは、叡山教学に対する姿勢でも窺えるが、主著『愚管抄』に述べられた歴史認識から見ても明らかである。仏法を学ぶにしても俗世の教えを学ぶにしても、正しい智慧を持って理解すれば「オモシロク」なるものだと述べているが、むしろそれこそが重要であるといいたいのであろう。言い換えれば、その思いが『愚管抄』撰述の動機といえる。

『愚管抄』は、上古《じょうこ》以来の歴史評論といえる内容であり、慈円の歴史認識と当時の世相に対する提言を述べたものである。第一巻から第六巻までは、神武以来八四代順徳《じゅんとく》天皇、そして先帝仲恭《ちゅうきょう》と今上《きんじょう》堀川《ほりかわ》天皇までの歴史が叙述されており、第七巻では全体を総括している。その冒頭で述べているのが右の一文である。慈円は「道理《どうり》」が大切であることを強調しているが、正法《しょうぼう》・像法《ぞうほう》・末法《まっぽう》と、人の器量がしだいに衰えるという仏教の時代認識を基本として、王法と仏法、王臣《おうしん》と万民《ばんみん》が心をあわせ、上古・中古《ちゅうこ》の歴史から道理を学んできたと述べている。

カクハアレド内外典《ないげてん》ニ滅罪《めつざい》生善《しょうぜん》トイフ道理、遮悪《しゃあく》持善《じぜん》トイフ道理、諸悪莫作《しょあくまくさ》、衆善奉行《しゅぜんぶぎょう》トイフ仏説ノキラキラトシテ、諸仏菩薩ノ利生《りしょう》方便《ほうべん》トイフモノ、一定《いちじょう》マタアルナリ。コレヲコノハジメノ道理ドモニコ、ロヘアハスベキナリ。(『愚管抄』七)

【訳】このようなことだけれど(この国は歴史とともに人の器量も衰え正しい教えが行われなくなっている)、仏教の経典でもその他の学問の教えにおいても、悪事に手を染めることなく正しい行いを心がけるという仏説が明らかで、諸仏菩薩が衆生を救済するということもきっとあるだろう。このことを前にあげた道理(歴史の流れの中でものごとの道理を見極める)と重ねて理解すべきである。

【解説】院政期、仁平《にんぺい》二年(一一五二)には末法の世に入ったという時代認識があり、藤原道長《ふじわらのみちなが》が法成寺《ほうじょうじ》阿弥陀《あみ》堂《だどう》を建立し、その息頼通《よりみち》が平等院鳳凰堂《びょうどういんほうおうどう》を建立するなど、浄土信仰が盛んになると同時に、念仏が流行するようになっていたが、慈円は人の器量が衰えたとしても、仏典に説かれた教えの価値が失われたわけではないから、それを正しい歴史認識と重ねて理解することを主張している。見方を変えれば、戦乱がうち続く世の中にあって、道理を無視した振舞いばかりが横行していることに対して、強い懸念を示したものであろう。だからこそ歴史の中から正しい道理を学ぶことによって、諸仏菩薩の衆生救済も期待できると説いたのである。

三　仏法に対する思い

世の中に山てふ山は多かれど　山とは比叡《ひえ》の御山《みやま》をぞいふ（『拾玉集』）

【訳】世の中に何々山というほどの名山は多くあるけれど、ただ山というときには比叡山のことである。

すでに消ゆる法《のり》のともし火かゝげずば　猶《なお》うかるべき闇とこそみれ（『拾玉集』）

【訳】もう消えてしまった教えの灯火を（ふたたび）掲げなかったならば、さらに憂鬱な闇のような世が続くだろう。

【解説】「道理」に対する慈円のこだわりは、そのまま叡山仏教に対する姿勢ともつながるものである。伝教《でんぎょう》大師最澄《だいしさいちょう》が日本天台宗《にほんてんだいしゅう》を開いて以来、ひたすら鎮護《ちんご》国家を祈り続けてきた比叡山こそ日本仏教の中心であるし、朝廷とともに世の繁栄を祈ってきたという自負が現れている。

しかし反面、乱世の影響からか叡山仏教に背を向けるような動きがあることには、座主職にあって心を痛めていたものと思われる。鎌倉仏教の先駆けとなった法然房源空《ほうねんぼうげんくう》も、また葉上房栄西《ようじょうぼうえいさい》も、ともに比叡山で学識を称《たた》えられた僧でありながら、念仏《ねんぶつ》と禅《ぜん》を主唱することで比叡山からの弾圧を受けたが、慈円自身も、彼らが叡山教学を離れていったことを非難している。近年では、法然の念仏にしても栄西の禅にしても、必ずしも叡山教学の否定の上に主張されたわけではないと理解する研究者が多いが、やはり空間的に比叡山を離れたことは否定できない。法然・栄西に対抗する意味もあってか、承元《じょうげん》元年（一二〇七）比叡山総学頭《そうがくとう》となった宝地房《ほっちぼう》証真《しょうしん》については、その僧階昇進を薦《すす》める一方、栄西の大師号自薦《じせん》に対しては強い調子で批判している。

こころざしうき世の中に空しくて　たゞ思ふことは仏のをしへ（『拾玉集』）

【訳】さまざまに志を抱いても浮き世においては虚しいことだ、ただ御仏の教えだけが支えである。

ねがはくは神よ仏よなほてらせ　わが思ふことはよきかあしきか（『拾玉集』）

【訳】神や仏にこそ照らし出してほしい（世間で如何に言われようとも）、自分の考えが正しいかどうかを。

【解説】公武の融和に思いを致す中で、四度にわたって座主就任と辞任を繰り返してきた慈円は、晩年になお院と幕府が相争う承久の乱を経験し、心境としてはひたすら神仏のみを頼るようになっていったのではないだろうか。自らの公武周旋《しゅうせん》の努力が、果たして実を結ぶのかどうか、老病に冒された自分の目で確かめることは困難であるとしても、神仏がその正否《せいひ》を照らして下されればよい、という境地にまで至ったものと思われる。政治的活動が多かったという印象が強い慈円であるが、そのことを含めて一生を貫いていたのは、王法と仏法が支えあうという鎮護国家を担った日本天台宗の、叡山教学の理念であったと考えられるのである。

出　典　多賀宗隼編著『校本 拾玉集』吉川弘文館、一九七一年。『愚管抄』（日本古典文学大系八六）岩波書店、一九六七年。

参考文献　多賀宗隼著『慈円』（人物叢書）吉川弘文館、一九五九年。

16 明恵

みょうえ

一一七三—一二三二

鎌倉時代の華厳宗《けごんしゅう》の僧。法諱《ほうき》は高弁《こうべん》。紀伊国（和歌山県）の人で平重国《たいらのしげくに》の子、幼くして両親を亡くす。高雄神護寺《たかおじんごじ》（京都市）に入って文覚《もんがく》に師事し、その弟子上覚《じょうかく》に就《つ》いて出家、一六歳のとき東大寺で受戒して華厳を学び、二三歳で紀伊の白上峰に籠り、一時高雄に戻ったほかは、三四歳までのほとんどの期間を紀伊で過ごした。建永《けんえい》元年（一二〇六）後鳥羽《ごとば》上皇《じょうこう》から栂尾《とがのお》（京都市）の地を賜り、高山寺《こうざんじ》を建立《こんりゅう》して華厳の道場とし、以後この地で道俗を教化した。

建暦《けんりゃく》二年（一二一二）念仏批判の書である『摧邪輪《さいじゃりん》』を著した。明恵は、法然の生前にはその人格を尊敬していたが、『選択本願念仏集《せんちゃくほんがんねんぶつしゅう》』を読んだ後は、それを邪見《じゃけん》に満ちたものとして激しく非難している。

華厳と戒律を重んじ、『華厳修禅観照入解脱門義《けごんしゅぜんかんしょうにゅうげだつもんぎ》』『却廃忘記《きゃくはいぼうき》』などのほか、自らの夢をつづった『夢記《ゆめのき》』や『歌集』など著作も多い。

また、二度にわたってインド行きを企てるが断念、『華厳縁起《けごんえんぎ》』を描かせたり、栄西が将来した茶の木を栂尾に植えたともいわれ、文化的にも大きな役割をはたした。貞永元年（一二三二）正月十九日、高山寺で入滅《にゅうめつ》。六〇歳。

一　菩提心の有無

たといこれなしといえども、かくの如く知る、これ正見《しょうけん》なり。すでに正見あらば、欣《よろこ》ぶべきを欣び、厭《いと》うべきを厭う。菩提心《ぼだいしん》はこれ仏道の正因《しょういん》と知るが故に、念々にこれを愛楽《あいぎょう》す。汝《なんじ》が所立《しょりゅう》はこれ邪道と知るが故に、念々にこれを厭悪《えんお》す。終《つい》に必ず菩提心を増長《ぞうちょう》し、無上仏果《むじょうぶつか》を成《じょう》ずべし。（『摧邪輪《さいじゃりん》』）

明恵像（高山寺）

【訳】たとえ（菩提心が）ないとしても、自《みずか》らないことを知っておれば、ものごとを正しく見る目（正見）が備わっているのである。正見が備わっていれば、正しいことを喜び、間違ったことを避けることができる。菩提心こそが仏道修行の要因であることを知ればこそ、つねにこれを大切にするのである。自分勝手な考えが間違いであることを知ればこそ、つねにこれを遠ざけるのである。そのようにして菩提心を増長させ、悟りを成就できるのである。

【解説】明恵は『自行三時礼功徳義《じぎょうさんじらいくどくぎ》』に、「凡《およ》そ仏法に入るには先《ま》ず菩提心を先《さき》とす」と述べているように、菩提心をきわめて重視している。『摧邪輪』は、よく知られるように、法然の『選択本願念仏集』に対する批判の書であるが、特に法然が、称名念仏《しようみようねんぶつ》には菩提心は不要だと説いたのに対し、汝《なんじ》には菩提心があるかという問いを設けて自ら答えたのが右の文である。菩提心の有無よりも、自分自身には菩提心が欠けているという自覚が大切であり、その自覚があれば、ものごとを正しく見る目が備わっているということであると強調している。

それまでは、むしろ尊敬の念を抱いていた法然を、厳しく非難することについては、「我は天性として、僻《ひが》事《ごと》のわびしく覚《おぼ》ゆるなり。『摧邪輪』の制作も、其《その》心のとおりなり」と述べ、ようするに間違いを見逃すことができないのが自分の性格であって、『摧邪輪』もそうした気持ちから制作したのだとしている。つまり、恨みや憎しみで相手を非難するのではなく、正しい教えを説くことだけを念頭に置いていたのであろう。

二　「あるべきようは」

人は阿留辺幾夜宇和《あるべきようわ》の七文字を持《たも》つべきなり。僧は僧のあるべき様《よう》、俗は俗のあるべき様なり。乃至《ないし》帝王は帝王のあるべき様、臣下は臣下のあるべき様なり。此あるべき様を背《そむ》く故に、一切悪《あ》しきなり。（『明恵上人遺訓』）

【訳】人間は「あるべきようは」の七文字を心に刻むべきである。僧侶は僧侶としてふさわしい振舞い、俗人は俗人としてふさわしい振舞いをすべきである。また帝王は帝王の、臣下は臣下のあるべき姿がある。この「あるべき姿」に背いてしまうのが、諸悪の根源である。

【解説】明恵といえば、生《お》い茂る松の木の上で坐禅している「樹上坐禅図《じゅじょうざぜんず》」が有名である。自然の中で坐った姿は、明恵のいかにも恬淡《てんたん》とした心境を示しているようである。ある意味で「あるべきようは」ということばで始まる『遺訓』は、名利《みょうり》にとらわれず正しい教えを弘めようとした、明恵の仏法を最も端的に表すことばとして知られている。同じ『遺訓』にある「凡そ仏道修行には何の具足《ぐそく》もいらぬなり。松風に睡《ねむ》りをさまし、朗《ろう》月《げつ》を友として究め来り究め去るより外《ほか》の事なし」という語は、まさしく「樹上坐禅図」の姿そのままを言い表しているといえる。

身はやまいありて、よわくとも、心をばつよくたもつべき也。仏道にむかいて真実ありて、
世々に大善知識《だいぜんちしき》をはなれず、たとい悪趣《あくしゅ》へ趣《おもむ》くとも、深法《じんぽう》の値遇《ちぐう》は信力あらば決定《けつじょう》と思べし。
無上大菩提心を愛楽《あいぎょう》し、世々の値遇三宝《ちぐうさんぽう》の願《がん》を廃忘《はいぼう》すべからず。（『却廃忘記《きゃくはいぼうき》』）

【訳】身体は病弱であったとしても、思いを強く保つべきである。仏道修行に真摯《しんし》であり、つねに正しい智慧の持ち主に指導を受け、たとえ地獄《じごく》・餓鬼《がき》・畜生道《ちくしょうどう》にあったとしても、正しい信仰を持っておれば間違いなく仏法に出会うことができると信じなければならない。この上ない菩提心を貴び、どのような境遇にあっても三宝に出会いたいという気持ちを忘れてはならない。

【解説】「あるべきようは」の語や「樹上坐禅図」から見るかぎり、明恵は自然の中で飄々《ひょうひょう》として修行生活を送っていたとも見えるが、一方で『摧邪輪』を著して、法然を激しく非難している。その理由は、他力念仏が菩《ぼ》提心《だいしん》をおろそかにしていること、自力聖道門《しょうどうもん》を軽んじていることである。菩提心に対するこだわりからも窺えるように、正しい教えを求めることについては、きわめて強い思いを持っていたのである。

しかもそのことは、たとえ自分が不遇な状況に置かれていたとしても、信心を保ち続けて、仏法に出会いたいと願う気持ちを失ってはならない、と戒めている。

出典　「摧邪輪」「却廃忘記」（日本思想大系一五『鎌倉旧仏教』岩波書店、一九七一年）。

参考文献　田中久夫著『明恵』（人物叢書）吉川弘文館、一九六一年。

17 親鸞 しんらん

一一七三―一二六二

鎌倉時代の念仏僧《ねんぶつそう》。浄土真宗《じょうどしんしゅう》の開祖《かいそ》。承安《じょうあん》三年（一一七三）中流の公家《くげ》である日野有範《ひのありのり》の長男に生まれた。九歳で出家し、二九歳まで比叡山延暦寺《ひえいざんえんりゃくじ》で修行した。しかしその修行に飽《あ》き足《た》りず、二九歳の時に京都東山《ひがしやま》の法然《ほうねん》に入門し、専修念仏《せんじゅねんぶつ》を学んだ。また同じ中流貴族の三善為教《みよしためのり》の娘恵信尼《えしんに》との結婚もはたした。

その後、法然一派への弾圧《だんあつ》によって三五歳で越後《えちご》に流されたが、許されて後、四二歳で関東に移住して二〇年近くを過ごした。関東では念仏布教に尽力し、常陸国《ひたちのくに》（茨城県）の小《お》島草庵《じまのそうあん》や稲田草庵《いなだのそうあん》、大山草庵《おおやまのそうあん》などに住んで多くの門弟を得た。その門弟たちは、のちに親鸞門弟二十四輩、六老僧などと通称された。また主著である『教行信証《きょうぎょうしんしょう》』の草稿《そうこう》を完成させた。六〇歳ころに帰京、手紙による関東の門弟への指導や、執筆活動に励んだ。その阿弥陀仏に対する帰依、さらに念仏を報謝《ほうしゃ》の行いととらえた信仰は、鎌倉時代の仏教を代表する一つである。

『教行信証』『一念多念文意《いちねんたねんもんい》』などの著書や『正像末和讃《しょうぞうまつわさん》』『高僧和讃《こうそうわさん》』などの和讃、また五〇通近い書状が知られている。親鸞の門弟唯円《ゆいえん》が教えをまとめたとされる『歎異抄《たんにしょう》』は、親鸞の教えを分かりやすく伝えている。弘長《こうちょう》二年（一二六二）十一月二十八日に京都で亡くなった。九〇歳。

一　阿弥陀仏への帰依

弥陀の誓願不思議《せいがんふしぎ》にたすけられまいらせて、往生《おうじよう》をばとぐるなりと信じて、念仏もうさんとおもいたつこころのおこるとき、すなわち、摂取不捨《せつしゆふしや》の利益《りやく》にあずけしめたまうなり。(『歎異抄《たんにしよう》』一)

【訳】すべての衆生《しゆじよう》を救おうという阿弥陀仏の誓いの不可思議《ふかしぎ》な力により、必ず阿弥陀仏《あみだぶつ》の極楽へ往生できるのだと信じ、念仏を称えようという心が起きた時、その瞬間に私たちは摂《と》って捨てることのない阿弥陀仏の恩恵《おんけい》を受ける。すなわち、極楽往生が確実なものとして約束される。

親　鸞　像（西本願寺）

【解説】親鸞にとって、救いの時は来世《らいせ》にあるのではなく、現世《げんせ》にあるのであった。現世ですぐさま極楽へ往生するのではなく、来世の往生が約束され、その後の人生を明るく心安らかに過ごしていけるということである。それは経典《きようてん》によると、十劫《じつこう》という途方もない昔に阿弥陀仏が約束してくださったことなのだ。阿弥陀仏の誓願《せいがん》を信じようではないか。親鸞はその阿弥陀信仰をこのように説いている。

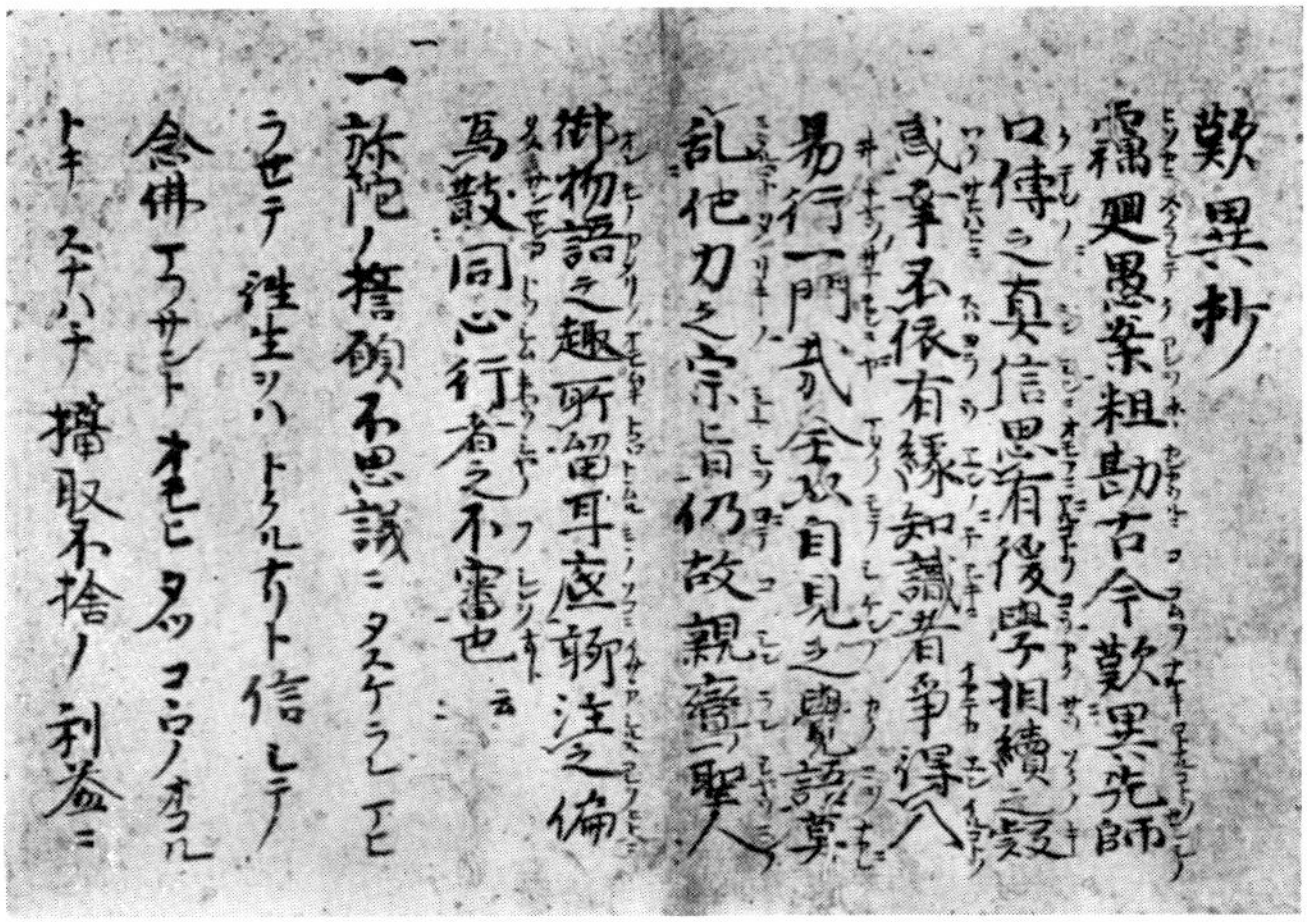

歎異抄
竊回愚案粗勘古今歎異先師口傳之真信思有後學相續之疑惑幸不依有縁知識者争得入易行一門哉全以自見之覺語莫乱他力之宗旨仍故親鸞聖人御物語之趣所留耳底聊注之偏為散同心行者之不審也云々
一　弥陀ノ誓願不思議ニタスケラレマヒラセテ往生ヲハトクルナリト信シテ念仏マフサントオモヒタツコヽロノオコルトキスナハチ摂取不捨ノ利益ニ

『歎 異 抄』古写本（西本願寺）
親鸞の弟子唯円が，親鸞のことば・教説をまとめ，没後生じてきた異議を批判し正意を示そうとしたもの。

信心をえたる人は、かならず正定聚《しょうじょうじゅ》のくらいに住するがゆえに、等正覚《とうしょうがく》のくらいともうすなり。（中略）等正覚を弥勒《みろく》とおなじともうすによりて、信心のひとは如来《にょらい》とひとしともうす。（正嘉《しょうか》元年〔一二五七〕十月十日付の性信《しょうしん》宛て親鸞書状）

【訳】阿弥陀仏への信心を得た人は、必ず正しく極楽往生できることに定まっている立場に入っているので、仏の一歩手前の立場にいるということです。（中略）等正覚というのは仏になることが決まっている弥勒菩薩と同じ立場なので、信心を得た人は阿弥陀如来と等しい、というのです。

【解説】「信心の人」は「弥勒と同じ」で「如来と等しい」というのも、親鸞の阿弥陀信仰の特色である。菩薩は仏（如来）をめざして修行している存在であり、ほとんど仏になることが約束されている。ただし「如来と同じ」ではない。まだ如来にはなっていないからである。

弥陀の本願信ずべし

本願信ずるひとはみな
摂取不捨《せつしゆふしや》の利益《りやく》にて
無上覚《むじようかく》をばさとるなり（「夢告讃《むこくさん》」）

【訳】阿弥陀仏の本願を信じよう。本願を信ずる人は、全員阿弥陀仏の救い摂って捨てないという恩恵により、この上ない境地を得ることができる。

【解説】阿弥陀仏に対する帰依を、親鸞が八五歳のときに作った和讃《わさん》ではこのように表現している。この和讃は、詞書《ことばがき》によれば「康元《こうげん》二歳（一二五七）丁巳《ひのとみ》二月九の夜、寅《とら》の時《とき》の夢に告げて云く」とあるから、寅の時（現在では朝の三時―五時）に夢のなかでいただいた、ということである。

この和讃は簡潔《かんけつ》な表現で、最晩年の透徹《とうてつ》した親鸞の気持をわかりやすく表現しているといえる。

二　法然への信頼

親鸞におきては、「ただ念仏して、弥陀にたすけられまいらすべし」と、よきひとの仰せをこうむりて、信ずるほかに、別《べち》の子細《しさい》なきなり。念仏はまことに浄土にうまるるたねにてやはんべるらん。また、地獄《じごく》におつべき業《ごう》にてやはんべるらん。総《そう》じてもて存知《ぞんち》せざるなり。たとい、

『善信聖人絵』（西本願寺）
本願寺第三世覚如が著した親鸞の伝記。29 歳の春，吉水に法然上人を訪ねて入門する場面。

法然上人《ほうねんしょうにん》にすかされまいらせて、念仏して、地獄におちたりとも、さらに後悔《こうかい》すべからずそうろう。（『歎異抄』二）

【訳】私親鸞は、「他の修行は一切《いっさい》せずに、ただ念仏のみを称えて、阿弥陀仏にお助けいただこう」と、すばらしい師匠である法然上人のご指導をいただいて阿弥陀仏を信ずる以外に、特別のことは何もない。念仏がほんとうに極楽浄土に往生できる種《たね》となるのか。あるいは、地獄に堕《お》ちてしまう原因となるのか。私は全然何も知らない。でも、もし「念仏を称えたら極楽浄土に往生することができるから」と法然上人に騙《だま》されて念仏を称え、その結果地獄に堕ちてしまっても、まったく後悔はしない。

【解説】親鸞が法然に出会ったのは二九歳の時であった。それは九歳で出家してから二〇年も経っていた。そこに至るまでには困難な道が続いていた。

親鸞の父は中級の貴族である日野有範である。日野氏は藤原氏の一族で儒学《じゅがく》を家の仕事としていた。儒学というと、江戸時代の幕府や藩に広く採用された、人間生活を律する役割を果たしたというイメージがある。しかし本来、儒学は政治改革の意欲を沸き立たせるための学問である。

したがって日野一族は、改革をめざす人に協力する形で、時代の転換期にたびたび顔を出す。平安時代末期に平氏政権を倒そうと立ち上がった以仁王《もちひとおう》の学問の師は日野宗業《ひのむねなり》である。鎌倉幕府を倒そうとする後醍醐天皇《ごだいごてんのう》の相談役であった日野資朝《すけとも》や日野俊基《としもと》、夫の足利義政《あしかがよしまさ》に代わって室町幕府を背負った日野富子《とみこ》もいる。そして親鸞の父日野有範《ありのり》は、日野宗業の弟にあたる。

有範の子どもは親鸞を長男として男子ばかり四、五人いたが、有範は親鸞がまだ九歳になる前に出家してしまった。残された子どもたちも全員が次々に出家した。これはただごとではない。全員が出家すればその家は潰《つぶ》れる。いいかえれば、全員が出家して現世に望みを絶つことを表明しなければならないほどの危機に、日野有範家は直面したのである。その危機とは一家の発展を考え、以仁王の挙兵に深く関わってしまったからではないか、というのが一つの有力な説である。この挙兵は失敗したから、以仁王に味方した人たちは当然のように平家から弾圧されることとなる。

出家した親鸞に家族や関係者が期待するのは、僧侶の世界での出世であろう。寺院の世界、特に大寺院では皇族や身分の高い貴族の子弟は大切にされる。それは実家が政治的な力を持っているからであり、豊かな財産があるからである。貴族の出身とはいっても、もともと身分が低く、さらにその家が破滅した親鸞などに誰も目をくれなかった。比叡山での二〇年に及ぶ厳しい修行と多くの悩みの果てに親鸞が得た職は、最下位に近い「堂僧《どうそう》」であった。

二九歳になった親鸞は、出家修行の本来の目的である極楽往生ができるのか、強い不安をいだいた。やがてどうにもたまらなくなり、とうとう京都六角堂《ろっかくどう》に一〇〇日の予定で参籠《さんろう》し、そのお告げを頂こうとする。この寺の本尊救世観音《ほんぞんくせかんのん》は、悩む修行者を導いてくれるとして知られていた。

参籠して九五日目の暁、観音菩薩が現れて、親鸞が極楽往生できることを保証してくれた。また親鸞が悩んでいたらしい結婚のことも、むしろそれを勧める内容のお告げを与えてくれたのである。

これに力を得た親鸞は、そのころ専修念仏《せんじゆねんぶつ》で名高かった東山《ひがしやま》の法然を訪ね、また一〇〇日もの間通《かよ》った。そしてついに専修念仏の道に入り、末法《まつぽう》の世の衆生《しゆじよう》を救おうという阿弥陀仏の誓願を深く信ずるに至った。

法然は親鸞にいきなり専修念仏の道を詳しく説いたのではないと思われる。人間は理屈《りくつ》だけではなかなか動かないものである。まして親鸞は二〇年にわたるさまざまな悩みを抱えていたのであった。その時六九歳の法然は、おそらく、ためらいがちに打ち明ける親鸞の悩みを、そのまま聞いてくれたのではなかろうか。

そのなかで親鸞はしだいに法然に惹《ひ》きつけられ、「阿弥陀仏の救いの力は広大無辺《こうだいむへん》なものだ。どのような悩みを持った者でも、必ず救い摂《と》ってくださる。そのためには、私たちは念仏を称えさえすればよいのだ」という教えが、砂に染み透る水のように、心のなかに入っていったものであろう。

親鸞は一〇〇日間も法然のもとに通った。後年その様子を、妻恵信尼《えしんに》は末娘の覚信尼《かくしんに》に「降《ふ》るにも照《て》るにも、いかなる大風《たいふう》にも（雨の日も日照りの日も、どんな大風の日でも）」と、手紙で伝えている。以後、親鸞は一生の間法然を師匠として崇《あが》め、尊敬したのである。ではなぜここまで法然を信頼できるのか。それを親鸞は『歎異抄』二で二点をあげて説明している。

第一に、私が、他の行《ぎよう》を励むことによって悟りを得ることができる身であったなら、念仏を称えて地獄に堕ちてしまえば、「法然に騙されてしまった」という後悔もあるだろう。しかし私はどんな行であっても、修行して悟りを得るという能力はないのだから、どうあっても地獄に堕ちることが決定的だったのだ。だから「騙された」ということにはならないのだ。

第二は、阿弥陀仏の本願がほんとうならば、それを説いている釈迦の教えも嘘《うそ》ではないだろう。それなら中国の善導《ぜんどう》の、阿弥陀仏の救いについての解説も嘘ではないだろう。善導が正しければ、それを承《う》けた法然の仰せも嘘であるはずがないであろう。

親鸞は以上のように説明している。

本師源空世《ほんじげんくうよ》にいでて
弘願《ぐがん》の一乗《いちじょう》ひろめつつ
日本一州《にほんいっしゅう》ことごとく
浄土の機縁《きえん》あらわれぬ（『高僧和讃』）

【訳】真の師匠である源空（法然）が世のなかに出現し、すべての人々を救いたいという願いの方法を弘めつつあるので、日本全国すべての地域で、極楽浄土に往生できる縁が明らかになった。

【解説】親鸞七六歳のときの作である『高僧和讃』に法然の項を設け（「源空聖人」）、二〇首も記して鑽仰《さんごう》している。その第一首にあるのが右の句である。親鸞が信頼する法然は、親鸞だけではなくすべての人々にとっても、導《みちび》き手《て》となる人なのであった。

三　悪人正機説

善人《ぜんにん》なおもちて往生《おうじょう》をとぐ、いわんや悪人《あくにん》おや。しかるを世《よ》のひとつねにいわく、悪人なお往生す、いかにいわんや善人おやと。この条《じょう》、一旦《いちたん》そのいわれあるににたれども、本願他力《ほんがんたりき》の意趣《いしゅ》にそむけり。（中略）煩悩具足《ぼんのうぐそく》のわれらは、いずれの行《ぎょう》にても生死《しょうじ》をはなるることあるべからざるを哀《あわれみ》たまいて、願《がん》をおこしたもう本意《ほんい》、悪人成仏《あくにんじょうぶつ》のためなれば、他力をたのみたてまつる悪人、もっとも往生の正因《しょういん》なり。よって善人だにこそ往生すれ、まして悪人は。（『歎異抄』三）

【訳】善人だって極楽往生できるのであるから、どうして悪人が往生できないことがあろうか。でも世間の人は「悪人だって極楽往生できる、それなのにどうして善人が往生できないことがあろうか」といっている。この話は、一応もっともであるようにみえるが、阿弥陀仏の本願の考え方に反している。（中略）煩悩をすべて持っている私のような人間は、どんな行でも迷いの世界を出られないのを哀れんで本願を起こされたほんとうの目的は、悪人を救おうというためである。したがって阿弥陀仏の救いを頼る悪人こそ、往生する第一の人間である。そこで善人だって極楽往生できる、まして悪人はなおさら、ということになるのである。

【解説】有名な悪人正機説《あくにんしょうきせつ》である。この場合の悪人とは、他人に被害を及ぼすような悪事を働く者という意味もあるけれども、悪いことをしなければ生きていけない自分、という内省的《ないせいてき》な意味が強い。自分はあまりに悪い人間であるので、自分自身を救うことはできない。そのような人々を哀れんだ阿弥陀仏が、救済の第一の対象にして下さった、それが阿弥陀仏の本願である。これが悪人正機説の考え方である。

悪人正機説は、長い間、親鸞の独創であると考えられてきた。しかし近年、この説は法然とその門下に共通した認識であるとの説が一般的になっている。悪人正機説は親鸞の専売特許《せんばいとっきょ》ではなくなったのである。ただそれにしても、何百年もの間、親鸞と悪人正機説とが結びつけられてきたことの意味は大きいといわねばなるまい。

四　越後への流罪と関東への移住

大師聖人《だいししょうにん》もし流刑《るけい》に処《しょ》せられたまわずは、われ又配所《またはいしょ》に赴《おもむ》かんや。もしわれ配所におもむかずは、何によりてか辺鄙《へんぴ》の群類《ぐんるい》を化せん。（『親鸞伝絵』）

【訳】法然聖人が流罪にされるということがなければ、私も流罪に処せられて配所の越後へ行くということがあったであろうか。もし私が配所へ行かなければ、いったいどのようにして地方の多くの人々を救うことができるであろうか。

【解説】親鸞は、法然のもとで貴族の三善為教《みよしためのり》の娘恵信尼《えしんに》との結婚を果たし、法然門下のなかでも頭角を現わして、順調な生活を送っていた。法然の人気は高く、その専修念仏《せんじゅねんぶつ》の教えは京都内外に急速に広まっていった。念仏を称える集会が各地で開かれ、親鸞もそのなかで活発な活動を行っていたようである。

この勢いに危機感を深めた既成仏教教団《きせいぶっきょうきょうだん》は、専修念仏禁止を何度も朝廷に訴えた。当初は延暦寺《えんりゃくじ》、次には奈良の興福寺《こうふくじ》がその先頭に立った。おもしろいことに、当時の権力者である後鳥羽上皇《ごとばじょうこう》をはじめとする貴族たちは、それらの教団をなだめる側にまわっている。貴族たちは、たとえ従来とはやや異なってはいても、後世《ごせ》の極楽往生を保証してくれる念仏を否定する気にはならなかったのである。

しかしやがて念仏僧と朝廷の女官《にょかん》をめぐるスキャンダルをきっかけに、法然の念仏者集団は大きな弾圧を受けることになった。法然とその門弟八人が流罪《るざい》、四人が死罪ということであった。建永《けんえい》二年（一二〇七）二月のことである。親鸞も越後に流罪となった。

親鸞は恵信尼とともに越後に下った。そのときの親鸞の決心を示すのが右に掲げたことばである。親鸞にとってみれば流罪は理不尽《りふじん》なことに違いない。まして死罪も出たことであるし、怒り、嘆いたであろう。しかし親鸞のこの発言は、この不幸な事態を逆にとらえ、布教者の本来の目的に結びつけて考えることによって前進しようというものである。積極的な生き方というべきである。

一方、流罪の直前の正月、親鸞の伯父日野宗業《ひののむねなり》が越後権介《えちごのごんのすけ》に任命されている。現職の越後国司《えちごこくし》の甥《おい》であるからには、越後における親鸞の日常的な生活は保証されていたに違いない。従来、「越後における親鸞の経済生活は苦しかった」ということが定説のようになっていたが、その見方は改められなければならない。ただし、親鸞の精神生活は別である。意志に反して京都の外に追放され、意欲的であったにしても、苦しい気持を味わったには違いない。

他方ではまた、法然のもとで得た信仰の境地を、地方の農村で生活することによって、じっくりと醸成することにもなったであろう。人々に念仏の教えを説こうという、改めての気持も強くなっていったと思われる。それが流罪がとけても京都に帰らず、まだ見ぬ世界である関東での布教生活につながっていったものと推定される。

親鸞は流罪が許されるまで四年あまり、それから関東に向けて出発するまでさらに二年あまり、合わせて七年を越後で過ごした。そして建保《けんぽう》二年（一二一四）、恵信尼とまだ幼児である二人の子どもを伴って関東に向かった。四二歳であった。

稲田草庵跡

茨城県笠間市にある西念寺は，親鸞が東国布教の拠点の一つとした稲田草庵跡で，『教行信証』初稿本もここで著したという。

専修念仏《せんじゅねんぶつ》のともがらの、我弟子《わがでし》、人の弟子という相論《そうろん》のそうらうらんこと、もってのほかの子細《しさい》なり。親鸞は弟子一人《いちにん》ももたずそうろう。そのゆえは、我はからいにて、ひとに念仏をもうさせそうらわばこそ、弟子にてもそうらわめ。ひとえに弥陀のおもよおしにあずかって、念仏もうしさうろうひとを、わが弟子ともうすこと、きわめたる荒涼《こうりょう》のことなり。（『歎異抄』六）

【訳】専修念仏を信奉する人たちのなかで、師と呼ばれている人た

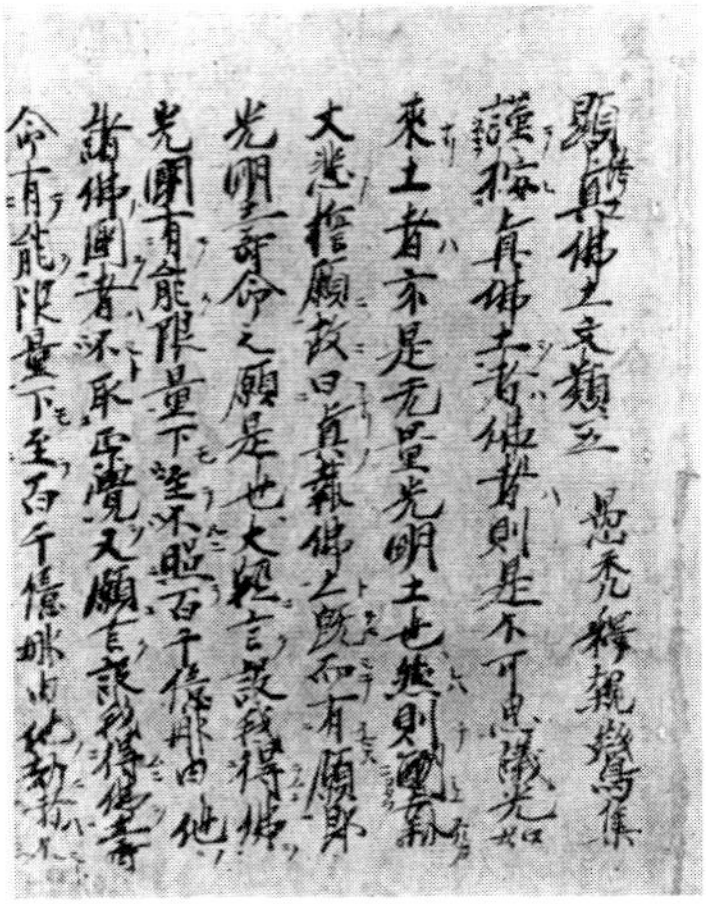

『教行信証』坂東本（東本願寺）
親鸞が，諸経典や浄土教家の論釈を
撰び解説した，浄土真宗の根本経典。

ちが弟子の取り合いをして、「彼は私の弟子だ、他人が自分の弟子だといっているのはけしからん」などと揉めていることがあるらしいが、それはもってのほかのことである。私親鸞は弟子を一人も持っていない。その理由は、私の力で人に念仏を称えさせて極楽往生させてあげられるのだったなら、私の弟子ということもできよう。しかし一〇〇パーセント阿弥陀仏が準備して下さることによって念仏を称える人を、私の弟子ということはとんでもないことだ。

【解説】親鸞の関東での住所は、稲田草庵《いなだのそうあん》（茨城県笠間市稲田）、小島草庵《おじまのそうあん》（茨城県下妻市小島）、三谷草庵《みやそうあん》（栃木県真岡市三谷）、大山草庵《おおやまのそうあん》（茨城県東茨城郡城里町阿波山）などが知られている。どこに何年住んだかなどは明確ではないが、関東在住は合計約一八年である。のち、六〇歳のころに京都に帰ったと推定されている。それまでに関東で多くの門弟を獲得したことは間違いない。主著となった『教行信証《きょうぎょうしんしょう》』も執筆している。この本には、親鸞が五二歳の時の年号である「元仁《げんにん》元年（一二二四）」が記されている。

親鸞は関東でいろいろな問題に直面したであろう。門弟が増えてくると、他の僧侶とその門弟の取り合いになったこともあろう。門弟は寄付を持ってきてくれるから、生活の財政的基盤ともなっている。右に掲げたのは、門弟がその門弟、いわば孫弟子の取り合いについて述べたことばである。また人と争うことも戒めているのである。

五　自然法爾

自然《じねん》というは、自《じ》はおのずからという。行者《ぎょうじゃ》のはからいにあらず、しからしむるということばなり。然《ねん》というは、しからしむるということば、行者のはからいにあらず、如来《にょらい》のちかいにてあるがゆえに。法爾《ほうに》というは、この如来のおんちかいなるがゆえに、しからしむるを法爾という。法爾というは、このおんちかいなるがゆえに、すべて行者のはからいのなきをもて、この法のとくゆえにしからしむというなり。（「顕智の聞き書き」）

【訳】 自然というのは、自はおのずからということで、念仏の行者の意図でどうこうできることではなく、そのようになるということである。然というのは、そのようにさせるということで、これも行者の意図で行えることではない。なぜなら阿弥陀仏の誓願によってそうなるのであるから。法爾というのは、この阿弥陀仏の誓《せい》願《がん》なのであるから、すべて行者の意図がない状態で、法の徳によってそのようになるということなのである。

【解説】 親鸞は六〇歳ころに京都へ帰った。その後は『教行信証』を完成させる努力をしたり、また法然の書き物を集めて『西方指南抄《さいほうしなんしょう》』を編纂《へんさん》したり、そしてまた手紙によって東国の門弟たちを指導したりする生活を送った。

親鸞が東国を離れて二〇年も経つと、門弟間にいろいろな問題が起こってくる。特に念仏に対する理解がどうしても異なってしまうのである。その解決のために息子の善鸞《ぜんらん》を送ったが、親鸞が思ったとおりの成果は上がらなかった。東国の門弟からの善鸞に対する非難も多かった。親鸞は困惑した。

しかし考えてみれば、念仏理解についてはいつの時代でも起こっているのである。法然門下においてさえ、そうであった。たとえば、救われるためには念仏は一回だけ称えればよいのか、あるいはずっと称え続けなければいけないのか。前者を一念義《いちねんぎ》といい、後者を多念義《たねんぎ》といい、その対立は深刻な問題であった。また法然の信心と門弟の信心と同じかどうかという問題でも、門弟たちの間でもめた。

従来、関東の親鸞の門弟たちの信仰は正しく、善鸞は誤っていた、善鸞は父親鸞の教えに背いた親不孝者である、そしてついに親鸞は善鸞を勘当《かんどう》した、という説が一般的であった。しかし、関東に住む門弟たちはそれぞれの地域の生活に合わせて親鸞の信仰を受けとめていたのである。今日から正確に検討すれば、親鸞の信仰とは異なっていることが多かった。それに対して、善鸞は昨日まで京都で親鸞の教えを学んでいたのである。どちらが親鸞の信仰に近いかといえば、それは善鸞であろう。善鸞の勘当をいう史料の信憑性《しんぴょうせい》をも含めて、初期浄土真宗史における善鸞問題は再検討されねばならない。

ただし、善鸞を関東に送ったことで大問題が起きたことは事実である。やがては善鸞が、他の関東在住の門弟たちと同様、親鸞とは異なる信仰を説いたことも窺《うかが》われる。

ショックを受けた親鸞は、自分の若いころからの信仰生活を振り返った。これでよかったのだろうか。それを振り返るために親鸞が取った方法は、昔自分が書いたものを書き写し、あるいは新たに執筆することであった。今日に残されている親鸞の著書・和讃の類で、親鸞八三歳から八五歳までの三年間に書かれたものは全体の三分の二の分量に及ぶ。八二歳から八六歳までの五年間なら、なんと全体の五分の四以上にも及ぶのである。ひるがえって、親鸞五〇代の執筆で残っているものは二点ほどしかない（四〇代以前のものはない）、六〇代・七〇代も少ない。なんと善鸞問題が発生したからこそ、親鸞筆の書物の圧倒的多数が今日に伝えられ、その思想を詳しく知ることができるのである。親鸞に関心がある者は善鸞に感謝しなければなるまい。

親鸞の気持も治まって平静に戻った八六歳のとき、自然法爾《じねんほうに》の思想を門弟の顕智《けんち》に述べたのが前掲の史料である。つまりは人間の働きによって救済があるというのではないということである。すべては阿弥陀仏の力である。全部、阿弥陀仏にお任せしよう。人生の大問題を乗り越えた親鸞の心境をここに見ることができる。親鸞最晩年の自然法爾の思想である。

この悲願《ひがん》ましまさずは、かかるあさましき罪人いかでか生死《しょうじ》を解脱《げだつ》すべきとおもいて、一生《いっしょう》のあいだもうすところの念仏は、みなことごとく如来大悲《にょらいだいひ》の恩《おん》を報《ほう》じ徳《とく》を謝《しゃ》すと思《おもう》べきなり。

（『歎異抄』一八）

【訳】阿弥陀仏のすべての衆生を救おうという悲願がなければ、私のようなひどい罪人がどうして極楽往生できるものかと思って一生の間に称える念仏は、みな全部阿弥陀仏の恩に報い、その徳を感謝する行いであると思うべきである。

【解説】念仏理解についての親鸞の特色の一つは、それを報謝《ほうしゃ》で説いたことである。阿弥陀仏に対する報謝の念は、やがて人間関係にも良好な関係をもたらす。報謝の気持で家族・友人・知人に接すれば、おだやかで円満な関係が築けるというものである。

如来大悲《にょらいだいひ》の恩徳《おんどく》は
身《み》を粉《こ》にしても報《ほう》ずべし
師主知識《ししゅちしき》の恩徳《おんどく》も
ほねをくだきても謝《しゃ》すべし（「恩徳讃《おんどくさん》」『正像末浄土和讃《しょうぞうまつじょうどわさん》』）

【訳】阿弥陀如来からいただいた恩と徳は、身が粉になるほど努力しなければならなくても、感謝して報いよう。師匠やよき指導者からいただいた恩と徳は、骨が砕けるほど働かなければならなくても、感謝して報いよう。

【解説】この「恩徳讃」は親鸞八五歳の時の和讃《わさん》である。以後、浄土真宗の関係者に非常に大きな影響を与え、今日でも法要の最後や他の寺院に参詣《さんけい》したときなどに、必ず皆で唱和《しょうわ》するものである。「恩徳讃」を作って五年後、自然法爾《じねんほうに》の思想を示して四年後、親鸞は娘の覚信尼《かくしんに》や門弟たちに見守られて京都で亡くなった。

出　典　『親鸞集　日蓮集』（日本古典文学大系八二）岩波書店、一九六四年。

参考文献　今井雅晴著『親鸞の家族と門弟』法蔵館、二〇〇二年。草野顕之編『信の念仏者　親鸞』（日本の名僧八）吉川弘文館、二〇〇四年。

18 道元《どうげん》

一二〇〇―五三

日本曹洞宗《そうとうしゅう》の開祖。正治《しょうじ》元年（一二〇〇）村上源氏《むらかみげんじ》の家系である京の久我《こが》家に生まれた。父は久我通親《みちちか》、母は九条（藤原）基房《もとふさ》の娘とされるが、通親の子通具《みちとも》が父ともいわれる。一四歳で天台座主《てんだいざす》公円《こうえん》について得度《とくど》し、天台教学を学ぶが、そこで感じた疑問を解決することができず、三井寺《みいでら》公胤《こういん》にすすめられて建仁寺《けんにんじ》へ赴く。栄西《えいさい》の弟子明全《みょうぜん》に師事し、貞応《じょうおう》二年（一二二三）明全の侍者として入宋《にっそう》し、諸師歴参ののち天童如浄《てんどうにょじょう》に参じてその法を嗣《つ》ぐ。安貞《あんてい》元年（一二二七）に帰国して建仁寺に寄寓《きぐう》し、『弁道話《べんどうわ》』『普勧坐禅儀《ふかんざぜんぎ》』を著している。天福《てんぷく》元年（一二三三）深草《ふかくさ》（京都市）に高床式坐禅牀《たかゆかしきざぜんしょう》の坐禅堂を備えた興聖寺《こうしょうじ》を建立《こんりゅう》し、本格的修行を指導するとともに、『正法眼蔵《しょうぼうげんぞう》』の撰述示衆《せんじゅつじしゅ》を開始した。寛元《かんげん》二年（一二四四）檀越波多野義重《だんおつはたのよししげ》や達磨宗徒の勧めで越前《えちぜん》（福井県）に移って大仏寺《だいぶつじ》を建立し、寛元四年には寺名を永平寺《えいへいじ》と改めた。

宝治《ほうじ》元年（一二四七）招かれて鎌倉に赴き、執権北条時頼《ほうじょうときより》と法談するなど、一年ほど滞在したが翌年には帰山した。建長《けんちょう》五年（一二五三）病のため京都の俗弟子覚然《かくねん》宅に移り、五四歳で示寂《じじゃく》した。

『正法眼蔵』のほか、『永平広録《えいへいこうろく》』『典座《てんぞ》教訓《きょうくん》』『学道用心集《がくどうようじんしゅう》』など多くの撰述がある。

一　修行とは何か

顕密《けんみつ》二教共に談ず、本来本法性《ほんらいほんぽっしょう》天然自性身《てんねんじしょうしん》と。もし此《かく》の如《ごと》くならば、三世《さんぜ》の諸仏なにに依《よ》りてかさらに発心《ほっしん》して菩提《ぼだい》を求むるや。（『建撕記《けんぜいき》』）

道　元　像（宝慶寺）

【訳】天台宗で教えている顕教《けんぎょう》でも密教《みっきょう》でも、「人間には本来仏性《ぶっしょう》が備わっている」と説いている。もしもそうであるならば、なぜ諸仏は改めて菩提心を発し、悟りを求めて修行するのか。

【解説】道元は出家以来、建仁寺へ移る一八歳のころまで、比叡山で学んだ天台宗の僧侶である。一切経《いっさいきょう》を二度読んだともいうが、その結果、道元自身に右のような疑問が生じたと『建撕記』は伝えている。つまり、もともと仏性が備わっているのであれば、わざわざ改めて発心《ほっしん》し、厳しい修行をする必要などないのではないか、という疑問である。さらに叡山《えいざん》の学僧たちは、誰もこの疑問に答えられなかったとされ、曹洞宗では「大疑《だいぎ》団《だん》」といい、それほど道元の疑問は高度なものであったとする。しかし、天台教学の立場からみるとき、道元が抱いたとされる疑問は、ある意味でまことに基本的かつ初歩的な疑問といえるのである。しかし『建撕記』によるかぎり、この疑問が建仁寺を経由して、中国天童山《てんどうさん》で正師《しょうし》如浄《にょじょう》のもとに至る出発点になる。

鎌倉期に成立した諸宗派の祖師たちの多くが、叡山仏教から出発して新たな教えを掲げたことについて、つねに問題とされるのが比叡山の僧たちの堕落《だらく》である。たしかに、そのことを窺《うかが》わせる史料は少なくない。さらには、当時の叡山仏教を席巻《せっけん》していたのが、「煩悩即菩提《ぼんのうそくぼだい》、生死即涅槃《しょうじそくねはん》」という本覚《ほんがく》思想であり、ややもすると修行無用論に陥《おちい》りやすいものであったことも、その背景となっていたかも知れない。道元の、きわめて初歩的にして基本的な疑問は、周囲の実践的な修行を放棄した僧たちに対する、根源的な疑問だったのではないだろうか。この根源的な疑問に対する回答を求めた道元が、如浄のもとでの修行を経てたどり着いたのは、彼のいう「正伝《しょうでん》の仏法」、すなわち釈尊《しゃくそん》以来、正しい修行によって仏道を究めた祖師たちが、連綿と伝えてきた真に正しい仏法だったといえる。

山僧《やまぞう》、近前《ちか》づきて、すなわち典座《てんぞ》の法寿《ほうじゅ》を問う。座云《ざい》う、「六十八歳なり」と。山僧云う、「如何《いかん》何ぞ行者《あんじゃ》・人工《にんく》を使わざる」と。座云う、「他《かれ》は是《こ》れ吾《わ》れにあらず」と。山僧云う、「老人家《ろうにんけ》、如法《にょほう》なり。天日《てんじつ》かつ恁《かく》のごとく熱し、如何《いかん》ぞ恁地《かくのごとく》にする」と。座云う、「更《さら》に何《いず》れの時をか待たん」と。山僧、すなわち休《きゅう》す。（『典座教訓《てんぞきょうくん》』）

【訳】私が典座和尚に近づいて年齢を尋ねたところ、「六十八歳である」といわれた。私が「どうして下働きの者にやらせないのですか」というと、「他人に頼んだのでは私の修行にならない」といわれる。私は、「御老僧のいわれる通りです。それにしても、このように厳しい暑さの中でされなくてもよいではありませんか」といったが、典座和尚に「今やらないで何時やるのか」といわれ、私は何もいえなかった。

【解説】道元は、比叡山で抱いた疑問に対する回答を求め、栄西《えいさい》が開いた建仁寺へと赴く。道元と栄西が実際に対面したかどうかは明らかではなく、結果的に栄西の弟子明全《みょうぜん》に伴われて入宋《にっそう》する。当時の中国では、日本天台宗において最澄が定めた、大乗《だいじょう》菩薩戒《ぼさつかい》によって一人前の僧（比丘《びく》）になるという制度が認められておらず、東大寺で受ける具足戒《ぐそくかい》のみが認められていた。同行した明全は、すでに比叡山で菩薩戒を受けていたが、入宋を前提として、改めて東大寺へ赴いて具足戒を受けている。道元もそのことは承知していたようであるが、なぜか具足戒を受けることなく入宋したようで、それがためか寧波《ニンポー》に着岸した船中に止められる。

寧波の船中で過ごす間、たまたま食材を買い付けに訪れた阿育王山《あいくおうざん》の典座和尚と、船で一晩語り合おうと提案したが、あっさり拒否される。典座とは禅院《ぜんいん》の食事を担当する役職であり、おそらく道元は下働きと考えていたのであろう。その典座和尚から、「あなたは修行の意味を理解していない」と諭《さと》されたのである。さらに天童山で修行することになった道元は、炎天下に海藻を干す年老いた典座和尚との対話を書きとどめている。なぜ下働きを使わないのかと問う道元に、自分の修行を他人任せにはできないと老典座は答え、ならばもっと涼しい時間帯にやればどうかといわれて、今という時は二度とは戻らないのだから、今を逃して修行の時はないと答えている。

あるいは天童山の老典座が、そこまで深い意味を込めて答えたのかどうか、明らかではない。しかし、自分がさほど重要な役職とは思っていなかった典座和尚から、立て続けに食らわされた痛棒を、道元自身が主体的に受け止めたからこそ、『典座教訓』というほかに類を見ない、食事を作る心構えを説く撰述につながるのである。

天童《てんどう》、五更《ごこう》に坐禅するに、入堂《にゅうどう》して巡堂す。衲子《のうす》の坐睡《ざすい》するを責《せ》めて云う、「坐禅は身心脱落《しんじんだつらく》なり、祗管《しかん》に打睡《だすい》してなにをかなさん」と。師、聞いて豁然《かつねん》として大悟《たいご》す。早晨《そうしん》、方丈《ほうじょう》に上《のぼ》りて焼香礼拝《しょうこうらいはい》す。天童、問うて云う、「焼香のこと作麼生《そもさん》」と。師云う、「身心脱落し来る」と。天童云う、「身心脱落、脱落身心」と。師云う、「這箇《しゃこ》は是れ暫時《ざんじ》の伎倆《ぎりょう》、和尚乱《みだり》に某甲《それがし》を印《いん》することなかれ」と。天童云う、「吾、乱に儞《なんじ》を印せず」と。師云う、「如何なるか是れ乱に印せざるの底《てい》」と。天童云う、「脱落、脱落」と。（『三祖行業記《さんそぎょうごうき》』）

【訳】天童山の如浄《にょじょう》禅師が、明け方の坐禅の際に堂内を見回って、坐禅しながら居眠りしている僧を叱って、「坐禅は身も心もなげうって打ち込むべきなのに、このように居眠りしてどうするのか」といった。これを聞いていた道元は、忽然《こつねん》と悟りを開いた。早朝に方丈《ほうじょう》に赴いて焼香礼拝すると、如浄禅師が「そのように焼香して、どうしたというのか」と問われた。道元が、「身と心の区別を捨て去ってきました」というと、如浄禅師は「身心と脱落との区別すら残ってはいけないよ」といわれた。道元は、「私の理解が真の仏法にかなったものかどうか、禅師様、簡単にお認めにならないで下さい」といったが、如浄禅師は、「私は簡単に君の理解を認めたわけではないよ」といわれた。道元が、「簡単に認めなかったことをお示し下さい」というと、如浄禅師は、「捨て去ったという事実しか残っていないよ」といわれた。

【解説】道元のもっとも古い伝記史料と思われる『三祖行業記』が伝える、中国天童山の如浄のもとで悟りを開いたときのやりとりである。両者の間で交わされた「身心脱落《しんじんだつらく》」という語は、「祗管打坐《しかんたざ》」「修証一等《しゅしょういっとう》」「本《ほん》証妙修《しょうみょうしゅう》」などとともに、道元が説く仏法を端的に語る語句とされている。道元の修行の道は、比叡山で抱いた疑問から出発している。この身に仏性が内包されているのだから、迷いと悟りは別のものではないし、凡夫《ぼんぷ》の生死《しょうじ》はそのまま仏陀の涅槃《ねはん》であるという、本覚《ほんがく》思想が叡山仏教を席巻していた。それに対する根源的な疑義への回答を求めて、建仁寺から明全《みょうぜん》とともに入宋《にっそう》し、幾人かの祖師に失望した末に出逢った如浄のもとで、はじけるように道元の心に響いたのが、「身心脱落」の語である。

　単純に解釈すれば、この身の内に仏性があるというとらえ方は、身と心、精神と肉体とを別のものとしてとらえているが、もともと身心を分けることなどできないのであるから、身心は別のものではないと見なければならない、ということになろう。しかし、「身心脱落した」という道元に対して如浄は、「脱落身心」と言い換えることによって、「身心の区別を脱落する」というような、思量分別《しりょうふんべつ》による理解ではだめだと諭し、最後には脱落という事実のみが自己と同化しなければならない、と締めくくっているのである。帰国した道元は、『弁道話』において「予《よ》、かさねて大宋国におもむき、知識を両浙《りょうせつ》にとぶらい、家風《かふう》を五門《ごもん》にきく。ついに太白峰《たいはくほう》の浄（如浄）禅師に参じて、一生参学《いっしょうさんがく》の大事《だいじ》ここにおわりぬ」と述懐している。つまり、中国へ行って諸方の善知識を訪ねて禅の教えを学んだが、ついに如浄禅師に出会ったことで参学の目的を果たした、ということである。正師如浄から会得《えとく》した正しい教えを弘めるために、道元が天童山を離れたのは宝慶《ほうきょう》三年（一二二七）七月であり、如浄が示寂したのはその直後である。

宗門の正伝《しょうでん》にいわく、この単伝正直《たんでんしょうじき》の仏法は、最上《さいじょう》のなかに最上なり。参見《さんけん》知識《ちしき》のはじめより、

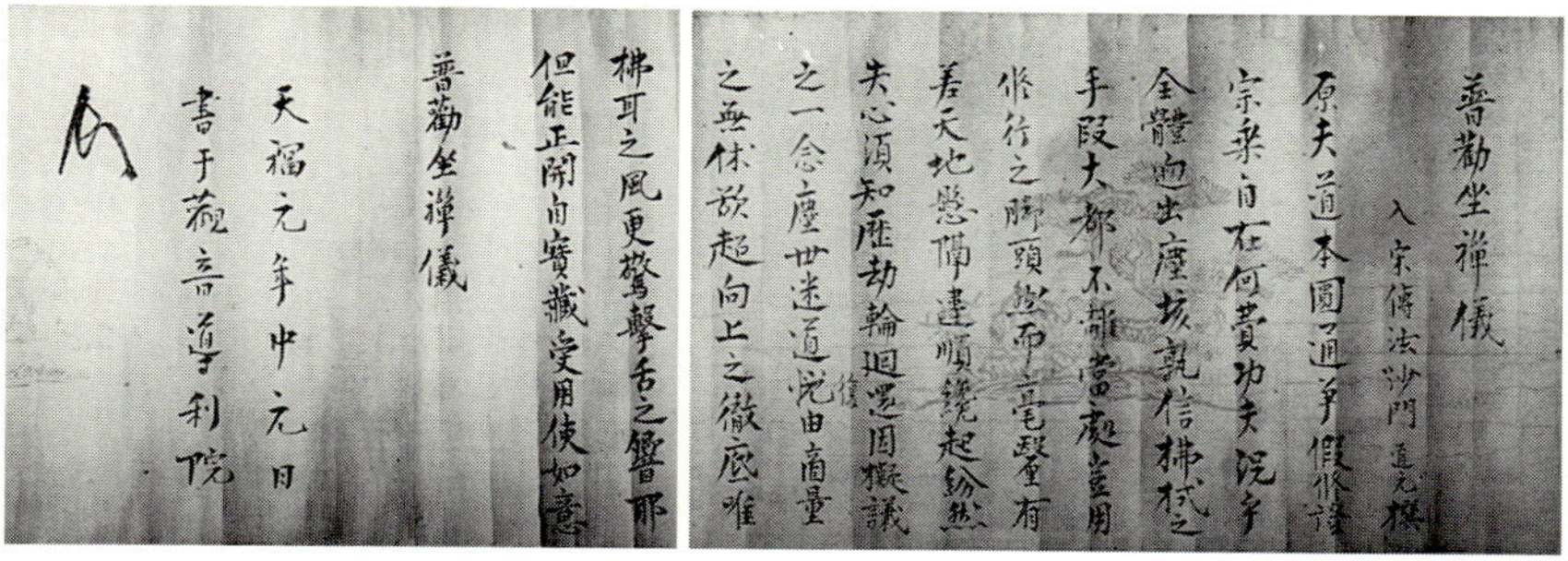
普勧坐禅儀
入宋伝法沙門道元撰
原夫道本圓通爭假修證
宗乗自在何費功夫況乎
全體逈出塵埃孰信拂拭之
手段大都不離當處豈用
修行之脚頭者然而毫釐有
差天地懸隔違順纔起紛然
失心須知歴劫輪廻還因擬議
之一念塵世迷道尚由商量
之無休欲超向上之徹底唯

拂耳之風更驚擊舌之響耶
但能正開自寶藏受用使如意
普勧坐禅儀
天福元年中元日
書于觀音導利院

『普勧坐禅儀』（永平寺）
坐禅の仕方や心得を示し，広く人々に禅を進めようとするもの。

さらに焼香・礼拝《らいはい》・念仏・修懺《しゆさん》・看経《かんきん》をもちいず、ただし打坐《たざ》して身心脱落することをえよ。

もし人、一時《いちじ》なりというとも、三業《さんごう》に仏印《ぶつちん》を標し、三昧《ざんまい》に端坐《たんざ》するとき、遍法界《へんほつかい》みな仏印となり、尽虚空《じんこくう》ことごとくさとりとなる。（『弁道話』）

【訳】私が伝えた正しい仏法においては、釈尊《しやくそん》から代々伝えられてきた教えが、この上もないすばらしい教えであると示されている。祖師について修行するに際しては、ことさらに焼香《しようこう》・礼拝・念仏・修懺・看経などに心を奪われず、ひたすら坐禅して身と心の区別を捨て去ることを目指しなさい。

もしも一時でも、身と口と心のすべてをなげうって正しい仏法を信じ、ひたすらに坐禅すれば、我が身を取り巻くすべてが仏法の真実であり、全世界が悟りの世界となるのである。

【解説】道元の仏法を表す語として「祇管打坐《しかんたざ》」があるが、これはひたすら坐禅をするという意味であり、『弁道話』の「焼香・礼拝・念仏・修懺・看経をもちいず」という表現を見ても、道元は坐禅以外の実践を認めていないように思われる。『正法眼蔵』「坐禅箴《ざぜんしん》」でも、有名な中国の宏智正覚《わんししようがく》の

「坐禅箴」という一文を挙げつつ、最後に「おおよそ仏祖《ぶっそ》の児孫《じそん》、かならず坐禅を一大事なりと参学すべし」という文で結んでいる。しかし、「三業に仏印を標」するという表現は、必ずしも坐禅だけをしてほかに何もしないという意味ではないと思われる。むしろ、祗管打坐を貫く姿勢であらゆる修行に没頭すれば、自己の修行が仏行になるのだし、自己を取り巻く世界に仏法が満ちあふれているのであり、何か一つの実践が悟りへ導いてくれるわけではないと主張している、と考えるべきである。

二　身心脱落

とうていわく、あるがいわく、「生死《しょうじ》をなげくことなかれ、生死を出離《しゅつり》するにいとすみやかなるみちあり。いわゆる心性《しんしょう》の常住《じょうじゅう》なることわりをしるなり。そのむねたらく、この身体は、すでに生《しょう》あればかならず滅にうつされてゆくことありとも、この心性はあえて滅する事なし。よく生滅《しょうめつ》にうつされぬ心性わが身にあることをしりぬれば、これを本来の性《しゃう》とするがゆえに、身はこれかりのすがたなり、死此生彼《ししししょうひ》さだまりなし。心はこれ常住なり、去来《きょらい》現在かわるべからず。かくのごとくしるを、生死をはなれたりとはいうなり、このむねをしるものは、従来の生死ながくたえて、この身おわるとき性海《しょうかい》にいる。性海に朝宗《ちょうしゅう》するとき、諸仏如来のごとく妙徳まさにそなわる。いまはたといしるといえども、前世《ぜんせ》の妄業《もうごう》になされたる身体なるがゆえに、諸聖《しょしょう》とひとしからず。いまだこのむねをしらざるものは、ひさしく生死にめぐるべし。しかあればすなわち、ただいそぎて心性の常住なるむねを了知《りょうち》すべし。いたずらに閑坐《かんざ》して一生すぐさん、なにのまつところあらん。」

かくのごとくいうむね、これはまことに諸仏諸祖の道にかなえりや、いかん。しめしていわく、いまいうところの見《けん》、またく仏法にあらず。先尼外道《せんにげどう》が見《けん》なり。いわく、かの外道《げどう》の見は、わが身うちにひとつの霊知《れいち》あり、かの知、すなわち縁にあうところに、よく好悪《こうお》をわきまへ、是非《ぜひ》をわきまう。痛痒《つうよう》をしり、苦楽《くらく》をしる、みなかの霊知のちからなり。しかあればかの霊性《れいしょう》は、この身の滅するとき、もぬけてかしこにうまるるゆえに、ここに滅すとみゆれども、かしこの生あれば、ながく滅せずして常住なりというなり。かの外道が見《けん》、かくのごとし。(『弁道話』)

【訳】ある人が、「生死を超越することは簡単なことである。不滅の心性が存在することを知ればよい。つまり、人は生まれたからには必ず死ぬのだけれど、心性はけっして滅しない。生死に関わらない心性の存在を知れば、これが人間の本体なのであるから、肉体は生滅するけれども、心性は不変である。このことを理解すれば生死は超越できる。そうすれば迷いの中の生死を離れて、悟りの世界にいたり、諸仏と同じ徳が備わるのである。

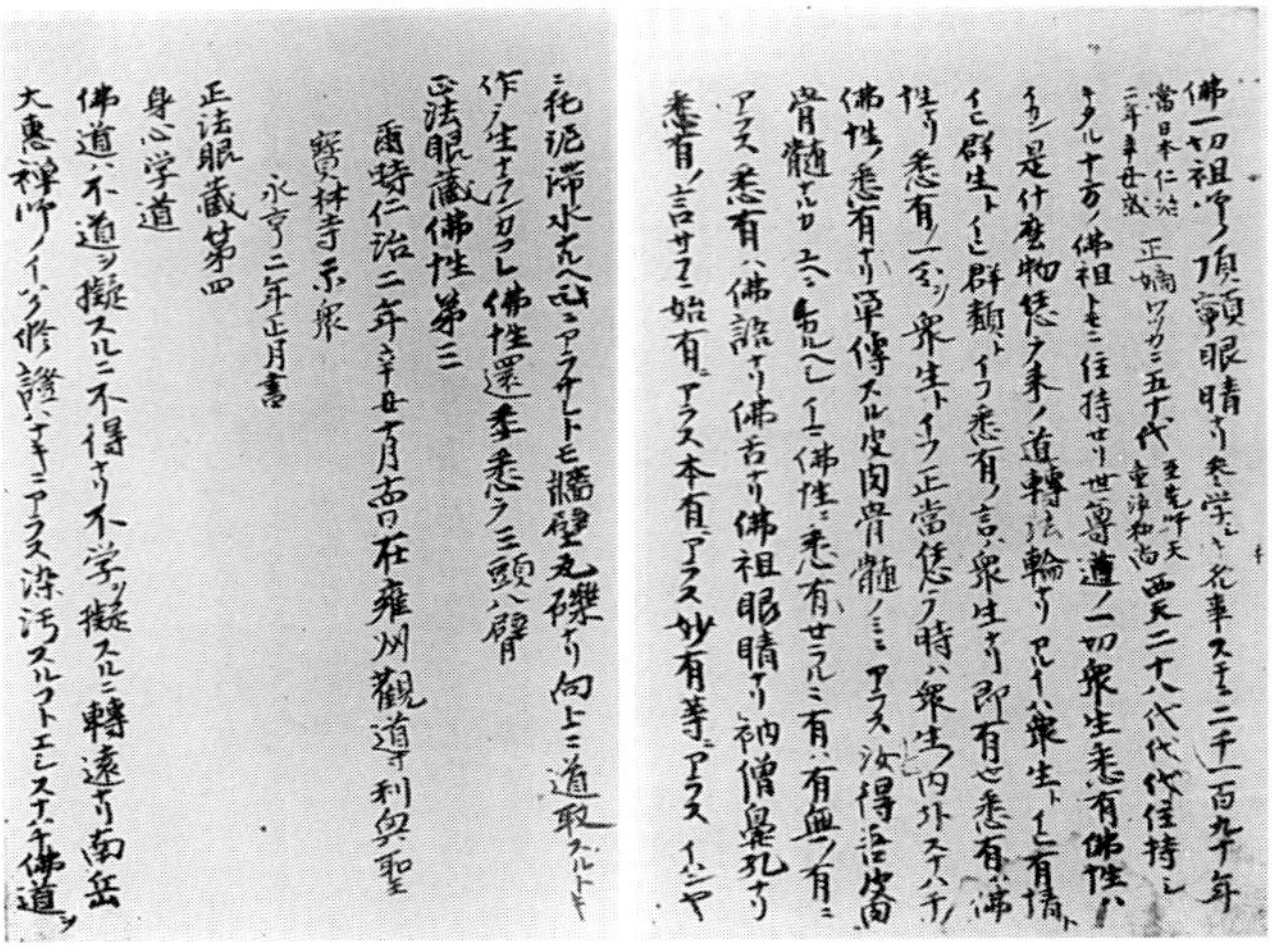

『正法眼蔵』乾坤本（乾坤院）
日本曹洞宗の根本経典で，寛喜 3 年（1231）の「弁道話」から建長 5 年（1253）の 23 年間に道元が説示したものを集めた法語集。

いまは、そのことを知ったとしても、前世の悪業によって生死に迷う肉体を離れていない。このことを理解しない者は、永く生死に迷うのであるから、早く常住不変の心性の存在を知るべきである。ただ坐禅するだけで一生を過ごしていては、何が期待できようか」というのだけれど、これは正しい仏法の教えなのか、どうか。

いまいうような見解は、まったく仏法とかけ離れた、外道の考え方である。

そのような外道がいうには、肉体の中に霊知が存在し、それによって、物事の善悪をわきまえたり、痛みや苦しみ楽しみを知るのであり、しかもその霊知・霊性は、人が死んで肉体が滅しても、抜け出して別の肉体に宿るのであるから、いったん滅したように見えても、別の肉体に移って滅することがない、というのである。これが外道の考え方である。

【解説】『弁道話』は、道元の主著である『正法眼蔵《しょうほうげんぞう》』の首巻ともされ、帰国して寄寓していた建仁寺から、洛《らく》南深草《なんふかくさ》（京都市）の地に移った直後に著した、自らの仏法の立場を表明する撰述である。一八の問答で構成されているが、その中でも不滅の霊魂を否定する道元の立場として、しばしば引かれる部分である。

ここでいわれる霊知・霊性を、今日でも話題となる、いわゆる霊魂と同一視してよいかどうかは、意見の分かれるところであるが、道元の修行の出発点となった「本来本法性《ほんらいほんぽっしょう》、天然自性身《てんねんじしょうしん》」の疑問や、悟りの機縁《きえん》となった「身心脱落」の語とも、重要な関係があると思われる。

つまり、この身の内に仏性が宿っているという考え方は、行動において多少の破戒行為があったとしても、内なる仏性が失われないかぎり、僧としての資格も保障されるということであり、発心《ほっしん》し修行して菩提に到るという仏教本来の立場を放棄することになってしまうのである。その疑問に対する答えとして道元がたどり着いたのが、如浄のもとでの「身心脱落」、つまり身と心、あるいは精神と肉体というような区別が抜け落ちきったところに、真の仏道修行があるというものである。

ある意味で、この『弁道話』で示された道元の立場は、自らの仏法を弘める道場である興聖寺《こうしょうじ》（京都市、現在は宇治市）や永平寺（福井県）で説示された『正法眼蔵』全体を貫く、根本的思想であるといえる。以下に紹介するような、悟りや迷いに関する道元の立場を見ても、けっして精神や心だけの救済を説いたり、肉体の存在を否定していないことは明らかである。

自己をはこびて万法《ばんぽう》を修証《しゅしょう》するを迷《めい》とす、万法すすみて自己を修証するはさとりなり。迷を大《だい》悟《ご》するは諸仏なり、悟《ご》に大迷《だいめい》するは衆生《しゅじょう》なり。さらに悟上《ごじょう》に得悟《とくご》する漢《かん》あり、迷中又迷《めいちゅうゆうめい》の漢あり。諸仏のまさしく諸仏なるときは、自己は諸仏なりと覚知《かくち》することをもちいず。しかあれども諸仏なり、仏を証《しょう》しもてゆく。

（中　略）

仏道をならうというは、自己をならう也。自己をならうというは、自己をわするるなり。自己をわするるというは、万法に証《しょう》せらるるなり。万法に証せらるるというは、自己の身心《しんじん》および他己《たこ》の身心をして脱落《だつらく》せしむるなり。（『正法眼蔵』「現成公案《げんじょうこうあん》」）

【訳】自分が悟ることで世界が変わると思うのは迷いで、もともと真実の現れである世界の中に自分も存在していることに気づけば、それは悟りである。煩悩を見すえるのが諸仏であり、悟りに拘泥《こうでい》するのが凡夫《ぼんぷ》である。悟りに安住することなく向上する修行者もいれば、ますます迷いを深める修行者もいる。諸仏自身が自らを諸仏であるなどと意識はしない。それでも諸仏であり、自らの実践によって諸仏であることを証明し続けるのである。

（中　略）

仏道修行とは自らを知ることであり、自らを知るとは自分の中の自我意識を捨てることであり、自我意識を捨てるとは、もともと真実の現れである世界の中に自分も存在していることに気づくことであり、それは自分自身も他人も、一切の束縛から自由になることである。

【解説】「現成公案《げんじょうこうあん》」は、道元が洛南深草（京都市）に興聖寺を開創した天福元年（一二三三）、鎮西《ちんぜい》（九州）の俗弟子《でし》楊光秀《ようこうしゅう》に書き与えた説示《せつじ》である。悟りについて直接に言及した内容であるが、ここでのキーワードも「脱落」である。叡山仏教の本覚《ほんがく》思想でいうように、無前提に凡夫と諸仏、悟りと迷いを同一視するような立場とは異なり、坐禅に象徴される自らの修行が、正しい教えにしたがって実践されることを条件として、それを仏行と見るのであり、そのかぎりでは、自我意識を捨て去り、修行と悟りの区別が忘れ去られたとき、修行者は悟りの世界に包摂されていると説いている。

『弁道話《べんどうわ》』でも、「それ、修証《しゅしょう》はひとつにあらずとおもえる、すなわち外道《げどう》の見《けん》なり。仏法には、修証これ一等なり。いまも証上《しょうじょう》の修《しゅ》なるゆえに、初心の弁道すなわち本証の全体なり（修行と悟りを別ものと見るのは外道の見解である。正しい仏法の教えにおいては、修行と悟りは一つである。正しい修行はつねに悟りに裏打ちされたものであるから、発心したばかりの修行が、そのまま悟りの全体である）」と、厳しく戒めている。道元の仏法を言い表す「祇管打坐」や「本証妙修」、そして「修証一等」は、すべて「身心脱落」を前提としており、極言すれば「脱落」の一語に集約されるのではないだろうか。

三　正伝の仏法

即心是仏《そくしんぜぶつ》とは、発心《ほっしん》・修行・菩提《ぼだい》・涅槃《ねはん》の諸仏なり。いまだ発心・修行・菩提・涅槃せざるは、即心是仏にあらず。たとい一刹那《いっせつな》に発心修証《しゅしょう》するも即心是仏なり、たとい一極微中《いちごくみちゅう》に発心修証するも即心是仏なり、たとい無量劫《むりょうごう》に発心修証するも即心是仏なり、たとい一念中《いちねんちゅう》に発心修証するも即心是仏なり、たとい半拳裏《はんけんり》に発心修証するも即心是仏なり。しかあるを、長劫《ちょうごう》に修行作仏《さぶつ》するは即心是仏にあらずといふは、即心是仏をいまだ見ざるなり、いまだしらざるなり、いまだ学せざるなり。即心是仏を開演《かいえん》する正師《しょうし》を見ざるなり。（『正法眼蔵』「即心是仏」）

【訳】衆生の心がそのまま仏であるというのは、主体的な実践として、発心・修行・菩提・涅槃の過程を経ることである。この過程を経ない成仏はあり得ない。たとえ一瞬の中であれ、無限に近い時間であれ、発心・修行・菩提・涅槃という過程を経るのが即心是仏である。それを、長い修行の末に悟るのは即心是仏ではないと考えるのは、即心是仏をまったく理解していないのである。きちんと学んでいないといえるし、正しく即心是仏を説く祖師に出会っていないのである。

【解説】道元は悟りを語る中で、自己自身が真実の現れである世界にいることに気づくとか、修行と悟りは別ものではないとか、発心したばかりの修行が、そのまま悟りの全体である、などと述べている。見ようによっては、長期間にわたる修行など必要ないといっているようにも思われる。一般的な禅僧の逸話でも、太鼓の音を聞いたり桃の花を見たりした瞬間、忽然《こつねん》と大悟するようなイメージがある。しかし道元は、菩提心を発して修行をし、悟りを開いて涅槃に到るのが正しい成仏《じょうぶつ》であると説いている。言い換えれば、中国禅宗で問題とされたような、頓悟《とんご》であるとか漸悟《ぜんご》については、重要とは考えていないのである。正しい仏法を伝えてくれる祖師に出会うことができれば、修行に費やされた時間などは問題ではないのである。

世尊《せそん》のしめしましますがごときは、善悪の業つくりおわりぬれば、たとい百千万劫《ごう》をふというとも「不亡《ふぼう》」なり。もし因縁にあえばかならず感得す。しかあれば、悪業は懺悔《ざんげ》すれば滅す。また転重軽受《きょうじゅ》す。善業は随喜すればいよいよ増長するなり。これを「不亡」というなり。その報なきにはあらず。（『正法眼蔵』一二巻本「三時業《さんじごう》」）

かくのごとくして、わがこころにあらず、業にひかれて流転生死《るてんしょうじ》すること、一刹那《いっせつな》もとどまらざるなり。かくのごとく流転生死する身心をもて、たちまちに自未得度先度他《じみとくどせんどた》の菩提心《ぼだいしん》をおこすべきなり。（『正法眼蔵』一二巻本「発菩提心《ほつぼだいしん》」）

【訳】仏陀の教えによれば、善悪の行為の影響というものは、たとえ無限の時間を経てもなくならない。因縁が熟せば必ず結果を受け止めなければならない。だからこそ、悪業は悔《く》いあらためれば滅するし、重大な影響も軽減することができる。善業は、それを喜びとすればますます良い影響を及ぼす。それを「不亡」というのである。どちらにしても結果は必ず訪れるのである。

このように、自分の思いにまかせぬまま、善悪の行為の影響によって輪廻転生《りんねてんしょう》するのであるが、このように輪廻転生する我が身こそが、そのまま、自分が救われなくても先に他者を救済するという、菩薩の慈悲心を発すことができるのである。

【解説】道元は、「修行と悟りは一つであり、正しい修行はつねに悟りに裏打ちされたものであるから、発心したばかりの修行がそのまま悟りの全体である」と説き、「発心・修行・菩提・涅槃という過程を経るのが即心是仏」であると説くが、そこに何の前提もないのかというと、けっしてそうではなく、重大な手続きが前提となっており、それが「懺悔《さんげ》」である。自らが積んできた善悪の行いを虚心にふり返り、時節因縁が熟せば、必ず自分で受け止めなければならない結果に思いを致し、悪しき行為については悔いあらため、良い行いについてはそれをなし得たことを喜ぶべきであるし、善悪の行為の結果を受け止める自己があるからこそ、菩薩の慈悲心を発すことができると強調している。

四　慈念衆生

三世《さんぜ》十方《じっぽう》諸仏、みな一仏としても、在家成仏の諸仏ましまさず。（『正法眼蔵』一二巻本「出家功徳《しゅっけくどく》」）しかあればすなわち、たとい在家にもあれ、たとい出家にもあれ、あるいは天上にもあれ、あるいは人間にもあれ、苦にありというとも、楽にありというとも、はやく自未得度先度他《じみとくどせんどた》の心をおこすべし。（『正法眼蔵』一二巻本「発菩提心《ほつぼだいしん》」）

【訳】過去・現在・未来の諸仏の中で、在家のままで成仏した仏陀はおられない。だから、在家であっても出家であっても、六道《ろくどう》の天上にあっても人間にあっても、苦しんでいても楽しんでいても、早く、自分が救われなくても先に他者を救済しようという、菩薩の慈悲心を発すべきである。

【解説】一般に道元は、深草興聖寺時代には在家成仏を認めていたものの、永平寺入山後は出家至上主義になったと言われている。たしかに、最晩年の説示とされる一二巻本『正法眼蔵』「出家功徳」には、出家成仏以外はないと説いている。しかし、同じ一二巻本『正法眼蔵』「発菩提心」には、出家・在家を区別しない説示が見られ、かならずしも在家での発菩提心を否定していたわけではないと考えられる。また、深草の興聖寺に住していたころ、檀越《だんおつ》波多野義重《はたのよししげ》から幕府のある鎌倉での説法を依頼された際には、正しい仏法を求めるのであれば、自ら説法を聞きに来るべきだと拒否したが、永平寺入山後、再度の要請を受けた際には、鎌倉に赴いて執権北条時頼をはじめとする在家信者に説法している。

永平寺山門
永平寺は，福井県永平寺町にある日本曹洞宗の大本山である。

そうした行動の背景には、その時々の事情があってのことと思われるが、少なくとも道元の一生を通じて説示された『正法眼蔵』は、おもに在家信者に対して示されたものが多く、その意味では、在家者に対して積極的な出家を勧めることはあっても、在家者への仏法の説示を拒否することはなかったと思われる。

同様のことは女性の成仏についてもいえることで、「日本国にひとつのわらいごとあり。いわゆる或《あるい》は結界《けっかい》の地と称《しょう》じ、あるいは大乗の道場と称じて、比丘尼・女人等を来入《らいにゅう》せしめず」（『正法眼蔵』「礼拝得髄《れいはいとくずい》」）という説示から見て、道元がいわゆる「女人禁制《にょにんきんせい》」という慣習を否定していることがわかる。ほかにも「礼拝得髄」には、「男児《だんじ》なにをもてか貴《き》ならん」とか、「仏法を道取《どうしゅ》せんは、たとい七歳の女流《にょりゅう》なりとも、すなわち四衆《ししゅ》の導師《どうし》なり」と述べており、全般にわたって男女を問わず、仏法を正しく会得《えとく》したものを敬うべきであると強調している。ところが、晩年の説示とされる一二巻本『正法眼蔵』「出家功徳」では、「聖教《しょうぎょう》のなかに在家成仏の説あれど正伝《しょうでん》にあらず、女身成仏《にょしんじょうぶつ》の説あれどまたこれ正伝にあらず」とあり、これが女性成仏を否定したと理解されているが、その後に続けて「仏祖正伝するは出家成仏なり」とあることから見て、けっして女性の成仏を否定するものではなく、あきらかに出家を勧める内容である。いずれにしても道元の周辺には、興聖寺時代にも女性外護者が存在したし、永平寺へ移った後も比丘尼と思われる人物が随侍しており、女性を差別的に扱ったり、遠ざけたりするということはなかったと考えられる。

慈念衆生《じねんしゅじょう》、猶如赤子《ゆうにょしゃくし》

（中　略）

むかいて愛語《あいご》をきくは、おもてをよろこばしめ、こころをたのしくす。むかわずして愛語をきくは、肝《きも》に銘《めい》じ、魂《たましい》に銘ず。しるべし、愛語は愛心よりおこる、愛心は慈心《じしん》を種子《しゅうじ》とせり。愛語よく廻天《かいてん》のちからあることを学《がく》すべきなり、ただ能《のう》を賞《しょう》するのみにあらず。（『正法眼蔵』「菩提《ぼだい》薩埵四摂法《さったししょうぼう》」）

【訳】赤ちゃんを見るときのような気持ちで、衆生を慈《いつく》しみなさい。

（中　略）

面と向かって優しいことばを聞くと、楽しい気持ちになる。自分のいないところでいわれた優しいことばは、謙虚に肝に銘ずるものである。優しいことばは相手を愛する気持ちから出るものであり、愛する気持ちとは慈悲の心から生ずるものである。愛語は悪意を善意に変える力を持つことを知るべきで、ただ単に勝れていることをほめるだけではない。

【解説】愛語は布施《ふせ》・利行《りぎょう》・同事《どうじ》と併せて菩提薩埵四摂法といわれ、菩薩《ぼさつ》が衆生《しゅじょう》を済度《さいど》するために用いる方便《ほうべん》として説かれた教えである。道元は『正法眼蔵』「菩提薩埵四摂法」において、この四つの徳目《とくもく》を細かく説いている。もちろん四摂法は、仏教で一般に説かれる教説であり、けっして道元独自の教えではないが、菩薩の徳行《とくぎょう》としてきわめて重視していることは間違いなく、道元の教化の根底に、四摂法に象徴される慈悲心《じひしん》があることが窺える。今日の曹洞宗教団で、年忌法要《ねんきほうよう》などで多く読誦《どくじゅ》されている『修証義《しゅうしょうぎ》』第四章は、『正法眼蔵』「菩提薩埵四摂法」の説示を基《もと》としている。相手を褒《ほ》めるだけではなく、叱るにしても、愛語すなわち優しいことばで語りかけてこそ、慈悲の心が伝わるのであろう。

出典　『正法眼蔵　正法眼蔵随聞記』（日本古典文学大系八一）岩波書店、一九六五年。『道元』上・下（日本思想大系一二・一三）岩波書店、一九七〇・七二年。

参考文献　中尾良信編『孤高の禅師　道元』（日本の名僧九）、吉川弘文館、二〇〇三年。

19 叡尊

えいぞん

一二〇一―九〇

鎌倉時代の僧侶で、奈良西大寺《さいだいじ》を復興し真言律宗《しんごんりつしゅう》をはじめた。一七歳で出家して、高野山《こうやさん》や醍醐山《だいごさん》で真言宗の教えを学び、仏教を修行する上で戒律《かいりつ》が重要であることを知る。そこで、貞慶《じょうけい》の弟子にあたる戒如《かいにょ》に戒律を学び、荒廃した西大寺に住んで復興した。戒律の中の第一は殺生戒《せっしょうかい》であるから、「殺生禁断《せっしょうきんだん》」を説きすすめた。また、悲惨な境遇におかれていた非人や病者の救済にあたり、これこそ文殊菩薩《もんじゅぼさつ》を供養する行いだといって、文殊信仰をひろめた。

弘長《こうちょう》二年（一二六二）に、北条時頼《ほうじょうときより》に招かれて関東に下ったが、寺領寄進の申し出を断ってすぐに西大寺に帰った。その後、西大寺で光明真言会《こうみょうしんごんえ》を行い、衆生《しゅじょう》の滅罪《めつざい》を祈った。仏舎利塔《ぶっしゃりとう》を造って舎利信仰を盛んにし、しばしば舎利が涌出《ゆずい》する奇跡をあらわした。戒律を厳格に守る姿は、人々の信仰を広く集め、後嵯峨《ごさが》・亀山《かめやま》・後深草《ごふかくさ》上皇の戒師となった。文永・弘安の役には、襲来する蒙古の軍勢を風で吹き返せと祈り、その効験《こうけん》があらわれて暴風が起こり、侵略を免れたと称えられた。諸方に勧進《かんじん》して宇治橋を修理し、その一帯を「殺生禁断」とした。漁民の漁具は、すべて集めて宇治川の浮島に埋め、その上に十三重の石塔を建てた。叡尊の生涯は、仏法を興して、すべての衆生《しゅじょう》を利益《りやく》するという、「興法利生《こうぼうりしょう》」の修行に貫かれていた。正応《しょうおう》三年（一二九〇）八月二十五日、西大寺で入滅。九〇歳。

一　人に生まれ仏法に遭う幸せ

人身《にんじん》受け難し。仏法遭い難し。たまたま仏法に遭い、名聞《みようもん》を求めず、利養《りよう》を望まず、大乗《だいじよう》を受学し、正道《しようどう》を修行し、衆生《しゆじよう》を利益《りやく》し、四恩《しおん》に報謝《ほうしや》せん。（『金剛仏子感身学正記《こんごうぶつしかんじんがくしようき》』）

叡　尊　像（西大寺）

【訳】命あるもののなかで、人間としてこの世に生を受けることは、まことに稀なことであり困難なことである。また、人間に生まれてきたとしても、「仏法」にめぐりあうことはなかなか難しいことである。いま、幸いにも人と生まれ、たまたまこの尊い仏教に出会った。だから、その教えにしたがって、地位や名声を求めず、利益をむさぼって身を肥やそうとせず、大乗仏教の貴い教えを学び、成仏《じようぶつ》に通じる正しい道を修行しようではないか。さらには、この大きな功徳《くどく》をもって、生きとし生けるものに恵みを与え、世の中から受けた「四恩」に報い徳に感謝しよう。

【解説】仏教では、人間の存在を万象《ばんしよう》の中で広くとらえ、さま

西　大　寺

奈良市西大寺芝町にある真言律宗の総本山。衰退していた西大寺を，嘉禎2年（1235）に叡尊が入寺し再興，戒律の道場とし，ここを拠点に南都仏教の復興をはかった。

ざまな姿で生まれ変わる輪廻《りんね》の思想で意味づける。多々ある同じ命のなかでも、畜生《ちくしょう》などに生まれることなく、人間に生まれ合わせたことは千載一遇《せんざいいちぐう》のこととみる。

しかも、この仏教にめぐりあえたのは、大海原に漂う枯れ木の節穴に、一匹の亀がたまたま頭を突っ込んだほど、ほんとうに稀で幸せなことだという。

大乗仏教の教えは、一人ひとりの成仏はもとより、広く一切衆《いっさいしゅう》生《じょう》の救いを期する。この大きな願いの前には、世間的な地位や名声あるいは財産など、まったく意味がないとみる。私利私欲を捨て去って、仏教の修行一途に生きようという。仏教で定める戒律をしっかり守って、仏法の興隆を願った叡尊の真面目がここによく表明されている。

では、なぜ仏法の興隆を願うのか。

それは、自分を生み育ててくれた父母の恩、この国を安穏《あんのん》に保ってくれる国王の恩、自らを見守り支えてくれる衆生の恩、成仏の道を指し示す仏・法・僧の三宝の、「四恩」に報い感謝するためである。

二　仏の「戒」を受ける意味

戒を受くるは偏《ひとえ》に興法《こうぼう》のためにすべし。若《も》し我が為に受戒せんと思わんものは、すべて菩薩戒《ぼさつかい》にあらず。何《いか》に後ろにても、我が身の上を少しも悪く云うを聞ては恨み怒り、等閑にも我をよくする者をば強《あながち》に愛し喜ぶ。是《こ》れ道人《どうにん》にあらず。菩提心にもあらず。縦《たと》い我を殺し打つ者ありとも、痛き計《ばかり》を忍びて、悪《にく》む心あるべからず。たとえば、少なき子の手をのべて母を打つに、これをよろこぶが如し。菩提心《ぼだいしん》も亦しかりなり。（『興正《こうしょう》菩薩《ぼさつ》御《ご》教誡《きょうかい》聴聞集《ちょうもんしゅう》』）

【訳】「受戒」によって、仏の定めた「戒律」をまもると誓うのは、ただひとつ「仏法」を興隆するためである。もし自分の利を求めるために受戒したいと思うのは、すべて本当の「菩薩戒」とはいえない。たとい後ろからであっても、自分の身を少しでも悪くいうのを聞いて恨んだり怒ったりするのは、少しでも修行する人とはいえない。悟りを求めて精進する「菩提心」でもない。たとい、われを殺し鞭打つ者があっても、自分の痛さだけを忍んで、加害者を憎む心があってはならないのである。「菩提心」もまたこのようでなくてはならないのだ。

【解説】人が出家して仏門に入るとき、仏前において行われる「受戒」の儀式のなかで、僧として守るべき「戒」を師僧から授けられ、その戒を厳しく護ることを誓う。とくに大乗仏教の僧に授けられる戒を「菩薩戒」といい、悪を止め、善を修め、他人のために尽くすという、僧侶の間だけではなく、広く衆生にも及ぼすという「戒」である。叡尊は、各地でしばしばこの「戒」を授ける、授戒会《じゅかいえ》を催している。

この「菩薩戒」を守るには、修行者に少しでも私心や慾心があっては、成仏はとても成就しない。私情を交えて人を判断したり、喜怒哀楽の情をあらわにして、人の好悪をいいあったりする者は、決して真の仏道修行者とはいえないと、「菩薩戒」を守るべき僧の心構えを諄々と説く。純粋な心で真実を求め、成仏を願う「菩提心」こそが、僧として持つべき第一の心構えである。

このような心構えを実践するには、並大抵のことではない。他人から危害を受けて傷つけられ、殺されることさえもあろうが、自分の痛みだけをじっと忍んで、加害者を決して憎んではならないと教える。

三　殺生禁断の心

去る文永十一年（一二七四）、八幡宮参詣の時御告候《おつげそうらい》き。男山《おとこやま》に数万の諸神を勧請《かんじょう》し奉り、この山内に一の生類を殺せば、数万の諸神たち胸を冷やし給うと云々。而る間、その時某六七里の中に殺生《せっしょう》を止《とど》め畢《おわん》ぬ。（『興正菩薩御教誡聴聞集』）

【訳】去る文永十一年に、石清水八幡宮《いわしみずはちまんぐう》に参詣したとき、御神託があった。石清水八幡宮が鎮座する「男山」に、数知れない神々をお迎えしていて、この山の中でたった一つの生き物を殺せば、数万の神々は驚き恐れられるという。そのようなことで、すぐに私は男山の周辺六、七里ほどの間というもの、一切の殺生を禁じる「殺生禁断」の地に定めた。

【解説】叡尊は、蒙古襲来の危機が迫った文永十一年に、亀山上皇の要請によって、石清水八幡宮に参詣して国家の平安を祈った。この八幡宮は、源氏《げんじ》の氏神《うじがみ》として武士の間に信仰が広まり、武神として崇敬《すうけい》されていた。この時の参詣は、異国（蒙古《もうこ》）降伏を祈るためであったが、八幡神のご神託があったので、石清水八幡宮が鎮座する男山周辺を、「殺生禁断の地」として、生物の殺生を禁じるように定めた。

叡尊の殺生禁断について有名なのは、宇治橋の修築とともに、その流域を殺生禁断の地にしたことである。仏教における戒律の第一は「不殺生戒《ふせつしょうかい》」であるから、戒律の復興を唱えた叡尊にしては当然の営みである。

叡尊は、蒙古の襲来をめぐる異国降伏の祈禱をたびたび行い、伊勢神宮でも祈禱会《きとうえ》を催している。弘安四年の二度目の蒙古襲来に当たっては、石清水八幡宮に参詣して異国降伏を祈願した。そのときに「東風をもって兵船を本国に吹き送り、来人を損なわず乗るところの船を焼失したまえ」と祈ったところ、「大風吹きだし、雷鳴声を発し、西に向かって去る」という奇瑞があった。しばらくすると「異国の兵船、さる一日の大風に皆破損し畢《おわん》ぬ」という報告が鎮西から届いたので、祈願の効験が世に聞こえたという。しかし、その祈願のなかに「来人を損なわず」とあるのは、殺生禁断の意をよく物語っている。

出典　細川涼一訳注『感身学正記』平凡社、一九九九年。「興正菩薩御教誡聴聞集」（日本思想大系一五『鎌倉旧仏教』岩波書店、一九七一年）。

参考文献　中尾堯著『中世の勧進聖と舎利信仰』吉川弘文館、二〇〇一年。松尾剛次編『持戒の聖者　叡尊・忍性』（日本の名僧一〇）吉川弘文館、二〇〇四年。

20 蘭渓道隆

らんけいどうりゅう

一二一三—七八

中国宋代の臨済宗《りんざいしゅう》の僧。日本に渡来し、北条時頼《ほうじょうときより》の招きで鎌倉建長寺《けんちょうじ》の開山として迎えられた。嘉定《かてい》六年（一二一三）に生まれ、一三歳で成都《せいと》の大慈寺《だいじじ》の僧童となる。出家後は江南の禅寺を歴参して、無準師範《ぶじゅんしはん》・痴絶道冲《ちぜつどうちゅう》・敬叟居簡《けいそうきょかん》などに参禅、無明慧性《むみょうえしょう》の法を嗣いだ。淳祐《じゅんゆう》六年（寛元四年、一二四六）に来日。京都泉涌寺《せんにゅうじ》の月翁智鏡《げつおうちきょう》をたよりしばらくここに滞在した。月翁は北京律《ほっきょうりつ》の僧であるが、これ以前に渡宋しており、旧知の仲であった。

鎌倉に下り北条時頼の招請で大船《おおふな》の常楽寺《じょうらくじ》の住持として迎えられた。北条時頼は蘭渓に参禅し、建長元年（一二四九）建長寺を建立すると開山に迎えた。蘭渓は建長寺住持として一〇年余りを過ごし、弟子の育成を行った。正元《しょうげん》元年（一二五九）ごろ、京都の建仁寺住持となり、後嵯峨上皇にも法を説いた。文永《ぶんえい》年間（一二六四—七三）、モンゴルと日本の間に緊張が高まると、蘭渓はモンゴルの間諜《かんちょう》であるとの疑いを受けて、甲斐国東光寺に配された。その後、一時期、鎌倉の寿福寺《じゅふくじ》にもどるが、ふたたび甲斐に配流となり、さらに奥州松島円福寺で過ごすなど不遇な時期があった。再度、鎌倉寿福寺にもどり、弘安元年（一二七八）に建長寺住持となった。同年七月二十四日に六六歳で没した。大覚禅師の諡号《しごう》を受けた。弟子には宋より同行した義翁紹仁《ぎおうじょうじん》・龍江応宣《りゅうこうおうせん》がおり、日本僧では建長寺住持となった葦航道然《いこうどうねん》、後宇多上皇に招かれ南禅寺住持となった約翁徳倹《やくおうとつけん》がいる。

一　坐禅の重視

夫《そ》れ坐禅《ざぜん》は大解脱《だいげだつ》の法門《ほうもん》なり、諸法是《しょほうこれ》より流出し、万行是《まんぎょうこれ》より通達す、神通智慧《じんつうちえ》の徳、此の内より起こり、人天性命の道、此の内より開く、諸仏已《すで》に此の門より出入し、菩薩行《ぼさつぎょう》じて即《すなわ》ち此の門に入る。（『坐禅論』）

蘭渓道隆像（建長寺）

【訳】坐禅は悟りの境地に達するための方法であり、諸々の教えは坐禅修行の結果、考え出された。色々な修行も坐禅により深くその意義が理解される。すぐれた自由自在の智慧は坐禅によって得られるのである。人間界・天上界といった迷いの世界における命も坐禅によって開かれる。諸仏は坐禅によって悟りを得、菩薩は修行のなかで坐禅の法を知るのである。

【解説】蘭渓道隆の著述といわれる『坐禅論』の一節である。蘭渓はこの後に続けて南都六宗・天台宗・真言宗などの顕密《けんみつ》の教えも坐禅を行わなければ悟りを得ることはできないとし、坐禅が仏法の根源であるとする。北条時頼は熱心に坐禅と禅問答を重ね、

建長寺山門
鎌倉市山ノ内にある臨済宗建長寺派の大本山。北条時頼の開基で蘭渓道隆が開山に迎えられた。

蘭渓道隆さらには渡来僧である兀庵普寧《ごったんふねい》のもとで禅の境地を体得したといわれる。時頼は死に臨み禅僧の遺偈《ゆいげ》にならって偈をのこしており、その影響の大きさをみることができる。鎌倉の地においても天台宗・真言宗といった顕密《けんみつ》諸宗の影響力は大きかったが、新たに禅宗が加えられた。また、禅宗が顕密を超える宗派としての独自性を主張していたことをみることができる。

二　修行の心得

鞭影《べんえい》を見てのち行くは即ち良馬にあらず。訓辞《くんじ》を待ちて志《こころざし》を発するは、実《まこと》の好僧にあらず。諸兄弟同じく清浄な伽藍《がらん》に住す。已《すで》に饑寒《きかん》の苦なし。まさに此《こ》の事をもって茲《ここ》に念じ茲《ここ》にあるべし。（『大覚拾遺録《だいかくしゅういろく》』「建長寺法語規則」）

【訳】鞭《むち》が振り上げられる影を見て走るのは良馬ではない。教え諭されてのち菩提心《ぼだいしん》を発するのはすぐれた僧侶ではない。建長寺に来た僧侶は修行僧としてこの清浄な伽藍《がらん》に住むことができる。飢えや寒さの苦もない環境であり、こうした恵まれた状態であるのだから自ら進んで修行をすると心に念じ、修行の場とすることが大事である。

【解説】蘭渓は鎌倉の常楽寺を禅寺に改め、建長寺に迎えられることによって宋風の本格的な禅寺の整備を行った。この法語は現在建長寺に蘭渓の自筆の墨蹟として伝えられている。法語は修行者の心得を説いたもので、草創期の禅寺を運営し優秀な弟子を輩出していこうとする蘭渓の気構えをみることができる。同時にややもすれば坐禅を怠ける僧侶も多かったようで、この法語のあとには参禅弁道は生死事大《しょうじじだい》を悟ることであり、沐浴《もくよく》など休暇の日にも心のおもむくままに怠惰に過ごしてはいけないと戒めている。

この法語と対をなす規則の書には、具体的に沐浴日の夜から明け方までの坐禅を命じている。夜には爐《ろ》の火を埋め、僧堂内で談笑することも禁じ、罰則をもうけている。僧衆を修行に専念させることが如何にたいへんであったかがわかる。

三　修行と人生

光陰《こういん》は限り有り、六七十歳すなわち目前にあり。苟《いやしく》も若《も》し虚《うつろ》に一生を過ごせば、灼然《しゃくぜん》、本を復するを得難《えがた》し。既《すで》に仏衣を挂《か》けるの後、此の門に入り来る。彼此《ひし》の居を分かつことなかれ。各《おのおの》、まさに斯道《しどう》を行ずべし。（『大覚拾遺録』「相州路鎌倉県粟船山常楽禅寺定規」）

【訳】時間には限りがある。六、七〇歳もすぐ目前に迫ってくるのだ。かりにもし、虚しく一生を過ごせばもとに帰ることはできない。すでに衣と袈裟を掛《か》けて仏門に入ったからには、あれこれと居所を変えてはいけない。まさに仏道を行ずべきである。

【解説】大船の常楽寺に定めた規則の冒頭で、この文に続いて建長寺と同様の規式にもとづく叢林《そうりん》の生活を衆僧に命じている。昼は経典を読誦《どくじゅ》するほかは僧坊中で坐禅し、夜には香を焚《た》き時間を定め住持以下、修行僧が坐禅するように定めている。さらに夜中に大きな声で談論することを禁じ、粥（朝食）飯（昼食）の時は先を争ってはいけないとしている。禅僧たちの生活は大陸風の清規《しんぎ》といった規則に則って行われるが、蘭渓のもとではさらに厳しい修道生活が要求されていたことがわかる。

出典　『国訳禅宗叢書』第一輯第二巻。『大日本仏教全書』九五、大覚禅師語録并拾遺外五部。

参考文献　高木宗監編『建長寺史』建長寺、一九八九年。

21 日蓮《にちれん》

一二二二―八二

鎌倉時代に日蓮宗を開いた僧。安房国（千葉県）片海《かたうみ》の漁村に生まれ、程近い清澄寺《せいちょうじ》に登って出家し、天台宗の僧となって比叡山《ひえいざん》に学ぶ。建長《けんちょう》五年（一二五三）に清澄山《きよすみやま》に帰り、「南無妙法蓮華経《なむみょうほうれんげきょう》」の「題目《だいもく》」を唱えて、『法華経《ほけきょう》』の信仰と伝道を宣言する。

文応《ぶんおう》元年（一二六〇）に『立正安国論《りっしょうあんこくろん》』を著して、鎌倉幕府の前執権北条時頼《さきのしっけんほうじょうときより》に呈上し、『法華経』の信仰をすすめ、蒙古《もうこ》の襲来を預言する。このためにかえって迫害を受け、命にもかかわる法難《ほうなん》を蒙った。「松葉谷法難《まつばがやつほうなん》」「伊豆法難《いずほうなん》」「小松原法難《こまつばらほうなん》」が続いて起こり、「龍《たつの》口法難《くちほうなん》」では奇跡的に斬首を免れ、佐渡島へ配流される。

配流地の佐渡で、日蓮の信仰はさらに深まり、『開目抄《かいもくしょう》』『観心本尊抄《かんじんほんぞんしょう》』などを著して法華経信仰の高い到達点を示した。また、「題目」を中心に据えた「曼荼羅《まんだら》」を揮毫《きごう》し、礼拝の本尊として掲げた。やがて流罪を赦《ゆる》されて鎌倉に帰り、ついで甲斐の身延山《みのぶさん》に隠棲《いんせい》し、一門の弟子や信者を書状によって指導した。かつての預言どおり、蒙古軍が大挙して襲来したのは、この時期である。

弘安《こうあん》四年（一二八一）に、波木井実長《はきいさねなが》によって法華堂が寄進され、身延山久遠寺《くおんじ》（山梨県）とした。翌弘安五年の秋、病気療養のために身延山をはなれたが、武蔵国（東京都）池上《いけがみ》で十月十三日に六一歳で没し、身延山に墓塔が営まれた。

日　蓮　像（浄光院）

一　地上の浄土

汝《なんじ》早く信仰の寸心《すんしん》を改めて、実乗《じつじょう》の一善《いちぜん》に帰せよ。然ればすなわち三界《さんがい》はみな仏国なり、仏国それ衰《おとろ》えんや。十方は悉《ことごと》く宝土《ほうど》なり、宝土なんぞ壊《やぶ》れんや。国に衰微なく土《ど》に破壊《はえ》無くんば、身はこれ安全にして、心はこれ禅《ぜん》定《じょう》ならん。（『立正安国論《りっしょうあんこくろん》』）

【訳】あなたは、間違った小さな迷いの心をすぐに改めて、真実の仏法を信じたまえ。そうすれば、時空を越えた全世界は、すべて仏の国になるのだ。

その仏の国には「衰え」があるだろうか。いや、絶対にない。世界のあらゆる場所は豊かな宝土になる。その宝土が果たして破壊されることがあるだろうか。いや、そのようなことがあるわけはないのだ。国に衰えがなく、その土地も破壊されなかったら、人々の身は安全で、心は常に平静であり続ける。

【解説】日蓮は、仏の浄土がはるか来世《らいせ》ではなくて、この地上にあらわれて、万物が平穏であり続ける楽土《らくど》となることを願った。仏教では、このような夢を実現するさまざまな精進《しょうじん》の道筋と、幸せであり続ける世界の姿

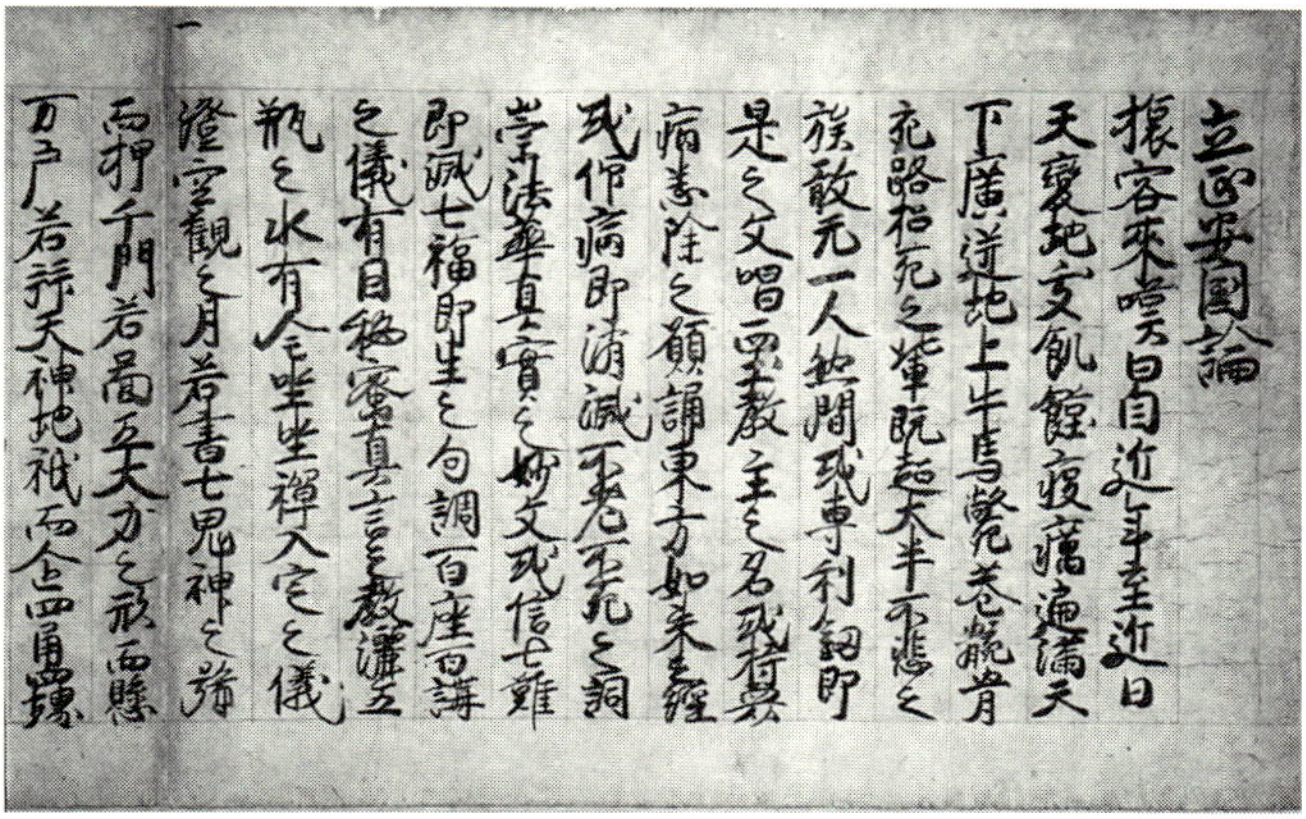
立正安国論
旅客来嘆曰自近年至近日
天変地夭飢饉疫癘遍満天
下広迸地上牛馬斃巷骸骨
充路招死之輩既超大半不悲之
族敢無一人然間或専利剣即
是之文唱西土教主之名或持衆
病悉除之願誦東方如来之経
或仰病即消滅不老不死之詞
崇法華真実之妙文或信七難
即滅七福即生之句調百座百講
之儀有因秘密真言之教灑五
瓶之水有全坐禅入定之儀
澄空観之月若書七鬼神之号
而押千門若図五大力之形而懸
万戸若拝天神地祇而企四角四堺

『立正安国論』（中山法華経寺）
文応元年（1260）前執権北条時頼に呈上した建白書。あいつぐ天変地異は正法に背いているからで『法華経』への帰依を勧め，立正安国の理想を述べている。

を描きあげる。しかし、それにしては果てしない苦しみが続く、末法《まっぽう》の世の荒々しい姿が眼前に広がる。

実際、日蓮が生きた一三世紀のなかばは、地震や洪水などが次々に起こって、人々は飢えや病気に苦しむ、災害の時代であった。この悲惨な日々から救われるには、いったいどうすればよいのだろうか。日蓮が『立正安国論』を著した動機は、このような問いであった。ここにあげた一節は、その結論の部分で、世の平安を取り戻すための、いま実行しなくてはならない信仰の道を指し示す。

ここで「実乗《じつじょう》の一善《いちぜん》」というのは、釈迦が説いた究極の教え『法華経』で、その信仰を結論として求めている。これまであなたがいだいてきた信仰は、自身ではどんなに大きく見えたとはいえ、仏から見ると実は小さい迷いの心なのだ。世の安全と心の平安をほんとうに願うならば、その取るに足らない心をすぐに改めて、仏の真実なる教え『法華経』に帰依《きえ》せよ。この叫びが、『立正安国論』の結論である。

仏教で「理想郷」を示す言葉に、「常寂光土《じょうじゃこうど》」という用語がある。いつまでも衰えを知らぬ不滅の楽土を意味し、それは永遠なる仏の国土を意味する。浄土教《じょうどきょう》では、はるか西方にある極楽浄土《ごくらくじょうど》へ、死とともに往生すると説く。しかし、日蓮は、仏の浄土はこの地上にこそ出現すべきユートピアで、

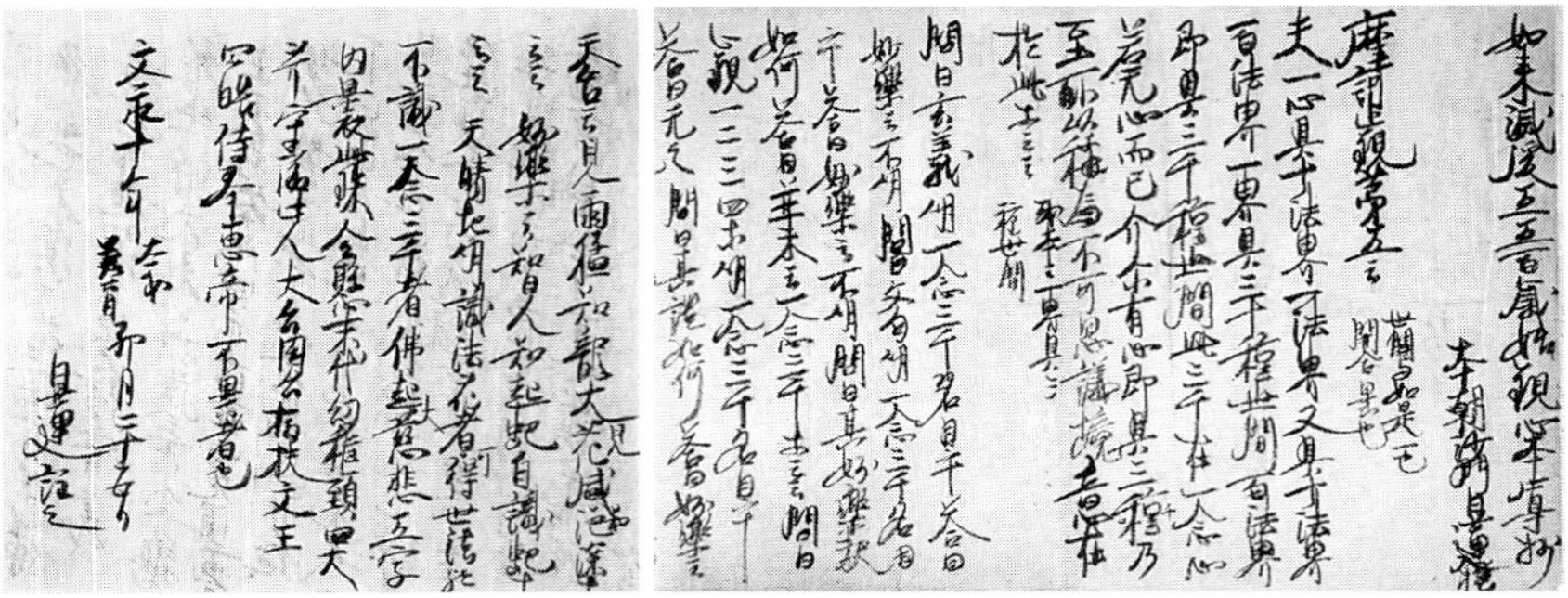

『観心本尊抄』（中山法華経寺）
文永 10 年（1273）流罪先の佐渡で著された，日蓮の最重要著作の 1 つ。

『法華経』の信仰によって実現できると信じた。現実の苦しみのなかで、「常寂光土」という理想的な信仰世界が、この日本国に現われるというロマンを、『法華経』の信仰に託したのである。

今、本時の娑婆《しゃば》世界は、三災をはなれ四劫《しこう》を出たる常住の浄土なり。仏は既に過去にも滅せず、未来にも生ぜず。所化《しょけ》は以って同体なり。（『観心本尊抄《かんじんほんぞんしょう》』）

【訳】いまこそこの地上にあらわれる仏の世は、あらゆる災いが消えてすべてが平穏な永遠の浄土である。仏はずっと昔になくなったのではない。また、未来の世にまた生まれ出るというのでもない。仏こそは、時空を超えていつもそこにいる、まさに不生不滅の存在である。この地上がそのまま浄土になったとき、生きとし生けるものはすべて仏と一体になって、永遠の生命に生きる。

【解説】日蓮が、この地上に仏の浄土が実現した時の有様を謳いあげた『観心本尊抄』の一節である。「南無妙法蓮華経《なむみょうほうれんげきょう》」と唱える『法華経』の信仰が広まるとき、いま猛威をふるっているような災難はすべて消え去り、苦しみを離れた永遠の楽土が実現するという、信仰のロマンを物語る。それは、まさに「この世の浄土」で、ありとあらゆるものは仏と同様に永遠の生命に生きる。

仏教でいう「三災《さんさい》」には、小三災と大三災がある。小三災は戦乱・流行病・飢饉などの、人の暮らしそのものを破壊する災難である。これらは、人々が苦楽を味わいながら暮らす日常に起こり、その平穏な生活を激しくおびやかす。大三災とは、火災・水害・大風という、人の力ではどうにもならない大自然の異変で、いよいよ世が破滅に直面した終末の時に起こる災難である。

ついで「四劫《しこう》」とは、宇宙の生成から破滅のかなたに至るまでの、移り行く運命的な経過を成劫《じょうこう》・住劫《じゅうこう》・壊《え》劫《こう》・空劫《くうこう》の四期に分ける考え方である。成劫は万物が生成する時、住劫は世が坦々と続く時、壊劫は万物が破壊される時、空劫はすべてが終わって「空」になる時である。

「三災」と「四劫」によって語られる世界は、変転きわまりない苦悩の姿そのものである。日蓮は、このように「諸行無常《しょぎょうむじょう》」ともいうべき世を、信仰の力によって地上の浄土に改めようという。その世界は、万物が、衰えを知らない永遠の生命に生きる、平穏な理想郷であるにちがいない。現実に生きるすべての人々の心に、幸せな仏の心を描きあげようと、日蓮は『観心本尊抄』の一節で叫んだ。

二　信仰者の使命

我日本の柱とならん、我日本の眼目とならん、我日本の大船とならん、等と誓いし願をやぶるべからず。（『開目抄』）

【訳】「我こそ、日本国の土台をシッカリと支える、柱となろう」。

「我こそ、日本国の未来をハッキリ見定める、眼目となろう」。

「我こそ、日本国を理想に向かって舵をきる、大いなる船となろう」。

このように願った「祈り」は、けっして捨て去ってはならないのだ。

【解説】日蓮が、佐渡（新潟県）に配流された年の冬、寒さに苦しみながら著した『開目抄』のなかの一節である。燃えるような『法華経』の信仰と、教えをひろめる使命感をもって、このように大きな誓願を立てた。さらに続けて、「このように誓った言葉は、決して破ることはない」と確言する。

日蓮が佐渡の空に叫んだ「三大誓願」は、古くから人々が好んで口にし、この国に生きることの目標とした。この言葉を、釈尊《しやくそん》の「一切の衆生を教え導き、すべてを仏道に入らせよう」という言葉とあわせ考えると、それは日蓮ひとりの聖なる「誓願」にとどまらず、すべての人々の「誓願」でこそあるべきである。

この「三大誓願」は、立正大学の「建学の精神」では、真実を求め至誠を捧げよう、正義を尊び邪悪を除こう、和平を願い人類に尽くそう、と、現代的によみとっている。

このような日蓮の願いは、日本国の人々が同様に高い信仰意識をいだき、理想的な国家の導き手になろうという願いである。しかし、かつては誤解されて国家主義の掛け声となり、帝国主義の論拠となったのは、そんなに遠い昔の話ではない。

日蓮の文章として伝わる多くの発言について、正しい理解が要請される今日である。

真言《しんごん》禅宗《ぜんしゅう》等の謗法《ぼうほう》の諸人等を召し合せ、是非を決せしめば、日本国一同に日蓮が弟子檀那《だんな》とならん。我が弟子等の出家は主上上皇の師となり、在家《ざいけ》は左右の臣下に列ならん。はたまた一《いち》閻浮提《えんぶだい》皆《みな》この法門を仰がん。（「諸人御返事《しょにんごへんじ》」）

【訳】　真言・禅宗など、法華経の信仰を非難する僧たちと、日蓮とを呼び出して対決し、いずれの信仰が正しいか邪かを対論させると、当然彼らは敗れ去ります。その結果、日本国のすべての人が、日蓮の弟子や信者になるのです。すると、日蓮の弟子たちは、天皇や上皇の師となって政道を導き、信者たちはその臣下となって左右に並びましょう。その上、この大宇宙にありとあらゆる者は、法華経の教えを尊く仰ぎみるのです。

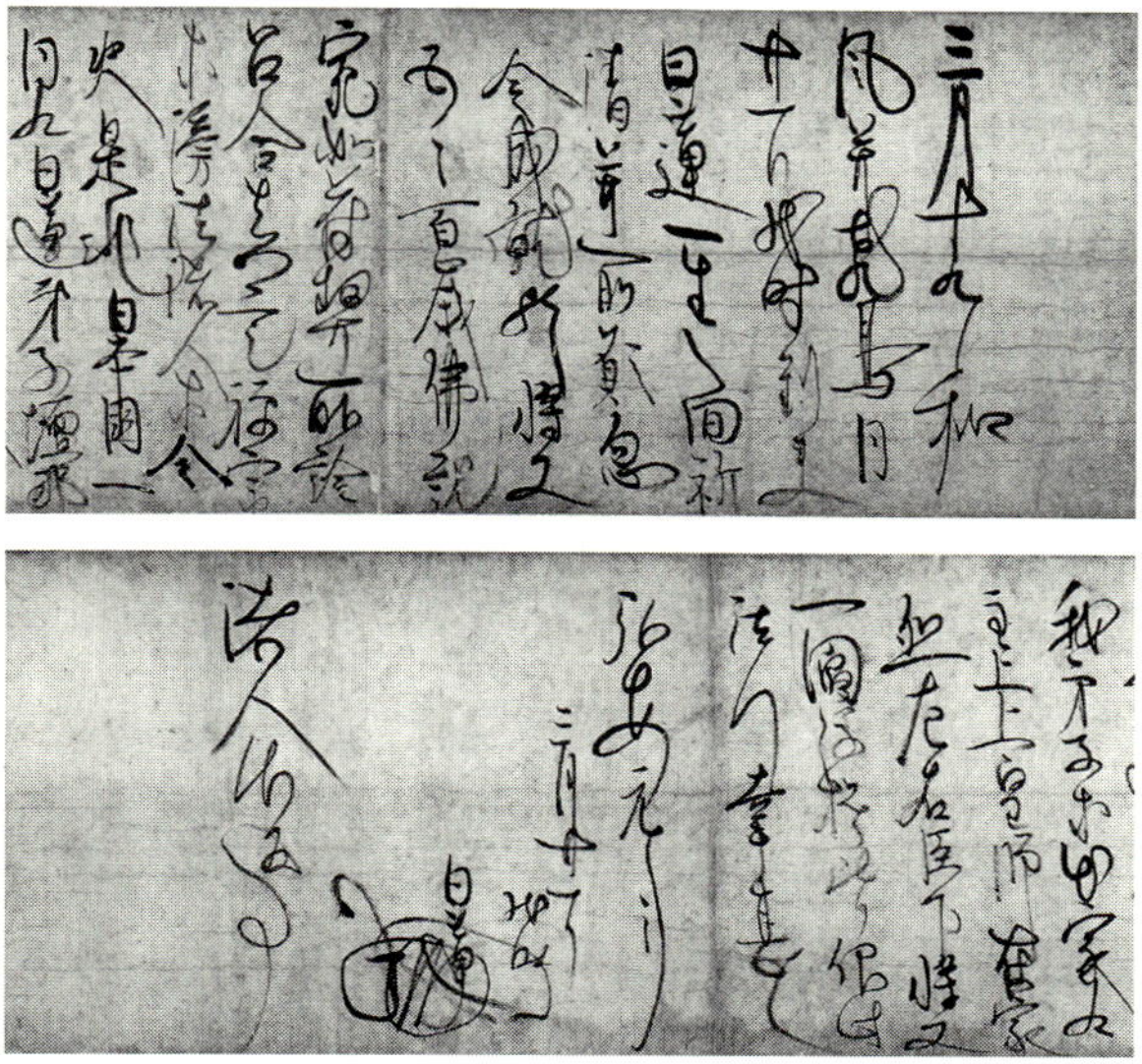

「諸人御返事」（本土寺）

【解説】　甲斐国の身延山（山梨県身延町）に住む日蓮のもとへ、鎌倉から一通の火急な書状が届いた。弘安元年（一二七八）三月二十一日、日蓮が五七歳の時である。その内容は、日蓮の弟子と、真言宗・禅宗の僧とを幕府に召し出して、信仰をめぐって対決させようという動きがあるという、驚くべき知らせである。日蓮の弟子や信者にとっては、さらに激しい弾圧が一門に加わる前兆と実

「曼荼羅本尊」(妙本寺)
日蓮の宗教的世界を象徴的に表現し,
門下の礼拝・受持の対象とした。

感されたので、これにどのように対処すべきかについて、指示を仰ぐ書状であった。

不安と動揺を隠せない鎌倉の弟子からの書状に、日蓮はさっそく筆を執って、力強く返事をしたためた。

目下の困難を乗り越えるためには、永遠の夢を実現しようという意図を内に秘めて、仏法王国が実現した時の姿を、この返事に目に見えるように描きあげた。

当時の鎌倉では、蒙古がふたたび九州に襲来する危機感が高まり、幕府は防衛体制の整備に懸命であった。こうしたなかで、鎌倉の治安を維持する上で、宗教上の混乱はなんとしても収めなくてはならない。日蓮の一門に対する弾圧の風聞は、このような状況の下で語られた。

ここに想い描かれた国家像は、日蓮が天皇と上皇の「師」となり、一門の信者たちはその左右に列座して政治をたすけるという、いわば古代天皇制の構図である。日蓮は、一門が危機に臨んでいることを敏感に受け止めながら、これを「法華経信仰が広まるチャンス」だと読み変えて、弟子たちを励ました。この励ましの言葉のなかに、日蓮の思い描く「政治と宗教」のありようが窺われる。

三　生命を見つめて

それ、釈迦の以前の仏教はその罪を斬るといえども、能仁《のうにん》の以後の経説はすなわちその施を止む。（『立正安国論』）

【訳】よく考えてみよ。釈迦が悟りを開かれる以前の教えは、仏法に背いた者を断罪して命を奪うこともあった。しかし、菩提樹《ぼだいじゅ》の下で瞑想《めいそう》して悟りを開き、「釈迦仏」となられた後は、法に背いた者の命を断つことは決してない。釈迦仏の教えに背く不法の者には、これまでの布施を止めて、深く反省させなくてはならない。

【解説】仏教では、釈尊が過去の世において国王と生まれて、戦士らとともに武器をとって法敵とはげしく戦い、敵をつぎつぎと斬り殺したという。その行為は、仏教でもっともいましめるべき「殺生《せっしょう》の罪」を犯してはいるものの、仏法を命がけで護ったという理由でその罪を赦され、さらに成仏の道さえ開かれている。それは、あたかも正義のためなら殺人は許されるという、仏教の「不殺生戒《ふせっしょうかい》」に反する行為を、かえって奨励しているようなものである。

しかし、悟りを開いて「釈迦仏」となった今は違う。正しい仏法の教えに背き、その仏法を非難し謗る人が現われても、これを断罪して命を奪ったことはない。ただ、その人が犯した「罪」の行為そのものを憎むべきだという。今日でいう、「罪を憎んで人を憎まず」の意味のことを、ここにはっきりと言い放った。

このように、人の生命を害さず罪を問うて止めさせるという、人命の絶対的な尊重を目指した主張は、日本の歴史上、日蓮の『立正安国論』においてはじめて示されたのではないだろうか。では、正しい仏法に反する間違った態度をとる者に、どう対応したらよいのか。それは、仏法でいう「殺生の罪」を犯してまで、その人を断罪し殺すのではなく、間違った行為そのものを止めさせることである。解決の手段を武力に求めないのである。

では、彼らが犯している間違った行為を止めさせるには、どのような手段によるべきなのか。その効果的な方法として、そもそも不当な行為そのものが立ち行かないように、その行為を続ける僧侶に対して、これまでの布施を止めることである。すると、その信仰が間違っていることをはじめて自覚し、正しい仏法に目覚めるはずである。

武家が「生殺与奪の権」をにぎる「武士の世」にあって、生命の絶対的な尊重を堂々と謳いあげたという日蓮の主張は、歴史を超えて重い意味を今日も持ち続けている。それは、人類にとって永遠の課題だからである。

わが頭は父母の頭、わが足は父母の足、わが十指は父母の十指、わが口は父母の口。たとえば種子《たね》と菓子《このみ》、身と影とのごとし。（「忘持《ぼうじ》経事《きょうじ》」）

【訳】よく考えてみなさい。自分のこの頭は父母の頭であり、この足は父母の足であり、一〇本の指は父母の一〇指ではありませんか。たとえば、植物の種はかならず果実のなかにあり、体と影が離れないのと同じです。

【解説】自分の体を見回しながら、父母と自分との切っても切れない深いつながりを、しみじみと感じる。頭を手でなでてみても、足を振るように動かしてみても、手を広げて一〇指を折ってみても、体のすべては父母からいただいたものであり、むしろ父母の体そのものだと実感する。
日蓮の熱烈な信者に、下総国《しもうさのくに》（千葉県）に住む富木常忍《ときじょうにん》という武士がいた。九〇歳になる母を失い、その遺骨を首にかけて身延に日蓮をたずね、山中に納骨して帰途についた。この時、常忍が持経として身につけている『法華経』を、庵室につい忘れてしまった。日蓮が、この持経とともに届けさせた書状が、この「忘持経事」である。

身延山久遠寺
山梨県身延町にある日蓮宗の総本山。佐渡流罪から帰った日蓮が，最後に隠棲し，ここで弟子や信者を書状によって指導した。

古来、親子の深い間柄と熱い情感について、多くの人があるべき姿を語り、その姿を物語りに描いた。日蓮は、しばしば「親」に対する孝養を大切にして、『法華経』こそ「内典の孝経なり」と『開目抄』にいっている。この経文こそが、仏教の経典のなかで、父母に対する孝養を説いた大切な経文であるという。
日蓮のこの言葉は、父母、なかでも母に対する深い情感が、あたかも母と子が手に手をとるように実感される。とても意味深い内容と表現である。母の追善法要の時などには、仏前でこの言葉を朗読して、母の慈悲をしみじみ想う。父母から子へと「命」をうけつぐということは、このような姿をいうのであろう。

花は根にかえり、真味《しんみ》は土にとどまる。この功徳は故道善房《どうぜんぼう》の聖霊《しょうりょう》の御身にあつまるべし。（『報恩抄《ほうおんしょう》』）

【訳】美しく咲いた花は、やがて木の元に散りおちて、根の養分となります。花びらの散ったあとに実った果実も、熟した実を樹の下に落として、本当の味わいを土に遺して若い芽を育てます。日蓮が、一生をささげた『法華経』信仰の功徳《くどく》は、今は亡き師の道善房の霊魂に集まって、成仏の大いなる利益《りやく》となるはずです。

【解説】日蓮は、出家した安房国（千葉県）の清澄山にあっても、遊学した比叡山にあっても、仏教書を習い読みつづけ、草や木の生い茂る山野を舞台に、山林修行も懸命におこなった。深い山林を歩きまわりながら、本尊の虚空蔵菩薩《こくうぞうぼさつ》に祈りをささげ、苦行によって自分の体を鍛え、大自然の神秘に深く感動する日々であった。

清澄での師と頼んだのは道善房で、山中の阿弥陀仏をまつる浄土堂にいて、「南無阿弥陀仏」と念仏を称える僧であった。道善房は、日蓮のすすめにも信仰をまげず、山林修行によって清澄寺の本尊である虚空蔵菩薩を信仰し、念仏を称えて浄土堂本尊の阿弥陀仏に、来世は極楽に往生できるようにと願った。

その道善房が亡くなった知らせを聞いた日蓮は、『報恩抄《ほうおんしょう》』という一書を清澄寺に送り、墓の前で読み上げるよう求めた。その文には、師に寄せる深い想いが、ひしひしと感じられる。

山中の小さな花木が大きく育ち、美しい花を咲かせ林をかざり、やがて果実をみのらせて種を落とす。熟れた色と香りを輝かせる果実も、やがては樹下に落ちて土となって根を養い、その木を繁らせて新たな生命を誕生させる養分となる。

出家の師であった道善房は、日蓮という大輪の花を咲かせ、りっぱな果実をみのらせた樹木である。その花と果実は、やがて根元に落ちて味わい深い養分となり、成仏の糧となって新たな生命を育む。日蓮は、師と弟子のいつまでも変わらぬ深い縁を、四季を通じての樹木や草の営みにあわせて想い、道善房の墓にその姿を重ねあわせて弔《とむら》った。この師弟の姿を、清澄山の大自然は、静かに包み込む。

地獄と仏とはいずれの所に候ぞとたずね候えば、或は地の下と申す経《きょう》もあり、或は西方等と申す経も候。しかれども委細にたずね候えば、我等が五尺の身の内に候とみえて候。(「重須殿女房御《おもすどのにょうぼうご》返事《へんじ》」)

【訳】地獄はどこにあり、仏はいずこにおいでになるかと、経文をしらべてみました。すると、あるいは地獄は地下にあるという経文もあり、阿弥陀仏は西方極楽浄土だという経文もあります。ところが、さらに詳しく調べてみると、地獄も仏も、五尺に足らない自分の身と心のなかにあるといわれます。

【解説】鎌倉時代は、人の命を奪い奪われる武士の世であったから、犯し犯される罪の心も深く、死後には地獄に堕ちて、想像を絶するような責め苦に襲われることを恐れた。恐ろしい苦しみの地獄と、永遠の楽をうける仏の浄土とは、経典によってさまざまに説かれていて、一概には言えないほどである。薬師如来は東方にある浄瑠璃《じようるり》世界に、阿弥陀仏の浄土は西方にある極楽浄土だという。とくに阿弥陀仏は、二十五菩薩を従えてはるか西方の浄土から迎えに来ると信じられている。

日蓮は、現実の世界に浄土を求めたので、このような奇跡はまったく説いていない。「重須殿女房御返事」に、浄土と地獄はどちらも「我等が五尺の身の内に候」といったところに、その主張の特色がある。鎌倉時代の人の背丈は、現在よりも一回り低く、だいたい五尺すなわち約一五〇センチくらいが平均的で、人の体のことを「五尺の体」といった。日蓮は、この体に宿る心の中にこそ、地獄も極楽もともにあるといい、心の救いをまず第一と主張する。

日蓮は、教義のなかで「十界互具《じっかいごく》」という考えを述べ、人々の心をいう「人界」には、上は仏界から下は地獄界に至るまで、すべてみな備わっているという。仏が我が身のうちにあるからこそ成仏を熱望し、むやみに怒り切れたりして騒ぎ立てるのは、心の中に「地獄」があるからである。

四　心の財宝を積み重ねることが大事

蔵の財《たから》よりも身の財すぐれたり。身の財より心の財第一なり。此御文《おんふみ》を御覧あらんよりは心の財をつませ給べし。（「崇峻天皇御書《すしゅんてんのうごしょ》」）

【訳】蔵の中に巨万の富を積んだとしても、命の宿るこの体が安らかであることこそ、すぐれた財宝なのです。その体の財宝よりももっと大事な第一の財宝は、心の財宝です。あなたがこの書状をご覧になるそのときからすぐにでも、心の財宝をみずからの身に積み重ねるべきです。

【解説】心の貧しさがひどくなって、何もかも物質的な欲望が先に立つようになり、はては自分自身を失いかけたとき、日蓮のこの言葉が思い出される。「蔵の財よりも体の財が大切です。体の財よりもなお第一に大切なのは心の財です」と、日蓮は、豊かで満たされた心の大切さを、みごとに整った的確な言葉で言い表す。ここでいう「心の財」の真の意味は、けっして漠然とした抽象的なものではなく、正しい信仰をもととした清らかな心を意味する。いくら財宝を積まれたとしても、心の財宝には及びもつかないというのである。

このことは、いわれるまでもなくよく分かってはいるものの、実際にこのような心を育て実行することもないのが実情である。そこで、「心の財は、今すぐにでも積み始めなさい」と、いますぐにでもそのような心を内に懐くよう心がけるよう、日蓮は求めている。何よりも、口先ばかりではなく、一刻も早く実行することが大切である。

今日のすさんだ世の中で、日蓮のいう「心の財」の意味は、なにも信仰上のことに特定することもないだろう。一人ひとりの「豊かな営み」をあらわすお互いの「生命」を、ともに絶対に尊重しあい護りとおすことが、「心の財」を積むもっとも大事な行いである。どこかのポスターで、「いのちに礼拝」という言葉を見たが、その「いのち」とはこのような意味の「生命」にほかならない。

日蓮は、「崇峻天皇御書」という書状のなかで、「蔵の財」に続いて身体の健全と安泰を意味する「身の財」をあげ、究極的には『法華経』の信仰を「心の財」として強調している。

出　典　『昭和定本日蓮聖人遺文』身延山久遠寺。

参考文献　中尾堯著『日蓮』（歴史文化ライブラリー）、吉川弘文館、二〇〇一年。佐藤弘夫著『日蓮』ミネルヴァ書房、二〇〇一年。佐々木馨編『法華の行者　日蓮』（日本の名僧一二）吉川弘文館、二〇〇四年。

22 無学祖元

むがくそげん

一二二六—八六

中国宋代の臨済宗の僧。宋国明州慶元《けいげん》府《ふ》鄞県《ぎんけん》に生まれる。一三歳で父を失い、浄慈寺《じんずじ》に入り、北磵居簡《ほっかんきょかん》のもとで出家、嘉熙《かき》三年（一二三九）、径山《きんざん》万寿寺の無準《ぶじゅん》師範《しはん》のもとで本格的に参禅修行しその法を嗣ぐ。霊隠寺《りんにんじ》・育王山《いくおうさん》・天童山《てんどうさん》・大慈寺《だいじじ》などで当代の名僧たちのもとで参禅した。霊隠寺では虚堂智愚《きどうちぐ》、大慈寺では物初大観《もっしょたいかん》に師事した。母への孝養のため庵居すること七年、母の死後、霊隠寺において僧衆の修行を指導する首座《しゅそ》となった。咸淳《かんじゅん》五年（一二六九）台州の真如寺《しんにょじ》に住するが、元《げん》の軍兵の侵攻によって能仁寺《のうにんじ》に逃れた。至元《しげん》十四年（一二七七）、天童山にもどり首座となり、至元十六年（弘安二年・一二七九）、北条時宗の使いである傑翁宗英《けつおうそうえい》・無及徳詮《むぎゅうとくせん》が天童山に来て、住持の環渓惟一《かんけいいいち》を招こうとしたが、環渓は老齢の故これを断り、無学を推薦した。

これにより無学は日本に向かい、同年六月に博多に到着、鎌倉へ行き建長寺の住持に迎えられた。北条時宗は弟子の礼を取り参禅し、その信任は厚かった。弘安五年（一二八二）円《えん》覚寺《がくじ》が造営されその開山として招かれた。住持を二年間務めて建長寺にもどり、弘安九年九月三日、六一歳で没した。仏光禅師《ぶっこうぜんじ》の諡号《しごう》を受けた。弟子には下野国《しもつけのくに》（栃木県）那須《なす》の雲《うん》巌寺《がんじ》を開いた高峰顕日《こうほうけんにち》、上野国《こうずけのくに》（群馬県）世良田《せらだ》長楽寺の一翁院豪《いちおういんごう》など三〇〇余人があり、この門派を仏光派《ぶっこうは》といった。

一　モンゴル兵との対峙

乾坤《けんこん》、孤笻《ここう》を卓《た》つるに地なし、喜んで得る人空《にんくう》法もまた空《くう》なることを、珍重《ちんちょう》す大元三尺剣、電光影裏《ようり》に春風を斬る。（『仏光禅師語録《ぶっこうぜんじごろく》』九「無学禅師行状」）

【訳】天地の間に一本の杖を立てる地はない、人空《にんくう》・法空《ほっくう》ともに空なり、すなわち我見をもって執着する我というものや客観的な事物もすべて実体がなく空であることを体得することができた。元軍《げんぐん》の兵の三尺の剣はたいしたものであるが、この私の体を斬るといっても、電光が光る一瞬に春風を斬るようなものだ。すなわち実体はなくまさに空を斬るだけのことである。

無学祖元像（円覚寺）

【解説】至元十二年（一二七五）無学祖元は真如寺《しんにょじ》から温州雁山能《のう》仁《にん》（普済《ふさい》）寺《じ》に移り住むが、翌年、モンゴル軍が侵攻するところとなる。僧衆は隠れ、無学だけが椅子の上で微動だにせず坐禅をしていた。兵士は刀を首に突きつけるが無学は顔色も変えず、この一句を唱えたのである。一切皆空《いっさいかいくう》を端的に示し、悠然として「珍重す大元三尺剣、電光影裏に春風を斬る」と言い放ったところに無学の修行で鍛え上げた道力を見ることができる。

この句を聞いた兵士もその姿にうたれて、謝って退いたという。禅僧の何者も恐れず泰然とした精神力を示すものとしてこの句は有名になり臨剣頌《りんけんじゅ》として人口に膾炙《かいしゃ》するようになった。虎関師錬《こかんしれん》が著した『元亨釈書《げんこうしゃくしょ》』にも無学の事績のなかで触れられ、鎌倉時代末以降さらに有名になった。また、中世に関東で普及した板碑《いたび》のなかにはこの句を記すものがあり、入間市円照寺にある元弘三年（一三三三）年五月二十二日の日付をもつ板碑《いたび》には、胎蔵界《たいぞうかい》大日三尊の梵字とともにこの頌が彫られている。この頌が鎌倉武士にいかに好まれたかがわかる。

後に日本から元《げん》に渡った雪村友梅《せっそんゆうばい》（一二九〇—一三四六）が嫌疑をかけられ湖州に流されるが、雪村は刑吏に首を刎《は》ねられようとした時、この句を唱えて同様に災難から逃れることができた。これにより、中国では雪村の句として知られるようになったという。

二　円覚寺における修行生活の心得

今日、荘田《しょうでん》の文字を将《も》って、老僧に布施《ふせ》す。千年万古《ばんこ》、衲子《のうす》に供養す。且《か》つうは道《い》え、檀那《だんな》の意、何《いず》くにありや。諸兄、三条の椽下《てんか》、七尺の単前《たんぜん》、内に放出せず、外に放入せず。透去せしめんとなす。もし、一向前の如く肯《あ》えて座禅せず、肯えて諷経《ふぎん》せず、肯えて堂に赴かず。粥飯《しゅくはん》

円覚寺三門
鎌倉市山ノ内にある臨済宗円覚寺派の大本山。北条時宗の開基，無学祖元を開山として建立された。

を喫し、寮舎に横眠倒臥《おうみんとうが》し、赤身を露《あら》わに体し、袈裟《けさ》を搭《か》けず、鉢盂《はつう》を展《の》べず。懶惰狼藉《らんだろうぜき》して年頭直《ただち》に年尾に到る。何の補あって檀施《だんせ》に報ぜんや。諸兄、回頭せざるべからず。もし、幾人か参り請い眼目を開き、老僧の意を契得《けいとく》する者あらば、亦《また》、以《もっ》て我が思郷の念を銷《とざ》さん。我が法のため人を求むるの心を慰む。（『仏光国師語録』四「接荘田文字」）。

【訳】今日、北条時宗より荘園を老僧（無学祖元）に寄進するとの文書が来た。永遠におまえたち僧衆のため供養するということである。さあ、言ってみよ檀那《だんな》（寄進者）の意は何であるかを。あなた方は三条の垂木《たるき》の下、七尺の個人用の単《たん》に起居し、内外に出入りせず、円覚寺に住んで悟りの境地を得るようにしなければならない。もし、これまでのように、坐禅もせず、経も読まず。堂に赴き朝昼の食事をなして寮舎でごろごろして、衣も着ず袈裟《けさ》も掛けず、食事作法も守らず、怠けて無法な生活をして年を送るようでは、どうして檀越《だんおつ》の心に報いることができようか。諸君、反省しなければならないのだ。もし、このなかの何人かがまじめに参禅して眼を開き、老僧の法を理解する者があれば、私の宋《そう》に帰りたいと願う思いを消し、仏法のために人を求めている心を慰めることができるのだ。

【解説】北条時宗から手厚い保護を受け荘園の寄進を受けた時に、無学祖元が修行僧たちに向かって説いた「普説《ふせつ》」のなかに出てくる文章である。このなかでは北条氏の外護《げご》に甘えず、衣食住を保証されている寺院生活のなかで如何に僧侶は生きるべきかを説いている。信者・檀越の布施の心を真に受け止め、出家者は専一に修行し禅僧として悟りを開くべきだと言っている。はるばる宋から日本に来た無学にとって、一生懸命修行して法を嗣いでくれる弟子が輩出すれば、帰国の思いも消え心も慰められるとしている。仏法のため日本に来た禅僧の気概と、切々と弟子たちに法を説くその姿を彷彿とさせる文言である。

出　典　『大日本仏教全書』九五、大覚禅師語録并拾遺外五部。

参考文献　『円覚寺史』春秋社、一九六四年。玉村竹二『臨済宗史』春秋社、一九九一年。

23

一遍

いっぺん

一二三九―八九

鎌倉時代の念仏僧《ねんぶつそう》。時宗《じしゅう》の開祖《かいそ》。延応《えんおう》元年（一二三九）伊予国道後《いよのくにどうご》（愛媛県松山市）で豪族河野通広《こうのみちひろ》の子として生まれる。一〇代前半で出家し、九州で浄土宗西山派《じょうどしゅうせいざんは》の門に入る。のちに一時還俗《げんぞく》したが、三〇代のはじめころにふたたび出家して各地を巡って念仏修行《ねんぶつしゅぎょう》に励み、また布教に努めた。

一遍の宗教の特色は徹底して念仏のみに生きることにあった。そのために衣食住のすべてを捨てようとし、住居を定めずに放浪した。そこで彼は捨聖《すてひじり》と呼ばれ、また遊行《ゆうぎょう》の聖《ひじり》と呼ばれた。その足跡は南は九州鹿児島から北は奥州岩手にまで及ぶ。当初は門弟を採らなかったが、やがて彼を慕う者たちが弟子となって行動をともにしはじめた。その弟子を時衆《じしゅう》と呼ぶ。

正応《しょうおう》二年（一二八九）八月、一遍は、一六年間の遊行の果てに兵庫観音島《かんのんじま》（兵庫県神戸市）で亡くなった。五一歳。

一遍自筆の史料は残されていない。そのために一遍の伝記と思想は、『一遍聖絵《いっぺんひじりえ》』や『遊《ゆ》行上人縁起絵《ぎょうしょうにんえんぎえ》』という伝記絵巻、そして『播州法語集《ばんしゅうほうごしゅう》』や『一遍上人語録《いっぺんしょうにんごろく》』という法語集によって検討されている。また、『一遍聖絵』や『遊行上人縁起絵』は、中世の社会や文化を知るうえでも貴重な史料である。

一　阿弥陀信仰

六字《ろくじ》の中《なか》
本無《ほんむ》生死《しょうじ》
一声《いっしょう》の間《かん》
即《すなわ》ち無生《むしょう》を証《しょう》す（『一遍上人語録』巻上「六字無生《ろくじむしょう》の頌《じゅ》」）

一　遍　像（無量光寺）

【訳】「南無阿弥陀仏《なむあみだぶつ》」という六文字の中には、生死《しょうじ》を超えた救いの世界がある。その世界ははるかな昔から本来的に存在しているものである。一声、「南無阿弥陀仏」と称えれば、すぐさま救いの世界が立ち現われる。

【解説】一遍の念仏信仰は、大きく把握すれば法然《ほうねん》の専修念仏《せんじゅねんぶつ》の系統を受け継いでいる。すなわち、その師弟関係は、

法然─┬─証空（浄土宗西山派の派祖）──聖達───┬─一遍
　　　└─親鸞（浄土真宗の開祖）　　　　如仏（河野通広）─┘

という系譜で示される。そして一遍の信仰は、法然と親鸞との比較をすると分かりやすい。法然の信仰は、ひたすら念仏を称えることによって阿弥陀仏に救っていただこう、極楽浄土に迎えていただこうという内容であ

宝　厳　寺
愛媛県松山市道後湯之町にある時宗の寺院で，一遍が誕生した場所と伝えられる。

った。親鸞の信仰は、人間は無力な人々をあわれむ阿弥陀仏の広大無比《こうだいむひ》の慈悲《じひ》の働きによって救われるのであり、その救いを信じて念仏を称えた時に救われる、というものであった。親鸞の教えは、その念仏さえ、阿弥陀仏が称えさせてくれるのであるという。また救われたのちの念仏は、阿弥陀仏に対する感謝の表現であった。法然の場合、念仏は救われるための手段というべきものである。親鸞の場合は、手段ではないけれども、阿弥陀仏と人間との橋渡しをする方法であった。しかし一遍の場合は、「南無阿弥陀仏」という六字に注目したのである。

手段であっても橋渡しであっても、それがなぜ「南無阿弥陀仏」という六文字なのか。

ここにおいて一遍は「南無阿弥陀仏」の中に不可思議な救済の力を見いだしたのである。この六字の中にこそ前世《ぜんせ》・現世《げんせ》・後世《ごせ》と人間が生き死にする迷いの世界を超えた、救いの世界がある。一声、「南無阿弥陀仏」と称えさえすれば、その声の中に救いの世界があることが証明される。つまりは救いの世界が必ず出現するのである。

「六字の中　本無生死　一声の間　即ち無生を証す」は「六《ろく》字無生死《じむしょうじ》の頌《じゅ》」と通称されていて、一遍の念仏信仰の真髄《しんずい》を示すものである。また一遍は、その念仏のあり方を解説して、次のように述べている。

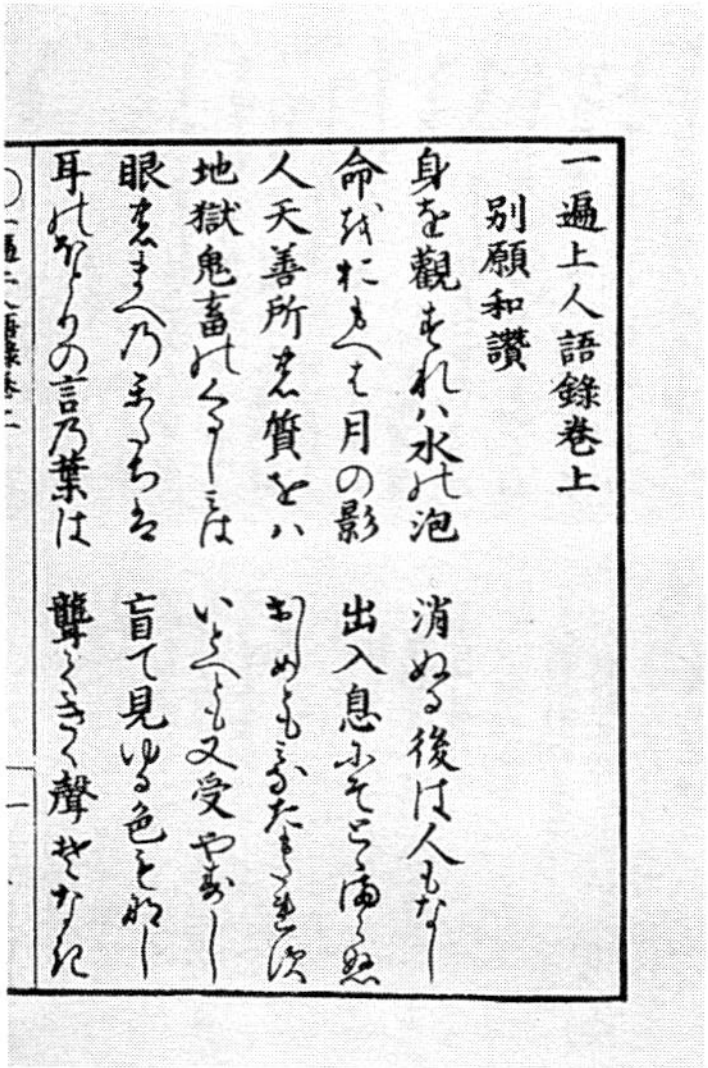

『一遍上人語録』(文化８年版本)
一遍の頌(じゅ)・法語などを，神奈川県藤沢市にある清浄光寺(しょうじょうこうじ)の一海が編纂し，宝暦13年(1763)に刊行された。

念仏の行者《ぎようじや》は智恵《ちえ》をも愚痴《ぐち》をも捨《すて》、善悪の境界《きようかい》をもすて、貴賤高下《きせんこうげ》の道理をもすて、地獄をおそるる心をもすて、極楽を願う心をもすて、又諸宗の悟《さとり》をもすて、一切の事をすてて申《もうす》念仏こそ、弥陀超世《みだちようせ》の本願に尤《もつと》もかない候え。かように打《うち》あげ打あげとなうれば、仏《ほとけ》もなく我《われ》もなく、まして此内《このうち》に兎角《とかく》の道理もなし。善悪の境界、皆《みな》浄土なり。外に求《もとむ》べからず、厭《いとう》べからず。よろず生《いき》としいけるもの、山河《さんが》草木《さうもく》、ふく風たつ浪の音までも、念仏ならずということなし。(『一遍上人語録』巻上)

【訳】念仏修行をする者は、救いについての智恵も愚かな心も捨て、物事を善悪に分ける俗世界も捨て、身分の貴い卑しいにこだわる、上下の区別のある人間関係も捨て、極楽往生を願う心も捨て、また諸宗派でいう悟りのことも捨て、すべてのことを捨てて念仏を称えよ。その念仏こそ、阿弥陀仏が過去・現在・未来すべての人々を救いたいという願いにもっともかなっている。

このように、打ち上げ打ち上げ、繰り返し声に出して念仏を称えれば、そこには仏もなく私という人間もなくなる。まして何らかの問題になる論理もない。善悪の渦巻くこの俗世も、すべて極楽浄土となる。
この世のほかに極楽浄土を求めるべきではない。またこの世を嫌ってはならない。すべての生き物の声、山の響きや河のせせらぎ、草木の息吹《いぶ》き、吹き渡る風や立ち騒ぐ波の音までも、念仏でないということはないのである。

【解説】人間にとって「南無阿弥陀仏」という六字名号《ろくじみょうごう》こそ、唯一、大切なものである。本気になって称えなければならない。それが正しいのかなどと考える智恵や愚かな心、また身分、それから地獄に対する恐れ、その他一切のことも捨てて称えよ。自然界のどんな音も念仏でないものはないのである。
「南無阿弥陀仏」と称える中に救いの世界があるとすれば、この世の中のすべての音や気配もすべて念仏となる。このように一遍は説いたのである。
一遍はさらにまた、「仏も衆生もひとつにて　南無阿弥陀仏とぞ申すべき（阿弥陀仏も人間も一体となって南無阿弥陀仏と称えましょう）」（『一遍上人語録』「別願和讃《べつがんわさん》」）とか、「南無阿弥陀仏が往生するなり」（『一遍上人語録』）など と六字名号の存在を強調する発言も行っているのである。そして最晩年には次のように簡略に述べている。

一代聖教《いちだいしょうぎょう》みなつきて南無阿弥陀仏になりはてぬ（『一遍聖絵』一一）

【訳】釈迦如来の一生数十年のうちに示された言葉を記した経典は、すべて「南無阿弥陀仏」の六字に集約されてしまったのである。

【解説】一遍は兵庫島での臨終の直前、持っていた書籍などをすべて焼き捨ててしまった。これは死期を悟った一遍の、弟子の時衆《じしゅう》たちに対する戒めの行動であった。つまり、重要なのは念仏だけであるのに、一遍没後、その所持していた書籍などを欲しがるであろうことを恐れたのである。それらを皆の目の前で焼き捨て、彼らの執着心をあらかじめ断ち切った。一遍の門弟の聖戒《しょうかい》は、これは釈迦が亡くなったときに「南無阿弥陀仏」こそ大切と説かれたという意味であると一遍がいわれたのだ、と解説している（『一遍聖絵《いっぺんひじりえ》』一二）。

二　衣食住と家族を捨てる

衣食住の三《みつ》は三悪道《さんまくどう》なり。衣裳《いしょう》を求《もと》かざるは畜生道《ちくしょうどう》の業《ごう》なり。食物をむさぼりもとむるは餓鬼道《がきどう》の業なり。住所をかまうるは地獄道《じごくどう》の業なり。しかれば、三悪道をはなれんと欲せば、衣食住をはなるべきなり。（『一遍上人語録』巻下―七五）

【訳】衣・食・住の三つに執着《しゅうじゃく》することは、次の世で三つの恐ろしい世界に堕ちる原因になる。衣裳を美しく着飾ることに熱心になるのは、畜生《ちくしょう》の世界に堕ちる原因となる。美味しい食物ばかり摂ろうとするのは、餓鬼《がき》の世界に堕ちる原因となる。立派な家に住むことは地獄に堕ちる原因となる。そのようなことなので、三つの恐ろしい世界に堕ちたくなければ衣食住を捨てなければならない。

【解説】一遍はなぜこのように衣食住を捨てることに徹しようとしたのであろうか。それはおそらく、彼の人生体験によるものと思われる。

一遍は一〇歳の時に母を亡くし、その幼い年で世の中に常なるものはない、人はついには別れていかなければならないという「無常の理」を感じたとされる（『一遍聖絵』一）。その様子を見た父は一遍を出家させ、一三歳の時に九州大宰府の僧聖達《しょうだつ》のもとに送った。聖達は法然の弟子証空《しょうくう》の門弟であった。浄土宗西山派の僧ということになる。以後十余年、一遍は念仏信仰をもととする西山派の修行にいそしんだ。ちなみに一遍の父通広《みちひろ》も、若い時に京都に出て証空の門で修行していたことがあった（法名は如仏《にょぶつ》）。如仏は、かつての修行仲間に息子を託したのである。

ところが弘長三年（一二六三）二五歳の時に父が亡くなった。一遍はその葬儀のために故郷伊予国道後《どうご》に戻り、そのまま還俗してしまった。その原因は、彼の家には領地があり、それを管理しなければならなかったから、という推測がある。結婚して娘も生まれたようである。

しかし一遍の在俗生活は必ずしもうまくいかなかったらしい。文永八年（一二七一）春あるいはそれ以前の近い時期に、ふたたび出家生活に入った。三三歳のころであった。その理由として、一遍の伝記絵巻である『一遍聖絵』一では六道輪廻《ろくどうりんね》の恐ろしさに気づいたからであると、次のような話を伝えている。

ある時、一遍は童子《どうじ》と輪鼓《りゅうご》（鼓《つづみ》のように胴のくびれた独楽《こま》。左右の手で両端を持った長い紐で挟みながらまわして遊ぶ）の遊びをしていた。偶然、失敗して地面に落ち、まわるのを止めてしまった輪鼓を見て一遍は衝撃を受けた。俗世間「輪鼓は力を加えてまわせばまわる。まわさなければまわらない。自分の輪廻もこの輪鼓と同じだ。俗世間の生活の中で、極楽往生できない原因を自分でたくさん作ってしまっている。自分自身で自分を救われない世界である六道にぐるぐるまわしているのだ。このまま衣食住や家族に執着する在俗生活を続けていたのでは、いつまでも六道を輪廻して止まることがない。俗人の生活を捨てれば、六道を流転《るてん》することはなくなるだろう」。こうして一遍は俗世間の生活を捨てて再出家したという。

一遍の再出家に関するもう一つの説に、領地争いが原因であったという話がある。一遍の属する河野氏は平安時代末期の源平の争いにおいて源 義経《みなもとのよしつね》に味方し、文治《ぶんじ》元年（一一八五）に壇ノ浦で平家を全滅させるのに大いに働いた。おかげで河野氏は領地を大幅に増やし、瀬戸内海第一の海上の豪族として大勢力を誇った。河《こう》野《の》水軍《すいぐん》といえば、紀伊半島の熊野水軍と並んで有名な存在であった。

ところが承久《じょうきゅう》三年（一二二一）の承久の乱において、河野氏の多くは後鳥羽上皇《ごとばじょうこう》方に味方して敗れてしまった。そのために多くの領地が没収され、一族は苦しい生活にあえぐことになった。これに関連する形で、一遍についてのもう一つの伝記である『一遍上人年譜略《いっぺんしょうにんねんぷりゃく》』には、次のような話が載せられている。

一遍の兄弟には兄の通真《みちざね》と弟の通政《みちまさ》がいた。父のあとの家督《かとく》は通真が継いだが、まもなく亡くなった。そこで家督は通政に引き継がれた。ところが親類の中にその家督と領地を奪い取ろうとする者があり、そのためにまず、弟を助けていた一遍を殺そうとしたというのである。物欲の恐ろしさに、一遍はその中にいる生活を遁れる決心をしたというのである。困窮する一族の中での領地争いは激しかったのである。

一遍についての、また別の縁起絵巻《えんぎえまき》である『遊行上人縁起絵《ゆぎょうしょうにんえんぎえ》』一には、「出家の原因はこのことだろうか」として、親類の中に一遍に恨みを持つ者がいて、一遍を殺そうとした、一遍は傷を受けたけれども、相手の刀を奪い取り、命は助かったと記してある。該当部分の絵には、数人の武士と斬り合う一遍の姿が描かれている。一人の武士は地面に倒れている。

さらにまたもう一つ、『北条九代記』では、一遍の出家の原因は愛情と嫉妬に関わる問題であると、次の話を載せている。

一遍には寵愛《ちようあい》する二人の妾があった。ふだん二人は仲がよく、一遍も安心していた。ところがある日、二人が碁盤《ごばん》を枕にして（昔はこのような習慣があったらしい）頭を突き合わせ、昼寝をしているのをそっと見ていると、二人の長い髪の毛がたちまち無数の小さい蛇となって食い合いを始めた。一遍は、表面では仲よくしている二人の内心の嫉妬の恐ろしさに気づき、そしてその原因を作っている自分の生活を反省し、俗世間の生活を捨てる決心をしたという。

念仏の機《き》に三品《さんぼん》あり。上根《じようこん》は妻子を帯《たい》し家にありながら、著《じやく》せずして往生す。中根《ちゆうこん》は、妻子をすつといえども、住所と衣食を帯し、著せずして往生す。下根《げこん》は、万事を捨離《しやり》して往生す。我《われ》等《ら》は下根の者なれば、一切をすてずば、さだめて臨終に諸事に著して、往生を損ずべきなり。

（『一遍上人語録』巻下―四四）

【訳】念仏を称えて極楽往生を願う人間の質には三種類がある。最も能力の高い人間は、妻子を持ち家に住んでいても、臨終にはそれらに執着することなく無事に念仏が称えられ、極楽往生できる。次に中程度の能力の人間は、妻子を捨てなければならないけれども、家に住み衣食を普通にして生活していても、臨終にはそれらの生活に執着せず念仏を称えることができ、極楽往生できる。

これに対し私は最も能力のない人間なので、あらかじめ妻子と衣食住のすべてを捨てて生活していなければ、臨終には必ずいろいろなことに執着して念仏を称え損じ、極楽往生できないという結果に終わるであろう。

【解説】一遍は、いったん十余年にわたる出家生活をしていたからこそ、人間の欲と執着心の強さ、そしてそれが餓鬼道《がきどう》・畜生道《ちくしょうどう》・地獄道《じごくどう》に堕ちる恐ろしい原因となるということに敏感であったのであろう。特に妻子のことを中心にして、一遍は以上のようにも説いているのである。

再出家した一遍は、各地で修行をしなおし、領地も捨てて、文永十一年（一二七四）春に伊予国を出て、念仏布教の遊行《ゆぎょう》の旅に出発した。ところがこの時、一遍は法名を超一《ちょういち》と呼ぶ妻と、超二《ちょうに》と名づけた娘、および念仏房《ねんぶつぼう》という従者とを一緒に連れているのである。まだ捨てることに徹し切れず、妻子を捨てられなかったのである。しかし四ヶ月後、紀州熊野において妻子と別れている。

一遍は自分自身が捨て切れない性格であることを自覚していたので、「捨てよ、捨てよ」と自他に向かって強く説き続けたという見方もある。彼は「捨てること」を主題にしていくつもの和歌を詠んでいる。

身をすつる　すつる心を　すてつれば　おもひなき世に　すみぞめの袖（『一遍上人語録』巻上）

【訳】この世の種々の事がらに執着する我が身を捨てようとする、私のその心も捨てれば、何ごともこの世に対する執着はなくなった。それを示すのが出家としての粗末な墨染めの衣だ。

【解説】この歌は、弘安《こうあん》三年（一二八〇）に奥州《おうしゅう》江刺《えさし》で祖父河野通信《こうのみちのぶ》の墓所を訪ねた時に作ったものである。通信は、壇ノ浦で平家を滅ぼしたときに河野氏を率いた人物であった。しかし承久の乱で敗れて江刺に流され、そのままそこで亡くなっていた。

捨てきる決心がつかずに持て余す自分の心。その心も捨てればよいのだと説いているのは、一遍自身の体験であろう。また次のような和歌もある。

すてゝこそ　みるべかりけれ　世中《よのなか》を　すつるもすてぬ　ならひありとは（『一遍上人語録』巻上）

【訳】捨て切れるだろうかというためらう心を振り切って捨ててみるとよい。すべて捨てたはずであるけれども、実は大切なものは捨てていないということが判るのである。

【解説】この和歌は九州遊行中に詠んだ歌という。捨てきれない人たちを励ます意味が込められている。これも一遍自身の体験と思われる。一遍にかぎらないが、僧にとって修行に徹しようと思う自分の「心」と、俗世間のあれこれに執着を残す自分の「心」とは、なかなかやっかいな存在なのであった。

三　捨てきった境地

おもふこと　みなつきはてぬ　うしとみし　よをばさながら　秋のはつかぜ（『一遍上人語録』巻上）

【訳】世の中のことについていろいろ思っていたことはすべて尽きてしまった。もう何も思うことはない。憂いに満ちているとみていたこの世は、まるで蒸し暑い夏を過ぎて吹く秋の初風のように爽やかな世界だった。

【解説】これは一遍が最晩年に詠んだ和歌である。この時一遍は淡路国《あわじのくに》（兵庫県）大鳥《おおとり》の里《さと》の河辺《かわべ》に滞在してお

『一遍聖絵』（清浄光寺・歓喜光寺）
一遍の伝記絵巻。信州小田切里の踊念仏の場面。

り、病気になってしまっていた。死期も予測していたようである。五一年間の一生、一六年間の遊行生活を振り返っての感想である。このことを記した『一遍聖絵』一一の記事に、一遍が「人々との縁が薄くなり、皆は私の教えを誡めを用いなくなった、私の人生もそろそろ終わりだ」と述べたと記している。

もう自分のなすべきことは終わったと思い、「おもふこと　みなつきはてぬ」と実感したものであろう。体力の衰えもあり、いまさら何もできないであろうという気持ちも強まったと思われる。いわばすべてを捨て切った心境のなかに、確かに「秋のはつかぜ」に吹かれるような爽やかな気分に到りついたのであろう。「捨てる」行いの極致は「秋のはつかぜ」であった。

名にかなふ　心《こころ》は西に　うつせみの　もぬけ
はてたる　こゑぞすゞしき（『一遍聖絵』一一）

【訳】この世のすべてを脱ぎ切り、まるで蝉の脱《ぬ》け殻《がら》のようになった私の心は西方極楽浄土をめざして念仏を称えている。その念仏の声はとても涼しい。

【解説】一遍は阿波国から淡路国《あわじのくに》に移り、二宮神社《にのみやじんじゃ》の正面に札《ふだ》を打った。その札に記したのがこの和歌である。現世の執着をすべて捨て果てて称える念仏の声は、なんと涼しい響きであることか。「秋のはつかぜ」と「すずしさ」、共通した心境である。これが「捨てる」行いが到りつく、理想の境地であった。

四　一遍の遺言

五蘊《ごうん》の中に衆生《しゅじょう》をやまする病《やまい》なし。四大《しだい》の中《なか》に衆生をなやます煩悩《ぼんのう》なし。但《ただし》、本性《ほんしょう》の一念《いちねん》にそむきて五欲《ごよく》を家《いえ》とし、三毒《さんどく》を食《じき》として、三悪道《さんまくどう》の苦患《くげん》をうける事、自業自得果《じごうじとくか》の道理なり。しかあれば、みずから一念発心《いちねんほっしん》せんよりほかには、三世諸仏《さんぜしょぶつ》の慈悲もすくうことあたわざるものなり。（『一遍上人語録』巻上）

【訳】人間を仮りに形づくっている色《しき》（存在）・受《じゅ》（感受）・想《そう》（概念）・行《ぎょう》（構想力）・識《しき》（識別）という五つの作用の中には、人間を病ませる病気はない。一切万有《いっさいばんゆう》の物質を構成し人間を成り立たせている地《ち》・水《すい》・火《か》・風《ふう》という四つの要素には、人間を悩ませる煩悩はないのだ。

ただし本来そうあるべき極楽を求める気持ちに背き、この世の色・声・香・味・触に対する五つの欲望を家

『遊行上人縁起絵』（光明寺）

『一遍聖絵』とは別系統の絵巻で，一遍のみでなく二祖の他阿（たあ）まで描いている。一遍が因幡堂に逗留の場面。

のようにしてそこに留まり、食・瞋《とん》・痴《ち》という三つの毒を食物にし、結果として畜生道・餓鬼道・地獄道という三つの恐ろしい世界の苦しみを受けることは、自分自身の行いの結果であるという理屈である。

右のようなことなので、自分から救われようという決心を起こさないかぎりは、過去・現在・未来にわたる仏たちがいくら救おうという慈悲をたれても、その人間を救うことはできないのである。

【解説】鎌倉時代には一遍の信仰や行動に共鳴する人々がたくさんいた。特に熱心な人は一遍の遊《ゆ》行《ぎょう》に同行をした。『一遍聖絵』や『遊行上人縁起絵』の絵の部分を見ると、それは二、三〇人から数十人にも達している。しかも、男性（僧）だけではなく、女性（尼）も同数程度が描かれている。彼らは日常生活を捨て、家族を捨てて遊行に生きているのである。当然、固い決心でその生活に入っている。一遍の信仰である念仏に共鳴して熱心に念仏修行しているはずである。

一遍の弟子たちを時衆《じしゅう》というのは、現在ただ今を臨終の時と心得て、極楽往生できるように念仏を称え続ける人々（衆生《しゅじょう》）という理由からである。また一日十二時《じゅうにとき》に念仏を称え続ける人々（衆生）という意味であるともいう。実際のところ、誰でも夜も寝ないで念仏を称え続けるわけにはいかないので、時衆は順番を決めて一日一二回にわたって念仏を称えていた。

遊行は野宿《のじゅく》も多いことであるし、食事もまともにとれないこともあったであろう。歩き続けるのは疲れることであったに違いない。一遍とともにその遊行に生きる時衆は、信仰はもちろん、まじめで熱心な生活態度であったと思われる。そうでなければ長続きはしない。

ところが一遍の目から見れば、物足りない態度の時衆もいたのである。『一遍聖絵』五には、時衆に対する一遍の不満が述べられている。それは下野国小野寺の付近で急に大雨に見舞われた時のことであった。この時、小野寺に雨宿りした時衆が濡れた袈裟衣などを脱いで乾かしたりしているのを見て、一遍は次のような和歌を詠んだ。

ふればぬれ　ぬるればかはく　袖のうへを　あめとていとふ　人ぞはかなき

『一遍聖絵』五には、「尼法師みな袈裟衣などをぬぐ」とあるから、一遍は「尼法師《あまほうし》（女性の時衆）」の行動が気に入らなかったのである。雨に濡れたってすぐ乾くではないか。それを「嫌な雨ね」などと騒いでいる時衆は、いまだ現世の論理で生きている、捨てようという努力が足りない、と一遍はいいたいのである。

また右の話に引き続いての五に、やはり女性の時衆が何かの理由で怒りをあらわにしたことがあった、それを見た一遍が詠んだという和歌が記されている。その女性はまるで頭から煙が出るくらい怒っていたようである。

くもとなる　けぶりなたてそ　あまのはら　つきわおのれと　かすむものかは

「仏教の円満さを示してくれる月を隠す雲の原因となる煙を立てないでくれ尼さんよ。月は自分から霞むものではない。あなたもそのように怒っていると、目標とすべき教えが分からなくなるよ」。

また京都に滞在していた時、唐橋法印印承《からはしほういんいんしょう》という僧侶が、一遍は勢至菩薩《せいしぼさつ》の化身《けしん》であるという霊夢《れいむ》を見たとして、その霊夢の記を持参してきた。一遍は「念仏を説く私が何者かではなく、念仏そのものが重要なのである。もし私が勢至の化身《けしん》でなければ念仏を信じないのですか」と印承を戒めたという（『一遍聖絵』七）。

また従三位基長《じゅさんみもとなが》という貴族がひごろは一遍に関心がなかったのに、一遍と念仏についてのすばらしい夢を見たと、それを一巻の巻物にして持ってきた。一遍は「さても信心をこらばよき事よとて、なげおかれぬ（そうですか、念仏に対する信心が起きたのなら、それはよいことですと、その巻物を投げ出された）」という（同前書）。

こうして、思うようにならない門弟たちに与えるため、一遍は臨終の直前に人々を集めて遺誡《ゆいかい》（遺言《ゆいごん》）を述べたのである。この時、一遍が亡くなれば極楽浄土にお供をしようという時衆がいたようである。実際、一遍の臨終後には、数人の時衆が観音島の目の前の海に投身自殺を遂げている。

一遍は、このような事態を予測し、人々に向かって、「安心《あんじん》さだまりなばなにとあらんも相違《そうい》あるべからずといえども、我執《がしゅう》つきずしてはしかるべからざることなり。うけがたき仏道《ぶつどう》の人身《にんしん》をむなしくすてんこと、あさましきことなり（すべてを捨てて悟り切った境地にいるのなら問題はない。しかし現世の諸々の事柄に対する執着心が尽きていないのなら、投身自殺などしてはいけない。輪廻転生《りんねてんしょう》を繰り返す中で、せっかくその輪廻を断ち切る仏道が修行できる人間と生まれているのに、無駄にその人生を捨てるのは、まったくもったいないことだ）」と述べ（『一遍上人語録』巻下、一〇七）、この世の人生を大切にするようにと、引き続いて遺言を述べるのである。

そして八月二十三日、朝の法要の途中で亡くなった。

出典　『法然　一遍』(日本思想体系一〇)岩波書店、一九七一年。『一遍聖絵』(日本絵巻物全集一〇)角川書店、一九六〇年。

参考文献　今井雅晴著『捨聖　一遍』(歴史文化ライブラリー)吉川弘文館、一九九九年。今井雅晴編『遊行の捨聖　一遍』(日本の名僧一一)吉川弘文館、二〇〇四年。

24 無住道暁

むじゅうどうぎょう

一二二六―一三一二

鎌倉時代の臨済宗《りんざいしゅう》の僧。嘉禄《かろく》二年（一二二六）鎌倉で生まれ、鎌倉の御家人梶原《かじわら》氏の出身。一八歳で常陸国《ひたちのくに》法音寺《ほうおんじ》で出家、天台などを学んだ。建長《けんちょう》四年（一二五二）上野国《こうずけのくに》（群馬県）世良田《せらだ》の長楽寺《ちょうらくじ》で、蔵叟朗誉《ぞうそうろうよ》のもとで禅《ぜん》を学び、近江国《おうみのくに》（滋賀県）園城寺《おんじょうじ》、さらには南都《なんと》へ行き六、七年律《りつ》を修学している。三五歳で鎌倉寿福寺《じゅふくじ》に移っていた蔵叟の会下《えか》に連なり参禅したが、脚気《かっけ》のため断念した。南都の菩提山正暦寺《ぼだいせんしょうりゃくじ》で真言《しんごん》を学んだ。禅への思いは強かったようで、京都東福寺《とうふくじ》の円爾《えんに》（聖一国師《しょういちこくし》）のもとで修学。ここでは禅はもとより天台密教の灌頂《かんじょう》を受け、天台教学・密教をはじめとした顕密《けんみつ》の教え、禅宗関係の講義も受けている。

無住は遁世僧《とんせいそう》として生き、当時、広がっていた西大寺の叡尊《えいぞん》・忍性《にんしょう》の律宗の影響も受けていた。同時に大陸からの伝法を主張する禅宗にも深い関心を寄せ、特に顕密諸宗の教学に通じた禅僧、円爾に学ぶことによって、諸宗の広い知識を持ち、一宗のみの専修を主張することはなかった。弘長《こうちょう》二年（一二六二）、尾張国《おわりのくに》（愛知県）長母寺《ちょうぼじ》に住むようになり、ここを活動の拠点としていた。弘安《こうあん》二年（一二七九）、五四歳の夏に説話集として有名な『沙石《しゃせき》集《しゅう》』を執筆し始めた。さらに嘉元《かげん》二年（一三〇四）、七九歳のころから『雑談集《ぞうたんしゅう》』を書き、同三年ごろに完成させた。このほかに『聖財集《しょうざいしゅう》』『妻鏡《つまかがみ》』の著作がある。正和《しょうわ》元年（一三一二）十月十日、入滅。八七歳。

一　迷いと悟り

倩《つらつ》ら此の事を思うに、武家の業を継がず、自ら貧賤の身となる事、多生の宿善に酬《むく》う。是《これ》、則老子の云《い》える、禍《わざわい》は之《これ》福之依《よ》る所、夭亡《ようぼう》は則《すなわ》ち道行の因縁《いんねん》也。かかる迷物の末葉となれる、悟るべき因縁なるべし。されば迷物となれる、これ悟るべき端《はし》なり、

迷こそ悟りなりけれ迷はずは　何によりてか悟開《さとり》らかん

地によりて倒るる物は地によりて起るなり。知見によりて迷う者、知見を悟れば仏也。（『雑談集』一「自力他力事」）

無住道暁像（長母寺）

【訳】つくづく自分の人生を思うに、武家の家を継がず、遁世して貧しい僧侶になったことは、前世の善行によるものである。これはすなわち老子の言う「禍は福のもとである」にあたる。親族が若くして死んだのは、無住が仏道にはいるための因縁であったのだ。このような迷いの世界に生きる者の子孫であることは、悟りを開くことができる因縁である。つまり、迷いの世界にいることは、悟りへ

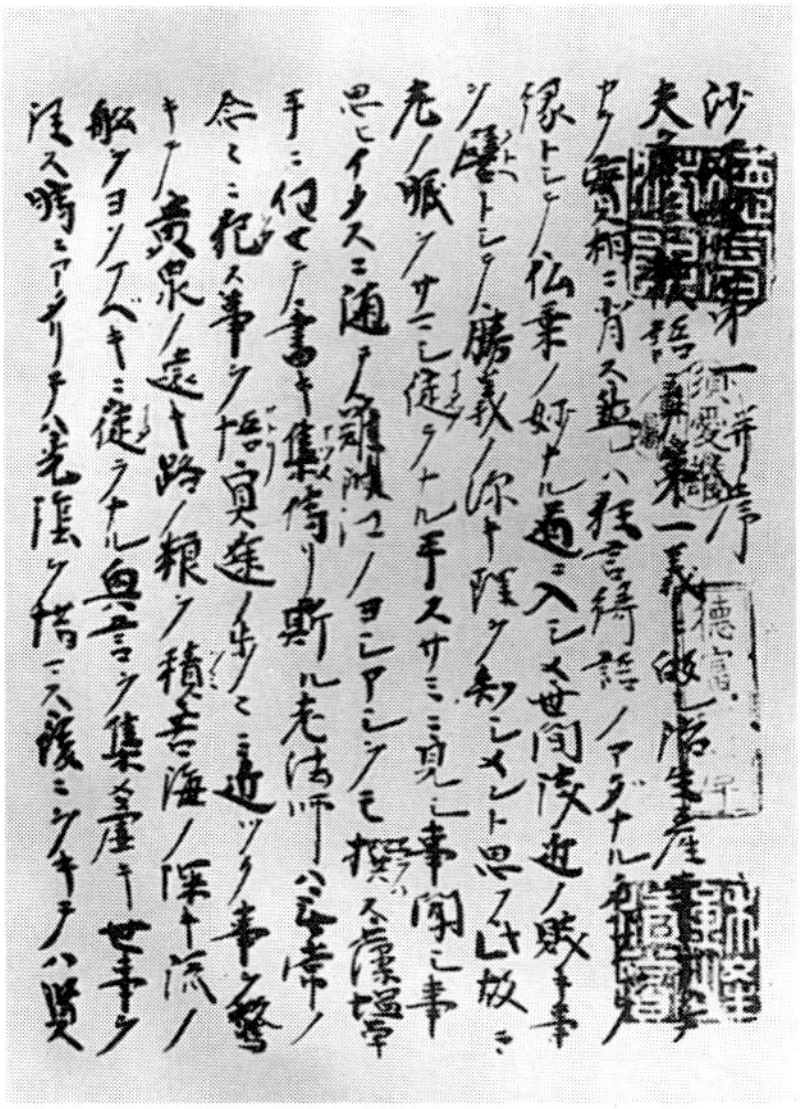

『沙石集』梵舜本（お茶の水図書館）
無住が54歳の時に著した仏教説話集で，庶民教化のため，仏法の趣旨を平易に説いている。

の端緒となるのである。

迷いこそが悟りであるならば、迷わずして何によって悟りに到達することができようか。大地につまずいて倒れた者は、その大地を踏んで立つことができる。知識にもとづいた見解で迷う者は、智慧をはたらかすことによって仏になることができる。

【解説】無住の仏道修行についての思想を示すもので、有力御家人の家に生まれながら、家の没落によって遁世僧となり、大寺に住まず貧しい生活をおくりながら修行することの意義を説いている。出家となる自分の人生を因縁によるものとしているのである。さらに、迷いこそまさに悟りへのきっかけであり、迷いによってこれを自覚することによって悟りへの道を歩むことができるのだとしている。

無住はその経歴にみるように、順調な人生でもなく、修行生活も脚気で坐禅修行を断念するなど徹底して成し遂げることはできなかった。しかし、彼はさまざまな仏法の教えを各地で吸収し、自分なりに考え格闘したのであった。迷い多き平凡な人間もそのなかから、悟りが生まれるのだという思想は、人々の共感を得たのであった。『沙石集』や『雑談集』はこうした民衆への穏やかな教えの内容が説話として展開されている。これ故、後世まで人々が好んで読み続けたのである。

二　仏法と人生

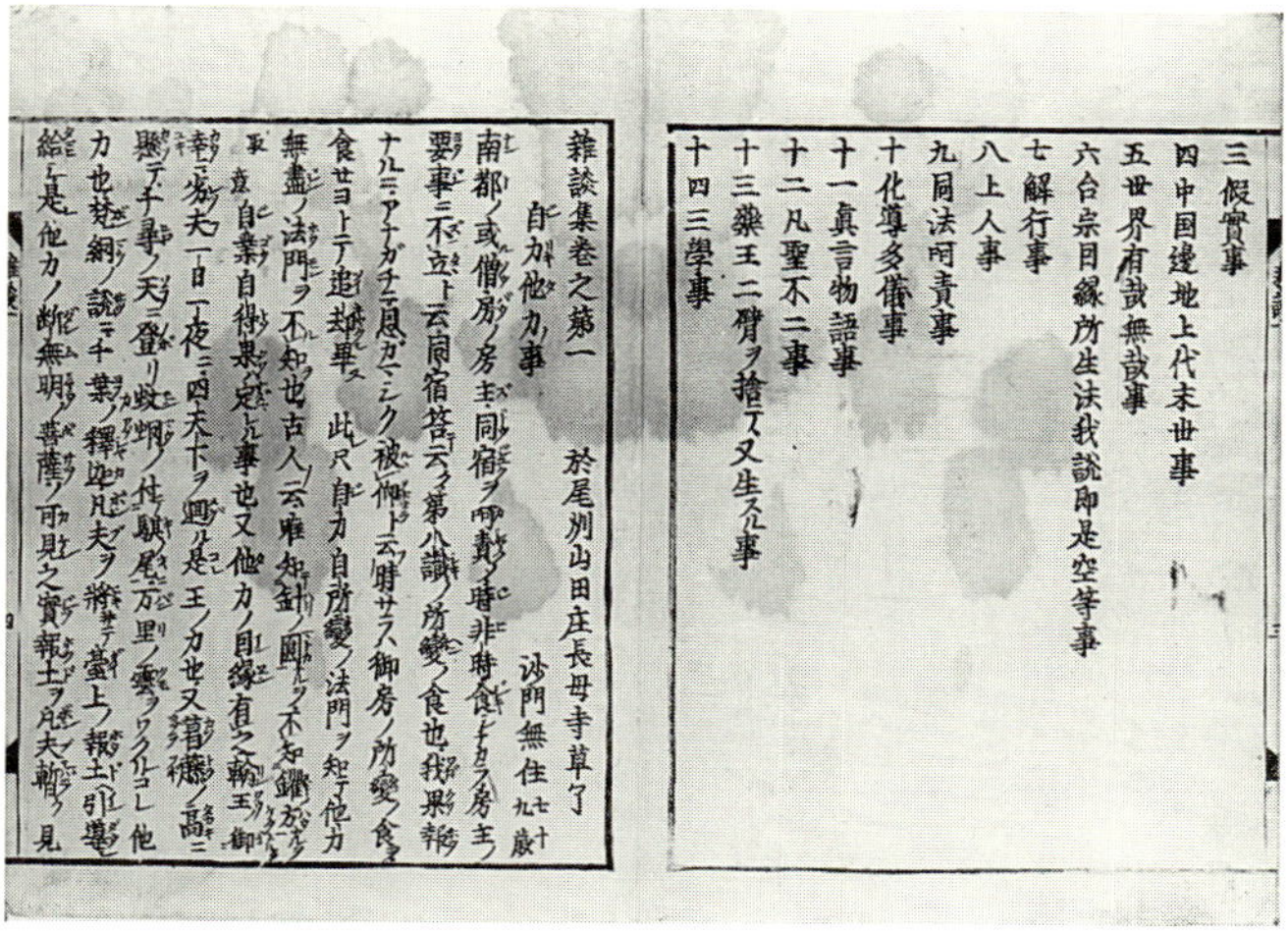

雑談集巻之第一
於尾州山田庄長母寺草了
沙門無住七十九歳
自力他力事

『雑談集』寛永21年版（国立国会図書館）
無住が79歳の時に著した仏教説話集で，幅広い因縁譚・体験譚をひいて仏教の教えを説く。

六道生死《ろくどうしょうじ》の夢の中に、あいがたき仏法、ことにわきては、優曇華《うどんげ》にたとえられたる、法華一乗の妙典など、若《もし》くは読誦《どくじゅ》、若は講賛、如説《にょせつ》行本と也。若は坐禅・観法、此事《このこと》実に、心中に一大事に思わば、これを指合にして、世事よろず、なすべからず。「暇《いと》ま無《なく》て、学行《ぎょう》せず」など云は、只志《こころざし》の無き也、中々志の無と云は、正直也、暇のなきと云は、弥《いよいよ》虚妄《こもう》也。尤《もっとも》拙《つたなき》心《こころ》也。よくよく、此の道理案じほどきて、若は学、若は行、光陰を惜しむべし。（『雑談集』二「災難病患等ノ事」）

【訳】衆生が生死を繰り返す六道の世界は夢の中のような

もので、仏法にはなかなかめぐり会えないものである。とりわけ滅多に咲かない優曇華の花にたとえられる『法華経』は、読むのも善し、講義を聴くのも善いことで、仏の教えた行の根本である。あるいは坐禅、心の散乱を鎮めて仏法に集中する行など、これらを本当に大事なことと思うのなら、仏道修行を理由にして世俗の雑事をするべきではない。「暇がないから、仏法を学び、行ずることができない」というのは、ただ、志がないだけのことである。もっとも、自分の志がないというのはまだ正直である。暇がないと口実をいうのはうそ偽りであり、この上ない愚かな心である。よくよくこの道理を理解して、学、行をおこない、時間を惜しむべきである。

【解説】無住は一宗派を開くような卓越した宗教者ではなかったが、尾張の一寺の住職として庶民のなかに生き、庶民と直に向き合った人物である。無住のこうした生活の中から生み出された著述は、鎌倉時代に生きた普通の人々の生活、考え方を描くものであり、また、人々がどう仏法と向きあったかもわかる。現代のわれわれも、暇がないの一言で、生活、人生の中で一番大事な目的を忘れていることを、この一文から気付かされるのである。

出　典　山田昭善・三木紀人校注『雑談集』三弥井書店、一九七三年。

参考文献　大隈和雄著『中世　歴史と文学のあいだ』吉川弘文館、一九九三年。

25

夢窓疎石

むそうそせき

一二七五—一三五一

鎌倉・南北朝時代の臨済宗《りんざいしゅう》の僧。建治《けんじ》元年（一二七五）伊勢《いせ》（三重県）に生まれ、弘安《こうあん》元年（一二七八）、甲斐国《かいのくに》（山梨県）に移住、同六年に平塩山寺《へいえんざんじ》で修学、正応《しょうおう》五年（一二九二）南都東大寺で受戒した。この間、天台・密教などの顕密《けんみつ》の教えを学び、建仁寺《けんにんじ》などで修行をおこなった。正安《しょうあん》元年（一二九九）一山一寧《いっさんいちねい》が来日すると、その名声をしたって建長寺《けんちょうじ》で参禅した。その後、無学祖元《むがくそげん》の高弟として有名な高峰顕日《こうほうけんにち》に師事してその法を嗣いだ。甲斐・遠江《とおとうみ》・美濃《みの》と居を移し、その後京都の北山《きたやま》辺り、さらに土佐国《とさのくに》（高知県）五台山《ごだいさん》の吸江《きゅうこう》庵《あん》に居した。夢窓は隠遁を好んだが、その名声は高まり、正中《しょうちゅう》二年（一三二五）、後醍醐天皇《ごだいごてんのう》の招きで、南禅寺第九世の住持となった。嘉暦《かりゃく》元年（一三二六）鎌倉にもどり、北条高時《ほうじょうたかとき》の帰依《きえ》を受けて、浄智寺《じょうちじ》、円覚寺《えんがくじ》の住持となった。元徳《げんとく》二年（一三三〇）には二階堂貞藤《にかいどうさだふじ》（道蘊《どううん》）の外護《げご》で甲斐国恵林寺《えりんじ》を開いている。

建武の新政によって後醍醐天皇が権力を握ると、すぐさま夢窓は京都に招かれふたたび南禅寺住持となった。足利尊氏の帰依も受け、暦応《りゃくおう》二年（一三三九）後醍醐天皇の菩提を祈るために暦応寺（天龍寺《てんりゅうじ》）の造営が始まるとその開山となる。これより前、西芳寺《さいほうじ》を禅寺として復興して庭園を整備。観応二年（一三五一）九月三十日、七七歳で没し、臨川寺三会院《さんねいん》に葬られた。弟子には春屋妙葩《しゅんおくみょうは》・義堂周信《ぎどうしゅうしん》など室町時代を代表する禅僧たちがいる。

夢窓疎石像（天龍寺）

一　調伏祈禱は仏法にあらず

或いは云《い》わく、弓箭《きゆうせん》・刀杖《とうじよう》等にて人を殺すこと罪《ざい》業《ごう》なれ。秘法《ひほう》・呪力《じゆりよく》にて祈り殺すは功徳《くどく》となるべしと云云。これ大なる邪義なり。（中略）たとい大法秘法を行なわるとも、その意楽もし世俗の名利のためならば、皆罪業《ざいごう》を招くべし。梵網経《ぼんもうきよう》に、殺生《せつしよう》を制するとて、乃至《ないし》呪殺と説けるは、この義なり。

或は云わく、彼の敵を早く殺して成仏《じようぶつ》せよと調伏《ちようぶく》する故に、罪業とはならずと云云。まことにこの調伏によりて、次生にやがて成仏すべきならば、げにも殊勝のことなり。もししからば、憎き敵を祈り殺して、成仏せしめんよりは、先《ま》ず我がいとおしき人を祈り殺し奉りて、仏に早くなしたてまつらばやと、世にもどかしくこそ覚ゆれ。（『夢中問答集《むちゆうもんどうしゆう》』上）

【訳】ある人がいうには、弓箭や刀杖で人を殺すことは罪業《ざいごう》である。しかし、密教の秘法や呪力によって人を祈り殺すことは功徳《くどく》であるという。これは大きく間違った仏法の解釈である。（中略）たとえ由緒があり御利益《ごりやく》があるといわれる大法・秘法を修しても、その心がまえが世俗の利益のためであるなら、これは皆罪業となるのである。こうした行為によって自らに苦の報いを招くことになる。『梵網経《ぼんもうきょう》』に殺生《せっしょう》をしてはいけないと書かれているが、祈りによる人殺しも同様である。あるいは、敵を早く殺して成仏させるために調伏《ちょうぶく》の祈禱を行うのだから、罪業にはならないという人もいる。本当に調伏祈禱によって来世に仏となることができるのなら、これはたいそう結構なことである。もしそうであるならば、憎い敵を祈り殺して成仏させるよりは、まず自分にとって大事な人を祈り殺して早く仏にしてしまえばいいのである。

【解説】夢窓は若いころ、密教や天台宗を学び、その後禅宗を選択して蘭渓道隆《らんけいどうりゅう》門下の禅僧のもとで学び、さらに渡来僧である一山一寧《いっさんいちねい》にも学んだ。こうした人々は当時たくさんいたわけで、日本の南都六宗・天台宗・真言宗といった顕密諸宗とは異なった禅宗の教えに惹かれて禅僧が増加していった。顕密諸宗と禅宗の差異はいくつもあるが、ここに述べられている調伏祈禱に対する考え方は一つ大きなものである。

顕密諸宗は古代以来、祈禱を修してその力で国家の安泰、身体の護持を祈ったが、しだいに調伏法も発展し、内乱や政争のなかでも盛んに修されるようになった。敵の調伏は個々人の呪殺《じゅさつ》を目的とするものとなって、世俗の抗争のなかで依頼は増加していった。こうした調伏の祈禱を行うことができる験力ある僧が高僧として崇められたのである。呪殺は当然本来の仏教の教えである不《ふ》殺生戒《せっしょうかい》に抵触するわけであり、おかしなことであった。こうした疑問を持った僧は夢窓の他もいたはずであるが、夢窓はこれを大きく採り上げ、まったく無意味なもので本来の仏法とは相容れぬ考え方であることを述べ、調伏祈禱を誇る僧たちを批判しているのである。こうした夢窓の思想と天龍《てんりゅう》寺《じ》造営にみられるような禅宗の台頭により、延暦寺をはじめとした顕密諸宗は禅宗批判を繰り返した。

この話を収録する『夢中問答集《むちゆうもんどうしゆう》』は暦応年間（一三三八―四〇）に夢窓と足利直義《ただよし》との間で交わされた問答の内容をまとめたものとされている。足利直義は尊氏《たかうじ》の弟で幕府の政務を任され、宗教政策にも深く関与した。直義は学問にも造詣深く、中国大陸の仏教の動向にも関心があり、禅宗にも関心を示し、渡来僧を重用している。兄、尊氏とともに夢窓との親交があり、理知的な面もあってこうした問答を好んだとみられる。

二　学問と修業

禅門の宗師の学者に示すこと、一言半句《いちごんはんく》に過ぎず。その一言半句も、修行用心のためにはあらず、直《じき》に本分を示すのみなり。学者鈍根《どんこん》にして、たとい直下に承当《しようとう》せざれども、これを公案《こうあん》として知解《ちげ》情量、及ばざる処に向かって提撕《ていぜい》すれば、時節到来して、曠劫《こうごう》の無明《むみよう》一時に消滅すべし。（『夢中問答集』中）

【訳】禅宗の師僧が修行する弟子に示すことは、わずかな言葉に過ぎない。その一言半句は、修行のための心構えといったものではなく、その短い言葉によって禅の教えを端的に示しているのである。学ぶ者が才知に乏しくにぶくて、すぐに了解することができなくても、これを悟りへ導くための公案《こうあん》として問題意識を持ち続け、知的解釈や、観念的分析による考えの及ばないところを目指して教え導けば、ある時期に到ると、非常に長い年月の迷いが一挙に消滅する。

【解説】禅宗の教えによる修行の方法を端的に示したもので、経典の内容を理解することに努め修学するよりも、すぐれた師のもとで禅宗の修行方法にもとづき公案を与えてもらってそれを抱き続け、知的な理解や情感の理解を超えたところを自ら悟ることが大事なのであるという。顕密諸宗の修学が、煩瑣《はんさ》な議論に傾いたり、儀式儀礼の修得に終始している現状を批判的に見て、こうした禅の修行方法を示している。

『夢中問答集』は康永《こうえい》元年（一三四二）に版木が完成して刊行され、同三年には中国僧、楚石梵琦《そせきぼんき》（一二九六—一三七〇）の跋文を付してさらに出版された。現存本の様相からみてもかなり版を重ねたようで、室町時代によく読まれたことがわかる。渡来僧たちの語録は当然漢文であり、禅宗独特の難解で論理を超えた表現が多出して容易に人々が理解することができないが、この『夢中問答集』は仮名書きの法語であり、しかもはやくから出版されその影響は大きかった。

三　山水を好む意味

古より今にいたるまで山水とて山を築き石を立て、樹を植え水を流して、嗜愛《しあい》する人多し。（中略）或いは山河大地、草木瓦石、皆これ自己の本分なりと信ずる人、一旦山水を愛することは、世情に似たれども、やがてその世情を道心として、泉石草木の四気にかわる気色《けしき》を、工夫《くふう》とする人あり。もしよくかようならば、道人の山水を愛する模様としぬべし。然らば即ち、山水を好むは、定めて悪事ともいうべからず。定めて善事とも申しがたし。山水には得失なし、得失は人の心にあり。(『夢中問答集』中)

【訳】昔から今にいたるまで山水といって山を築き石を立て、樹を植え水を流して庭を造りこれを愛する人は多い。(中略)山河大地、草木瓦石といった自然、風景を見てこれを自己の本分であると信じる人は、世の一般の人々が山水の庭をながめて楽しむことと似ているけれど、やがてその心を道心として保ち、泉石草木の季節によって変化する様相を観察して修行を進めるための方策とする人もある。もしこのような心構えであるならば、すぐれた修行者としての山水の庭を愛する様相となる。そうであるならば、山水を好むことは悪いことと決めてかかるわけにはいかず、善いことと決めつけるわけにもいかない。山水には善悪はない、善悪があるとしたらそれを見る人間の心のありようにあるのである。

【解説】夢窓は美濃の虎渓山永保寺《こけいさんえいほじ》、甲斐の恵林寺《えりんじ》などに隠棲《いんせい》するが、いずれも自然に恵まれ風光明媚な土地であり、夢窓が作ったという庭園が残されている。上洛した後、夢窓が拠点とした臨川寺・西芳寺・天龍寺にもすぐれた庭園が作られた。西芳寺は苔寺《こけでら》といわれるように樹木・山水・苔が広大な庭を埋め尽くし、夢窓が理想とする坐禅修行の場として整備された。西芳寺の庭は南陽慧忠《なんようえちゅう》国師にまつわる公案《こうあん》をもととしており、禅問答で用いる公案を山水のなかに表現したともいえる。南陽慧忠は唐末の人で、禅宗第六祖、慧能《えのう》の弟子で

西芳寺庭園
京都市北区にある臨済宗の寺院。夢窓疎石が禅の理想郷をつくろうとして作庭。現在俗に苔寺（こけでら）と呼ばれ親しまれている。

法を嗣いだ後、隠棲して山に隠れ四十余年山を下らなかった。この後、粛宗《しゆくそう》皇帝に見出され国師として遇されたという。夢窓は先にも述べたように長く山林に隠棲する人生を送っており、自らの生涯になぞらえ慧忠国師を慕っていたといわれる。

夢窓が庭園の造営を好んだことは、批判があったようで、これを意識しての言葉とも見える。夢窓の山水に対する思いは公案の表現であったり、禅修行のたすけになるための山水であり、奇石銘木を集め、ただ贅を尽くして楽しむための山水ではない。

西芳寺の庭園のなかには阿弥陀如来を安置した西来堂《せいらいどう》、舎利《しやり》を納めた水晶塔《すいしようとう》を置く無縫塔《むほうとう》、舟の泊まる合同亭《ごうどうてい》、湘南《しようなん》・潭北《たんほく》の二亭などさまざまな建物が配されていた。夢窓は廊下の壁に偈《げ》を書き記し、自分が山水をもてあそぶことを怪しんではいけない、山水によって魂を磨こうとしているのだという。

後に西芳寺で足利義満《よしみつ》は夢窓の弟子、義堂周信《ぎどうしゆうしん》と坐禅を組みすごしたことが有名であるが、西芳寺の庭園と堂舎はまさに修行の道場であった。山水は見るものの心構えによって変わるものであり、まさに「山水には得失なし、得失は人の心にあり」の言葉は、夢窓が造営した天龍寺や西芳寺の山水をながめる時に忘れてはならない名言である。

四　弟子の育成

我に三等の弟子有り。所謂《いわゆる》猛烈に諸縁を放下《ほうげ》し、専一《せんいつ》に己事《こじ》を究明するは、是を上等と為す。修行純ならずして駁雑と学を好むは、之を中等と謂う。自ら己霊《これい》の光輝を味《しら》まして、仏祖の涎《えん》唾《だ》を嗜《たしな》むるのみなるは、此を下等と名づく。如《も》し其《そ》れ心を外書に酔わしめ、業を文筆に立つれば、此は是れ剃頭《ていず》の俗人なり。以って下等と作《な》すに足らず。矧《いわ》んや飽食安眠し放逸にして時を過ごす者は、之を緇流《しりゅう》と謂わんや。古人は喚んで衣架飯嚢《えかはんのう》と作せり。既に是れ僧にあらざれば我が弟子と称して寺中及び塔頭《たっちゅう》に出入りするを許さず。（『夢窓国師語録』下「三会院遺誡《さんねいんゆいかい》」）

【訳】私のもとには三段階の弟子がいる。猛烈に諸々の世俗の縁を捨て去り、ひたむきに自己の一大事すなわち悟りを目指して、真理をきわめ尽くそうとする人物は上等である。修行の内容が純粋でなく、色々な学を好むものは、中等である。自らの精神の輝きをおろかにもわすれ、釈迦や祖師たちの涎や唾にあまんじ、仏祖ののこしてくれた寺や儀式などの遺産に安住している者は下等である。また、仏教以外の書物に慣れ親しみ、文筆を生業とするような者は、頭を丸めただけの俗人であり、下等とするにもたらない。いわんや、腹一杯食べ、安眠をむさぼって、好き放題に日々過ごしているような者は、僧侶ではない。昔の人はこれを衣掛けと飯袋だとしている。このような者は、すでに僧ではないので、私の弟子と称して寺中ならびに塔頭に出入りすることは許さない。

【解説】夢窓は光厳《こうごん》上皇・光明《こうみょう》上皇・足利尊氏・足利直義・足利基氏《もとうじ》ら数多くの在俗の帰依《きえ》を受けるとともに、そのもとへ入門する者も多く一大門派をなした。天龍寺・臨川寺をはじめ嵯峨の寺庵には多数の夢窓派の僧尼が集まった。夢窓が生涯で弟子とした者は、記録された者が一万三千余人といわれ、法を嗣いだ者は二十余人とされる。集まってくる修行僧のなかには、夢窓の権勢や台頭する禅宗寺院に籍を置き安住する者も多かったとみられ、夢窓は弟子たちに厳しく禅僧としての心構えを説いているのである。飽食安眠にして放逸して過ごす者は「衣架飯嚢《えかはんのう》」であるという痛烈な言葉は、肝に銘ずべきものである。

夢窓は隠遁《いんとん》を好み、五〇歳まで諸国を遍歴し、北条氏などの招きがあると地方に逃れるといった行動をしている。山中に庵居して修行するのが禅僧の本分としての生活である。五〇歳台になると、南禅寺ほかの住持に迎えられ身辺が慌ただしくなるが、たびたび諸大寺への招きを辞退し、名利を求める生き方をきらっている。しかし、六〇歳ごろより、京都で公武の帰依を受けて活動するようになると、有能な組織者、統率者としての能力を発揮して禅宗の興隆に努めた。ここに挙げた「三会院遺誡《さんねいんゆいかい》」は夢窓が自らの寺院・門派の運営を定めたものである。同様のものに「臨川家訓」がある。臨川寺は夢窓が後醍醐天皇から与えられた寺であり、三会院はその塔頭で、夢窓は遺言でここに葬られた。三会院は夢窓の門派の精神的拠り所となる。

「三会院遺誡」では、院主には人物を選び、年齢が上だからではなく能力がある人物を選ぶこと。修行する意欲と世間智を兼ね備えた人物を選ぶことが定められている。日々の勤行《ごんぎょう》の在り方、僧衆への食事、衣料の支給にいたるまで記し、荘園からの年貢の支出内容も定めている。夢窓は周到な寺院運営、人材の登用を図った。このほか五山の天龍寺をはじめ臨川寺の運営にもかかわった。これによって夢窓の門派は室町時代には五山を代表する大門派となるのである。

出典　川瀬一馬校注『夢中問答集』講談社学術文庫、一九七六年。『大正新修大蔵経』第八〇巻。

参考文献　玉村竹二著『夢窓国師』サーラ書房、一九五八年。原田正俊著『日本中世の禅宗と社会』吉川弘文館、一九九八年。

26

一休宗純

いっきゅうそうじゅん

一三九四—一四八一

室町時代前期の臨済宗《りんざいしゅう》の僧。狂雲子《きょううんし》とも号す。後小松天皇を父とし、母は南朝方貴族の出身といわれる。母の立場もあり、六歳で山城国《やましろのくに》（京都府）安国寺《あんこくじ》に預けられ、はじめ周建《しゅうけん》と名づけられた。一三歳で建仁寺に移り修学、一六歳で寺を出て五山派《ござんは》とは別の林下《りんか》の禅を学んだ。西金寺《さいこんじ》の謙翁宗為《けんおうそうい》につき参禅、師の死によって、応永《おうえい》二十二年（一四一五）近江国《おうみのくに》（滋賀県）堅田《かただ》、祥瑞庵《しょうずいあん》の華叟宗曇《かそうそうどん》に師事した。華叟より一休の道号を与えられ、その後、印可《いんか》を与えられた。

師の華叟は臨済禅のなかでも大徳寺開山である宗峰妙超《しゅうほうみょうちょう》の法系に連なり、一休はその法を嗣いだのである。応永三十四年には後小松天皇と会っている。大徳寺如意庵《にょいあん》の塔主《たっす》をつとめた後、摂津《せっつ》の譲羽山《ゆずりはやま》に入り隠棲、その後、京都の市中に庵を構えた。兄弟子の養叟宗頤《ようそうそうい》と不和となり、その世俗におもねる姿勢を盛んに批判した。養叟は大徳寺住持を務め、寺を復興した人物である。一休は康正《こうしょう》二年（一四五六）六三歳の年、山城国薪荘《たきぎのしょう》に酬恩庵《しゅうおんあん》を開き住み、この寺は一休派の拠点となる。長禄《ちょうろく》三年（一四五九）には大徳寺内でも重要な寺である徳禅寺《とくぜんじ》の住持となった。応仁の乱の最中は南都（奈良）・和泉（大阪府）・摂津（大阪府）住吉と転々とした。文明《ぶんめい》五年（一四七三）、大徳寺住持となり、法堂など伽藍《がらん》の復興に努めた。文明十三年十一月二十一日、酬恩庵において八八歳で没した。

一休宗純像（酬恩庵）

一　禅宗界への批判

臨済の児孫、誰か的伝《てきでん》、
宗風滅却す、瞎驢辺《かつろへん》。
芒鞋竹杖《ぼうあいちくじょう》は風流の友、
曲彔木床《きょくろくもくしょう》は名利《みょうり》の禅。（『狂雲集《きょううんしゅう》』一四）

【訳】臨済宗の子孫で誰が本当の法を伝えていようか。臨済義玄《ぎげん》は臨終の際、三聖慧然《えねん》に法を伝え、我が宗はこの目の見えない驢馬《ろば》のところに行ってなくなってしまうと言った。貧しい者の履《は》くわらぐつに竹の杖をついた風流人こそ真の禅者。椅子《いす》に座って偉そうにしている禅僧たちは世間での名誉を望んだり、利益を得ようとしているばかりの者たちだ。

【解説】一休は当時の五山の禅僧や兄弟子、養叟宗頤《ようそうそうい》を中心とした大徳寺の禅僧たちを痛烈に批判している。このころの禅僧たちが、地位や名誉ばかりにとらわれ、信者からたくみに金を集め利益ばかりを追求しているという。一休の詩文を集めた『狂雲集』のなかではこうした、当時の禅宗界への批判の文言がたびたび出てくる。一休が追求したのは、破れ衣に身をまとい、真に仏道修行を行う禅僧であった。『一休和尚年譜』宝徳《ほうとく》三年（一四五一）条には、一休が大徳寺開山、宗峰妙超《しゅうほうみょうちょう》の乞食生活を讃えた偈頌《げじゅ》に対して、養叟はこの文言は不要と批判している。このあたりに一休と養叟の生き方の差をみることができよう。

公案《こうあん》参じ来たって明歴々《めいれきれき》たれども、
胸襟勘破《きょうきんかんぱ》すれば暗昏々《あんこんこん》。
怨憎《おんぞう》して死に到るまで忘却しがたし、
道伴《どうはん》の忠言、耳根《じこん》に逆《さか》らう。（『狂雲集』一三五）

【訳】禅の修行のために師匠から与えられた公案《こうあん》（問題）をいくつも解いてきて、明確に悟りを得たような顔をしているが、胸の奥を点検してみると真っ暗闇の状態だ。人を恨み憎む思いは生涯なくすることはできず、共に修行する友人の忠告にも耳を貸そうとはしない。これでは修行にならぬではないか。

【解説】当時の南禅寺《なんぜんじ》を筆頭とする五山《ござん》においては、禅僧たちは高度の教養人ではあったが文筆活動を主として宗教性はしだいに失われていった。こうした風潮に抗して、大徳寺や妙心寺の一派は、活発に禅問答を交わし修行の内容を点検することを標榜していたが、現実にはいくつ公案を解いて通過したかが競われ形骸化する傾向もあった。一休は、兄弟子養叟《ようそう》の一派は、在俗の人々にもたやすく公案を教え、修行を成し遂げたかのような意味合いの書き付けを与え、金を集めていると猛烈に批判した。

もっとも、室町時代後期にはこうした禅の説く言説の広範な広がりによって、禅的な雰囲気が好まれ、堺や

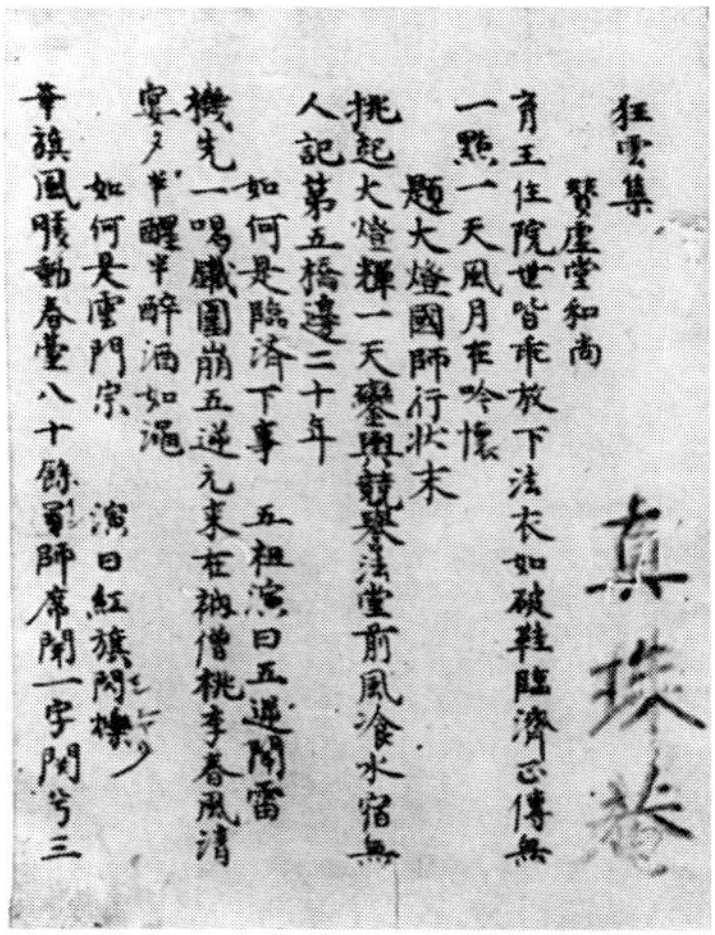
真珠菴
狂雲集
賛虚堂和尚
育王住院世皆乖放下法衣如破鞋臨済正伝無
一点一天風月在吟懐
題大燈國師行状末
挑起大燈輝一天鑾輿競誉法堂前風飡水宿無
人記第五橋辺二十年
如何是臨済下事　五祖演曰五逆聞雷
機先一喝鐵圍崩五逆元来在衲僧桃李春風清
宴夕半醒半酔酒如澠
如何是雲門宗　演曰紅旗閃爍
華旗風賤動春堂八十餘副師席閑一字関兮三

『狂　雲　集』（真珠庵）
一休の漢詩集で，書名は一休の号狂雲子による。

博多の商人にも禅は好まれ、茶道・能楽など芸能や書院・座敷の飾りなどにも禅の影響が大きくなっていくのである。

二　一休禅の自負

狂雲誰か識《し》らん、狂風に属するを、
朝《あした》に山中にあり、暮れには市中。
我もし機《き》に当たって棒喝《ぼうかつ》を行《ぎょう》ぜば、
徳山臨済《とくさんりんざい》も面《おもて》は紅《くれない》を通ぜん。（『狂雲集』九三）

【訳】狂雲子（一休）の風狂の振舞いを誰が知るか。朝には山中にあり、暮れには市中を徘徊する。私が教えを乞う修行者に会って棒で打ったり、大声で一喝すれば、棒を振るって弟子を教育した徳山宣鑑《とくさんせんかん》や大声で問答の相手を一喝した臨済義玄《りんざいぎげん》も恥じて顔を赤らめるだろう。

【解説】一休は、のこされた頂相《ちんぞう》にみるように髪の毛はボサボサとのばし、無精髭《ぶしょうひげ》を生やしていた。泉南堺に住んでいたころには、木剣を携えて市中を歩いていたといい、京都も含め市中での庵居を好んでいた。晩年には森女《しんじょ》という女性と同棲するなど、破戒の生活をおくっていた。しかし、大寺に住する悟りすました禅僧たちよりも一休の方が、徳山《とくさん》や臨済《りんざい》以上の禅の境界《きょうがい》と指導力を持つことを主張している。当時の禅僧のなかで自分こそが臨済宗の正法《しょうぼう》を伝える者であるとの自負があった。

徳山宣鑑（七八〇—八六五）、臨済義玄（?—八六六・八六七）は中国における臨済宗の高名な僧で、彼らの修行者への対処の仕方は「徳山の棒、臨済の一喝《いっかつ》」として古来より有名であった。

華叟《かそう》の子孫、禅を知らず、
狂雲面前、誰か禅を説く。
三十年来、肩上《けんじょう》重し、
一人荷担《かたん》す、松源《しょうげん》の禅。（『狂雲集』一三〇）

【訳】華叟宗曇《かそうそうどん》の弟子たちは禅を知らない。私（一休）の前で誰が禅を説くことができようか。三〇年来肩の荷は重い、まさに一人で松源崇岳《しょうげんすうがく》以来の禅を担っているのだ。

【解説】東京国立博物館蔵である一休の頂相《らんぞう》に付される賛としても有名である。この頂相は一休の弟子、墨斎《ぼくさい》の筆で重要文化財に指定されている。冒頭部分を「臨済の児孫」としたものもあり、これは一休が住んだ山城国薪の酬恩庵《しゅうおんあん》に現蔵される。いずれにしても一休が好んで自分の肖像に付した賛文である。大徳寺派のなかでも一休派ともいえるグループはこうした一休の主張のもと結束したのである。

松源の禅は、松源派のことで、中国の臨済宗楊岐《ようぎ》派の流れをくみ、松源崇岳を派祖として、その門下に無《む》明慧照《みょうえしょう》・雲庵普巌《うんあんふげん》がでた。雲庵の弟子が虚堂智愚《きどうちぐ》で、虚堂は日本僧南浦紹明《なんぽじょうみん》に法を伝え、その弟子が大徳寺開山、宗峰妙超《しゅうほうみょうちょう》である。一休は終生、虚堂智愚を崇敬している。

三　狂風を起こす

風狂の狂客、狂風を起こす、
来往す淫坊酒肆《いんぼうしゅし》の中《うち》。
具眼《ぐげん》の衲僧《のうそう》、誰か一拶《いっさつ》せん、
南を画《かく》し北を画し、西東を画するのみ。（『狂雲集』一五六）

大徳寺山門
京都市北区にある臨済宗大徳寺派の大本山で，山門は茶聖千利休（せんのりきゅう）の造営である。

【訳】風狂の禅を提唱する私（一休）が旋風を起こしている。私は遊郭や酒屋を往来している。しっかりした禅僧よ来たって、誰か問答を仕掛けてみよ。どいつもこいつもああだこうだと言っているだけだ。

【解説】一休は痛烈に大徳寺内の一派を批判するとともに、『狂雲集』の他の偈頌《げじゅ》（八七「偶作《ぐうさく》」）のなかでは

「昨日は俗人、今日は僧」と自称するように自分は俗人でもなく僧でもないという。こうしたあやしげな生涯こそ我が生き様だとしている。また、晩年の一休とともに過ごした森女との睦まじい様子を詠み込むなど、人々を驚かすような作品を多くのこしている。一休は露骨に破戒生活を表明して、同時に大寺に住んで形骸化した儀式や参禅に終始する僧たちをこき下ろしている。まさに一休の禅は風狂の禅として一大旋風を巻き起こしたのである。権威化した禅寺や禅僧の欺瞞《ぎまん》性《せい》に気付き、禅本来の境地を獲得しようと一休のもとに参じた僧侶や一般の人々が数多くいたことも事実で、一休の激烈な偈頌は、人々の賛同を受けたのである。こうした風潮のもと一休にまつわるさまざまな逸話が積み重ねられていった。

出典 「狂雲集」（日本思想大系一六『中世禅家の思想』）岩波書店、一九七二年。

参考文献 今泉淑夫著『一休とは何か』吉川弘文館、二〇〇七年。今泉淑夫校注『一休和尚年譜』一・二、平凡社、一九九八年。

27 日親

にっしん

一四〇七—八八

室町時代の日蓮宗の僧。応永十四年（一四〇七）千葉氏の一族の埴谷重継《はにやしげつぐ》を父として誕生。上総国埴谷（千葉県山武市）の妙宣寺日英《にちえい》に入門。日英没後中山法華経寺《なかやまほけきょうじ》（千葉県市川市）の日暹《にっせん》・日薩《にっさつ》に師事する。日蓮の信仰を実践的《じっせんてき》に受け継いで、積極的な布教活動を行い、各地で激しい法難《ほうなん》を蒙った。とくに、室町幕府の将軍足利義教《あしかがよしのり》から受けた刑罰《けいばつ》は厳しく、焼けた鍋《なべ》を頭からかぶされたという伝説によって、「鐺冠《なべかむ》り日親」と呼ばれる。

はじめは中山法華経寺の一門《いちもん》に属《ぞく》し、肥前国《ひぜんのくに》（佐賀県小城市）光勝寺《こうしょうじ》の住持《じゅうじ》となった。しかし、厳格な信仰態度を主張して宗門の僧や信者を強く批判したので、かえって周囲の反感をかい、ついに一門から破門された。九州から京都に帰って、『立正治国論《りっしょうちこくろん》』を著《あらわ》して将軍に提出しようとして準備しているところを捕えられ、牢《ろう》で厳しい刑罰を受ける。その獄中で本阿弥本光《ほんあみほんこう》に遇《あ》い、後にその寄進《きしん》によって京都に本山本法寺《ほんぽうじ》を草創《そうそう》して、一門の拠点とした。みずから「周旋往返」といっているように、一生にわたって布教の旅を続け、各地に三十数ヶ寺を建立《こんりゅう》し、一門流《いちもんりゅう》を独立《どくりつ》した。本法寺は、本阿弥一門の菩提寺《ぼだいじ》となり、本阿弥光《こう》悦《えつ》・長谷川等伯《とうはく》ら芸術家がここに集まった。

著書に、『埴谷抄《はにやしょう》』『伝灯抄』『本法寺縁起《ほんぽうじえんぎ》』などがある。長享《ちょうきょう》二年（一四八八）九月十七日没、八二歳。

一　不受不施の教え

御亡父妙義の御ことは、日親住山の古《いにしえ》、父子の契約を遂げ、ひとえに後生《ごしょう》菩提《ぼだい》のことを憑《たの》みたき由承《うけたまわ》り候。（『埴谷抄《はにやしょう》』）

【訳】いまは亡き妙義についてみれば、日親が妙宣寺にいた幼少のころに父子の縁を結び、後生菩提を弔《とむら》うようにと望まれたものです。

日　親　像（本法寺）

【解説】妙宣寺は、千葉県山武市にある日蓮宗の寺で、領主の埴谷《はにや》左近将《さこんしょう》監法義《げんほうぎ》が創立した。法義の養子となった日親は、若い時代にこの寺で僧侶としての日々を送っていた。その法義が日親に望んだことは、自分の死後にはひたすら菩提を弔ってくれるようにということである。日常的に戦いがつづき、いつ命を失うかわからない時代に、来世で地獄に堕ちないようにという切実な願いがここにある。

室町時代から戦国争乱の世に向かうこのころには、地方の領主は領内の平安と死後の菩提を弔うために、盛んに一族の寺を建てて、血縁の者を住持とする風潮が起こった。現世の安穏と死後の平安を祈る仏教信仰は、このころから社会的な風潮として形を整えるようになる。

聖人の御門弟のなかに、或いは謗法《ぼうほう》の供養を受け、或いは他宗の社参物詣《しゃさんものもうで》を許し、或いは無縁の仏菩薩を安置し、（中略）これらはしかしながら、天魔《てんま》・外道《げどう》の真俗の身に入り、障碍《しょうがい》もかなわず。（『折伏正義抄《しゃくぶくしょうぎしょう》』）

【訳】日蓮宗の僧侶のなかに、他宗の信者から供養の物をいただいたり、他宗の神社や寺に参詣する者がある。その上、日蓮宗の寺には祀らない仏・菩薩の木像を、本堂に安置するものがある。（中略）これらは、天魔や外道といった『法華経《ほけきょう》』に害を加える者たちが、僧や信者たちの身に取り入り、これを防ごうにも防ぎようもない。

【解説】日親の信仰には、「不受不施《ふじゅふせ》」という思想がある。他宗の信者からの布施《ふせ》はけっして受取らず、その人のために読経《どきょう》などの施しもしないという、信仰のきびしい掟である。ところが、このように厳格な態度は、なかなか守られるものではないので、他宗の信仰と混同する傾向があらわれる。日親は、このような妥協的な信仰態度を、天魔や外道の仕業《しわざ》とみて批判している。とかく忘れられがちな「純粋」「真剣」「献身」というような言葉に、ふと思いあたる節もあろう。

純円一実《じゅんえんいちじつ》の行者《ぎょうじゃ》は、作仏《さぶつ》むなしからず。受け難き爪上《そうじょう》の人身《にんしん》を受け、値《あ》い難き優曇華《うどんげ》の経文《きょうもん》に値い、今度心因《しんいん》に仏種《ぶつしゅ》を植えざれば、将来定めて悲しまん。宝山《ほうざん》に登りて手を空しくして、いたずらに帰ること無からんのみ。（『立正治国論《りつしょうちこくろん》』）

【訳】『法華経』の教えを信じる行者は、すべて間違いなく悟《さと》りを開いて仏になるのだ。人の身としてこの世に生をうけるのは、ちょうど爪《つめ》の上《うえ》のわずかな土のように稀で、しかも優曇華の花（経典に三〇〇〇年に一度咲く祥瑞の花と伝えられる）にもたとえられる『法華経』の教えにめぐりあった。今度こそ、心の中に成仏《じょうぶつ》の種《たね》を植《う》えなかったら、先になってどんなに悲しむことになるだろう。せっかく「仏法《ぶつぽう》」という宝《たから》の山《やま》にわけいって、なに一つ手に持たないで帰ってくることがないように、『法華経』の信仰を必ず受け入れなくてはならない。

【解説】日親にとって、『法華経』は純粋《じゅんすい》で欠《か》けたところのないほどの経典《きょうてん》で、これを信仰することによってこそ、究極の境地に到達することができると信じた。同じ命あるもののなかでも、人の身として生まれることは、爪の上に載ったわずかの土である。『法華経』の教えにめぐり合うことは、三〇〇〇年に一度だけ咲く優曇華の花を見るように、なかなかその機会にめぐりあえるものではない。いまこそ、『法華経』の教えに絶対的にしたがう、純粋な信仰に入れとはっきり求める。

二　受難の道

柳営《りゅうえい》より華洛《けらく》に及び、東西に馳走《ちそう》し南北に往返《おうへん》して寺院を建進《けんしん》すること三十有余《ゆうよ》、公武を諌《いさ》めること合わせて八ヶ度、両寺の堂宇《どうう》を破られては「数々見擯出《さくさくけんひんずい》」の鏡を磨き、嗷問禁獄《ごうもんきんごく》の呵《か》責《しゃく》を蒙っては「我不愛身命《がふあいしんみょう》」の金言《きんげん》を扶《たす》く。（『本法寺縁起《ほんほうじえんぎ》』）

【訳】この六一年の間、鎌倉《かまくら》から京都《きょうと》まで往復《おうふく》し、日本の各地をまわって布教《ふきょう》につとめた。全国に三〇ヶ寺あまりの寺を建て、八度にわたって公家《くげ》や武家《ぶけ》に『法華経』の信仰《しんこう》を強《つよ》く進言《しんげん》した。このために、本法寺《ほんぽうじ》を二度にわたって破壊《はかい》されて追放《ついほう》される難《なん》に遇《あ》い、あるいは捕《とら》えられて牢《ろう》につながれ、激《はげ》しい拷問《ごうもん》を蒙《こうむ》ったのである。

【解説】日親は、若き二一歳の時に布教をはじめてから、六一年が夢《ゆめ》のように過ぎ去っていった。『法華経』の伝道活動《でんどうかつどう》こそが、祖師《そし》と仰《あお》ぐ日蓮の心にかなった修行《しゅぎょう》と信《しん》じて、命《いのち》がけで突進《つきすす》んできた歳月であった。とにかく、受難をものともせず、京都・鎌倉をはじめ全国を舞台として、強気の布教活動に明け暮れする毎日であった。日親は、行動によって『法華経』の信仰を実践するところに、日蓮の教えをりっぱに受け継ぎ実践していく道を見出していった。日親の布教活動は、在地の支配者に『法華経』の信仰を進言し、他宗の信仰を日蓮宗に改めることを求めるものであった。その方法として、武士の館で他宗の僧侶と宗論を戦わせて、勝敗を決するものであった。このような風潮が広まり、特に日蓮宗と浄土宗の宗論は有名で、戦国大名武田氏の『信玄家《しんげんか》法《ほう》』には両宗の宗論を禁止する条文があるほどである。日親の布教活動は、その渦中で進められ、成果を上げていったところにその特徴がある。

出典　「埴谷抄」（『本法寺縁起』本法寺文書編纂会編『本法寺文書』一）。「折伏正義抄」（『日蓮宗宗学全集』一九）。

参考文献　中尾尭著『日親―その行動と思想―』評論社、一九七一年。寺尾英智・北村行遠共編『反骨の導師 日親・日奥』（日本の名僧一四）吉川弘文館、二〇〇四年。

28

蓮　如

れんにょ

一四一五―九九

室町時代の念仏僧《ねんぶつそう》。真宗大谷派《しんしゅうおおたには》や浄土真宗本願寺派《じょうどしんしゅうほんがんじは》の第八世で中興《ちゅうこう》の祖《そ》とされる。応永《おうえい》二十二年（一四一五）、京都《きょうと》東山大谷《ひがしやまおおたに》の本願寺において同寺七世存如《ぞんにょ》の長男として生まれた。母については名も素性も未詳で、存如に仕えた女性であったと推定されているのみである。このとき存如はまだ部屋住みの二〇歳であった。本願寺の当主は存如の父巧如《ぎょうにょ》で、こちらもまだ四〇歳の壮年であった。

そのころの本願寺は、京都渋谷の仏光寺《ぶっこうじ》や下野国《しもつけのくに》（栃木県）高田《たかだ》の専修寺《せんじゅじ》などの浄土真宗諸派と比べると小さな勢力でしかなかった。しかし蓮如が四三歳のときに本願寺の当主になると、朝廷や天台宗《てんだいしゅう》などの既成仏教勢力と巧みに対応しつつ、また財力・武力ともに強大化しつつある農村の勢力を吸収しながら、さらには二七人におよぶ子女を各地に配して組織を固め、苦労の末に大教団に育て上げた。その地域は、畿内から東海・北陸・中国地方その他に及んでいる。江戸時代以降、いくつかに分かれたとはいえ、本願寺教団が日本全体にわたる大教団になったのは蓮如の努力の結果である。そして明応《めいおう》八年（一四九九）、山科《やましな》の隠居所南殿で八五歳の長寿を保って亡くなった。

蓮如が作成した、分かりやすい手紙の形式で、かつ格調高く教えを伝える『御文《おふみ》（御文《ごぶん》章《しょう》）』は有名である。

蓮如像（西法寺）

一　親鸞の教えの継承

ただ在家《ざいけ》止住のやからは、一向にもろもろの雑行《ぞうぎょう》雑修《ぞうしゅ》のわろき執心をすて、弥陀如来《みだにょらい》の悲願に帰し、一心にうたがいなくたのむこころの一念おこるとき、すみやかに弥陀如来光明《こうみょう》をはなちて、そのひとを摂取《せっしゅ》したまうなり。

（『御文』寛正《かんしょう》二年〔一四六一〕）

【訳】俗世間の家庭生活を送っている者は、ひたすら、人々を救うという各種の修行に対する悪い執着心を捨てて、阿弥陀仏の慈悲の願いに帰入し、少しの疑いもなく阿弥陀仏におまかせするという心が起こるとき、阿弥陀如来はすぐさまに光明を放ちてその人をお救いくださるのです。

【解説】「たのむ」というのは、人間が自分から「お助けください」と願う意味ではない。「おまかせします」という意味である。すべては阿弥陀仏のはからいによって救いが決まるので、そのことを信じて阿弥陀仏におまかせします、という心が起きたときに極楽往生が決定する。自力のはからいによる救いを否定し、阿弥陀仏の他力にまかせることを説いた親鸞《しんらん》の教えを継承している。

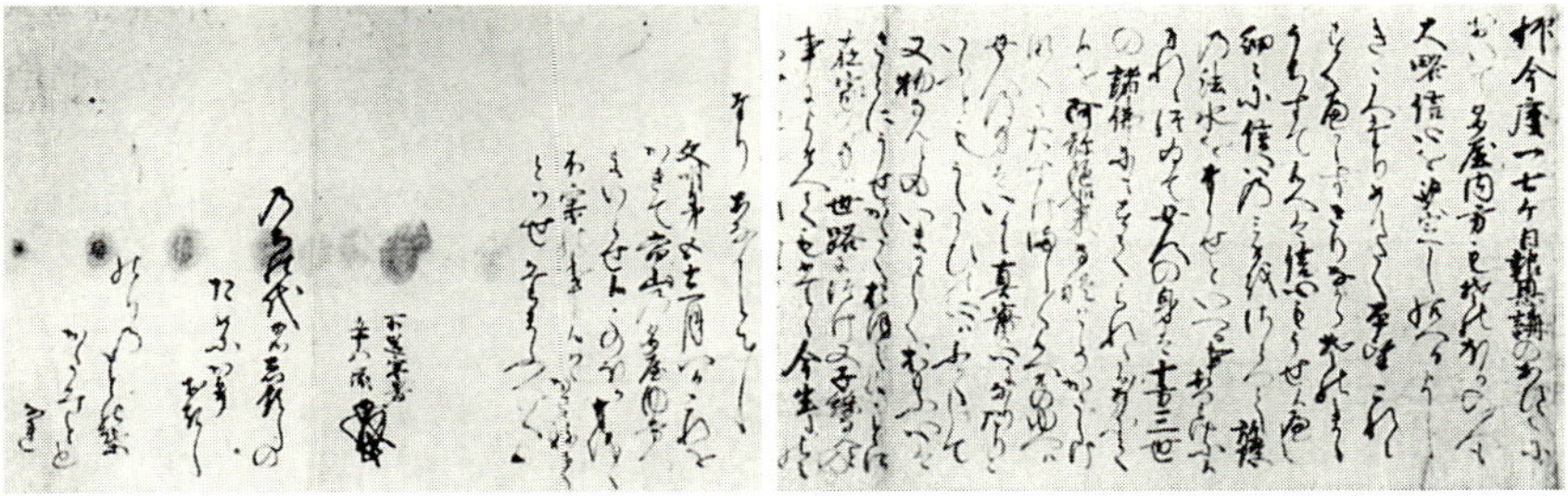

『御文』文明5年12月8日（専光寺）
蓮如の書簡を，浄土真宗の教義としてまとめたもの。御文章（ごぶんしょう）ともいう。

しかし「ただ念仏して」救われるという親鸞の念仏為本《ねんぶついほん》の考えとは重点の置き所が異なることとなる。蓮如の「信じて阿弥陀仏におまかせ」するという考え方を信心正因説《しんじんしょういんせつ》ともいう。

一念の信心をえてのちの相続というは、さらに別のことにあらず、はじめ発起するところの安心に相続せられて、とうとくなる一念の心のとおるを、憶念《おくねん》の心つねにとも仏恩報謝《ぶっとんほうしゃ》とも言うなり。（『蓮《れん》如上人《にょしょうにん》御《ご》一代《いちだい》記聞書《ききがき》』）

【訳】一心に阿弥陀仏におまかせするという信心が固まってから後の念仏というのは、まったく特別のことではない。いつでも、固まって得た信心の最初のところに立ち帰り、おんたすけあるありがたさの念仏が湧き出ることを、阿弥陀仏の救いのありがたさを憶うとも、阿弥陀仏の恩に報い、謝するともいうのである。

【解説】信心を得てからの念仏は、阿弥陀仏に対する感謝の行いであるというのである。これを称名報恩説《しょうみょうほうおんせつ》ともいう。この信仰に立てば、日常の現実生活は阿弥陀仏への報謝の生活ということになり、その生活を肯定することにつながっていく。

阿弥陀仏の恩に対する感謝と、それを形で示すという考え方は、これも親鸞以来の考え方を継承している。

仏法は一人居てよろこぶ法なり。一人居てさえとうときに、二人よりあわばいかほどありがたかるべき。（『蓮如上人御一代記聞書』）

【訳】仏の教えは一人で喜ぶ教えである。一人でいてさえ尊いのに、二人で信仰しあえばどれほどありがたいであろう。

【解説】蓮如は、堅苦しい教学を強調するよりも、ふだんの生活のなかで人々がどのように信仰を生かしていったらよいか、門徒への配慮を怠らなかった。そのためには、仏教を皆で信仰しようと説いている。そのための方法として、念仏の小集団である「講《こう》」を重視した。このなかで信仰について、また世俗のことがらについて話し合うことを勧めた。そしてこの講は、本願寺教団を支える経済的基盤になり、また後には軍事的基盤にもなったのである。

二　本願寺の勢力拡大

三人まず法義になしたきものがある。（中略）その三人とは坊主《ぼうず》と年老《としより》と長《おとな》と。此三人さえ在所在所にして仏法に本付《もとづ》き候《そうら》わば、余のすえずえの人はみな法義になり、仏法繁盛であろうずるよ。（『栄玄聞記《えいげんききがき》』）

【訳】村のなかで、まず三人、本願寺の支持者にしたい人々がいる。それはそこの寺の住職と、年配者と、村長の立場にいる者たちである。この三人さえ本願寺の味方につけることができれば、その他の人たちは皆本願寺になびき、正しい信仰が広まるであろう。

【解説】蓮如は各地に本願寺の勢力を発展させるべく、さまざまな努力をした。特に農村では、まず、どのような立場の人々を味方につければよいか、十分に戦略を立てて働きかけた。それが前掲のことばに表れている。蓮如は組織拡大の戦略に天才的な能力を発揮した。当然、蓮如の戦略がいつも成功するとはかぎらない。当初は延暦寺の攻撃を受け、各地を転々としたこともあったが、しだいに安定した勢力を築いていった。

御門徒衆《ごもんとしゅう》上洛候《じょうらくそうら》えば、（中略）寒天には御酒等の燗《かん》をよくさせられて、路次のさむさをも忘られ候ように、（中略）又、炎天の時は酒などひやせ。（『蓮如上人御一代記聞書』）

【訳】門徒（浄土真宗の信徒）が京都の本願寺にお参りしてくれたら、（中略）寒い冬の時期なら十分に温めたお酒などを出してあげて、本願寺まで来た道中の寒さを忘れられるようにしてあげなさい。（中略）またそれが暑い夏であったら、冷やしたお酒を飲ませてあげなさい。

【解説】蓮如は味方につけた人たちに対する配慮もまたすぐれたものがあった。蓮如は、門徒が「本願寺へお参りしてよかった」と思わせるようにしなさい、と係の者たちに命じているのである。門徒は本願寺を経済的にも支える存在である。蓮如はその確保・増大に心をくだいていた。蓮如のこのことばは、僧侶としては珍しい発言である。お客に気を遣う商人のような印象さえ受ける。

出典 『蓮如 一向一揆』(日本思想大系一七)岩波書店、一九七二年。

参考文献 金龍静著『蓮如』(歴史文化ライブラリー)吉川弘文館、一九九七年。

近世

29 日　奥《にちおう》

一五六五—一六三〇

江戸時代初期の日蓮宗の僧。「不受不施《ふじゅふせ》」を主張して法難《ほうなん》を受け、その派祖となる。永禄《えいろく》八年（一五六五）六月八日に京都の呉服商辻藤兵衛《つじとうべい》の子に生まれ、天正二年（一五七四）妙《みょう》覚寺《かくじ》日典《にってん》の弟子となって出家し、ついで妙覚寺の住持となった。

文禄《ぶんろく》四年（一五九五）、豊臣秀吉は京都東山大仏の千僧供養会《せんそうくようえ》を企て、日蓮宗にも出仕を要請した。宗内では、この供養会出席への可否をめぐって議論が起こり、日奥は「未信者からの布施を受け、他宗の僧侶に交わって読経の施しをするべきではない」と、不受不施を主張して出仕を拒んだ。このため慶長《けいちょう》四年（一五九九）に大坂城中で日奥と他の日蓮宗僧と対論《たいろん》し、負けとなった日奥は対馬へ流罪となった。

その後、日奥は慶長十七年に赦されて京都に帰り、妙覚寺の住持に復帰し、不受不施の主張は許された。しかし、日蓮宗内では日奥が主張する「不受不施」と、他の「受不施」との対立は激しく、日蓮宗を二分する深刻な対立となった。この対立は関東に波及し、池上本門寺日樹を中心とする不受不施派は、身延山久遠寺の日暹《にっせん》と対立することとなった（身池対論）。寛永七年（一六三〇）二月二十一日、江戸城中で両派の対論となったが、不受不施派が弾圧された。日奥は同年三月十日に六六歳で没したが、死後にもかかわらず再度の対馬流罪に処せられ、遺骸が対馬に送られた。

一　善師を選べ

世出の昇進を思わん人最も求むべきは善師《ぜんし》、甚《はなは》だ恐るべきは悪師《あくし》なり。善師に随える者は、悪《あく》性《しょう》変じて善となる。譬《たと》えば黒漆《くろうるし》に白物を入るれば、変じて白色となるが如し。（『宗義制法論《しゅうぎせいほうろん》』）

【訳】出家にしろ世間一般にしろ、昇進を望む者が一番求めなければならないのは、善なる師匠である。その反対に、大変恐れなくてはならないのは、悪い師匠なのだ。もし善なる師匠に遇うことができたら、その人がたとい悪い性格であっても、善なる性になるものである。それを物に例えると、黒い漆に白いものを混ぜ合わせると、その黒い漆が白色になるようなもの。その反対に、性の悪い師に従えば、善なる性も変わってしまって悪になる。たとえば、白粉に黒い墨を入れて混ぜると、そのまま黒色になってしまうようなものである。

日　奥　像（東京大学史料編纂所）

【解説】日奥が著した『宗義制法論』は、当時有名な学匠であった身延山久遠寺《みのぶさんくおんじ》の日乾《にちけん》を批判したもので、「悪師」として糾弾している。ここでは、善師と悪師について、世間一般的な見方から説明して、師を選ぶことの大切さを説いている。
仏教では、善悪の判断が厳しく問われる。寺院での法要の時、仏前で「七仏通戒偈《しちぶつつうかいのげ》」がしばしば唱えられる。「諸悪莫作《しょあくまくさ》、諸善奉行《しょぜんぶぎょう》、自浄其意《じじょうごい》、是諸仏教《ぜしょぶつきょう》」の句で「諸々の悪をなすことなく、あらゆる善をだいじに行い、みずからその心を清くせよ。これが諸仏の教えなのだ」という意味である。この言葉こそが、すべての仏教を通じての教えであるといわれる。善と悪を判じ分けることは、とても困難なことである。それは自分の心を清らかに保ってこそ、はじめて正しい判断が下せる。日奥がいう「善悪」の判断は、日蓮の教えに絶対的な基準をおくものであった。

二　学問を忘れる

それ吾が宗の学者、近代曽《かつ》て宗義を学せず。ただ名聞《みようもん》を本として、偏《ひとえ》に他学を専らにす。故に宗義は日々に衰え、邪義《じやぎ》は月々に興《こう》じて、世間闇冥《あんめい》の如し。故に自律廃忘《じりつはいもう》の輩《ともがら》、国中に充満して昼夜悪義を談ず。故に天下の道俗、徒《いたずら》に邪信を催し、邪道に入るものはその数をしらず。

（『宗義制法論』）

【訳】いったい、私たちの宗派の学者は、最近は一向に宗門の教義を学ばないで、ただ世間の名声を求めることを第一とし、ただただ宗派以外の学問に気をとられている。だが、宗門の拠り所となるべき教学は日に日に衰えるばかりで、間違った教えがしだいに横行するので、世間はまるで暗闇のような有様なのだ。ですから、自分の思想をもってしっかりと立つ志を忘れてしまった者たちがいっぱいいて、あちこちで悪い教えを説いている。この話を聞いた他の僧や信者たちは、むやみに間違った信仰をいだき、邪道に入る者は数えきれないほどいる。

【解説】一つの宗派が成り立つ所以《ゆえん》は、何をおいてもその宗が拠って立つところの「教学《きょうがく》」がしっかり確立していなくてはならない。そのためには、宗門の指導者たちが、教義について深く学び、研究しなくてはならないのは当然である。

日奥は、この前提に立って、当時の指導者たちに厳しい視線をなげかける。彼らは、「世間的な名声を求めて、教学から目をそらしているのではないか」といって、その間違いを糾弾する。仏教の宗派は、衆生をしっかりと正しく導き、成仏《じょうぶつ》の道筋を開くことを第一義とする。しかし、その宗の教学を学ぼうとする意志が衰え、世間的な興味ばかりに関心が深まると、世間はまるで暗闇になってしまうではないか。

日奥が生きた戦国時代から近世初頭にかけて、日蓮宗では教学の研鑽が盛んで、多くの学僧が輩出した。それでもこのような批判がなされている。教学の研鑽がとかくすると形式に流れる今日にあって、反省すべき重要な言葉であろう。

三　命の尊さ

あらゆる命は一身第一の宝、満界の珍宝にも替えざる重宝なり。しかも仏法のためには、この大事の命をば、なおこれを惜しまず。いわんや命の他の物、何をかこれを惜しまんや。（『宗義制法論』）

【訳】だいたい、命はその人の身にとって第一の宝であり、あらゆる世界の珍しい宝にも代えることのできない重宝なのだ。しかも、仏法が危機に瀕した時には、このように尊い命であってさえ決して惜しみはしない。ましてや、命より他のものを、どうして惜しむことがあろうか。

【解説】日蓮は、主著の『観心本尊抄《かんじんほんぞんしよう》』の冒頭で、「一念三千《いちねんさんぜん》」という言葉を説いている。一人ひとりの人にも、「三千世界」という宇宙の真実が備わっているという意味である。また、『大般涅槃経《だいはつねはんぎよう》』では、「一切衆生《いっさいしゆじよう》、悉《しつ》有仏性《うぶつしよう》」という。すべての衆生の心には、仏の真実の心がそなわっているという意味である。仏教は、一人ひとりの人間の存在を、宇宙的な広がりのなかで捉える。この「人」の根源こそ「命」であるから、それは他に比べ物のないほど尊い重宝である。

一方、『法華経《ほけきよう》』の譬喩品《ひゆほん》には「不惜身命《ふしやくしんみよう》」という言葉がある。我と我が身と命をかけて努力するという、精進《しようじん》の意味である。命の尊さと、命がけとは矛盾するようであるが、ここには一つの大前提がある。それは、

「仏法修行のため」という目的のみに、命をかけるのである。いわば、仏法のために身命をかけるのであって、他の俗事についてはあくまで生命は大事にしなくてはならないし、しかも、身命をかけるとは決して「死」を意味するものではなく、「一生をかけて」という意味にとらなくてはならない。

日蓮の教えを厳格に受け止めようとした日奥は、命こそ第一の宝と言い切っている。激しい法難を命がけで乗り切った日奥にとって、命の尊さは誰にもまして強く感じられたのである。

四　釈尊の御領

今、この世界は、悉《ことごと》く教主釈尊《きょうしゅしゃくそん》の御領《ごりょう》也。故に経に云く、「今此三界《こんしさんがい》、皆是我有《かいぜがう》」云々。また、法華の行者は、教主釈尊の愛子なり。故に経に云く、「読持此経《どくじしきょう》、是真仏子《ぜしんぶつし》」云々。（中略）小国の君主、誰か釈尊の御領を押領《おうりょう》せんや。（『守護正義論』）

【訳】今、眼前に広がる世界は、少しも残らず仏教の教主である釈尊の御領なのだ。このことは『法華経』にも説き明かされているではないか。「今此三界、皆是我有（今、この三界はすべてわたしのものである）」と。また、『法華経』の教えを信じ、教えの通りに修行する者は、教主釈尊のいとおしい子なのだ。このことを『法華経』には「読持此経、是真仏子」（この経を読み、その教えをみずから実行する者は、これこそ本当の仏子なのだ）」と。（中略）大宇宙の中でも本当に芥子粒《けしつぶ》のような小国の君主が、釈尊のこの御領を力ずくで奪い取ってよいものだろうか。

【解説】織田信長から豊臣秀吉とつづく「天下統一」の事業は、かぎりない明るさと希望を持って進められたという。しかし、その半面で大きなひずみを生み、犠牲をもたらした。日奥が生まれ僧侶として活躍した京都も、我がもの顔に振舞う秀吉の施策に翻弄《ほんろう》され、自治的な町の権限をつぎつぎに奪われていく。京都の都市計画に沿って、下京《しもぎょう》に居を占めていた日蓮宗の本山は、その多くが上京《かみぎょう》に移転を命じられた。東山に創建された方広寺の大伽藍は、人々の心を威圧したに違いない。全国にわたって実施された「太閤検地《たいこうけんち》」は日本国を私領とすることに他ならない。

日奥が、「小国の君主、誰か釈尊の御領を押領せんや」といったのは、このような現実を前にしての叫びである。日奥の不受不施の主張が、京都市民の隠然たる支持を得、さらに思想運動として広まっていくのは、このような時代を見据えた主張であったからである。

出　典　「宗義制法論」（『近世仏教の思想』日本思想大系五七、岩波書店、一九七三年）。

参考文献　寺尾英智・北村行遠共編『反骨の導師　日親・日奥』（日本の名僧一四）吉川弘文館、二〇〇四年。

30 沢庵《たくあん》

一五七三―一六四五

江戸時代初期の臨済宗《りんざいしゅう》の僧。沢庵は道号《どうごう》で法諱《ほうき》は宗彭《そうほう》。天正《てんしょう》元年（一五七三）但馬国《たじまのくに》（兵庫県）出石《いずし》に生まれる。初め浄土宗《じょうどしゅう》唱念寺《しょうねんじ》の侍童《じどう》となるが、後に禅宗に転じて宗鏡寺《すぎょうじ》董《とう》甫《ほ》宗仲《そうちゅう》などに参じ、大徳寺《だいとくじ》三玄院《さんげんいん》春屋宗園《しゅんおくそうえん》に参じて宗彭と名づけられた。近江（滋賀県）の瑞巌寺で春屋・董甫に歴参した後、和泉《いずみ》（大阪府）陽春寺の一凍紹滴《いっとうしょうてき》の印可《いんか》を受けて、沢庵の号を授かる。

慶長十四年（一六〇九）大徳寺に住したが、三日で堺（大阪府）南宗寺《なんしゅうじ》に帰るなど、権威にも超然としていた。

寛永六年（一六二九）、朝廷が認めた紫衣《しえ》を幕府が取り消したことに抗議した、いわゆる紫衣事件で出羽（山形県）上山《かみのやま》に流されるが、その硬骨ぶりによって逆に名声が高まり、九年には赦《ゆる》され、後水尾《ごみずのお》上皇に召されて『原人論《げんにんろん》』を講じた。また、柳生但馬守宗矩《やぎゅうたじまのかみむねのり》や徳川家光の知遇《ちぐう》を得て、品川（東京都）東海寺の開山に招かれた。

最後まで弟子を印可することなく、正保《しょうほ》二年（一六四五）「夢」の一字を大書して示寂した。七三歳。『不動智神妙録《ふどうちしんみょうろく》』『沢庵広録』『臨済録抄《りんざいろくしょう》』『明暗雙々集《みょうあんそうそうしゅう》』など撰述も多い。

沢　庵　像（祥雲寺）

一剣禅一如

不動《ふどう》とは、うごかずという文字にて候《そうろう》。智は智慧《ちえ》の智にて候。不動と申し候《そうらい》ても、石か木かのように、無性《むしょう》なる義理にてはなく候。向《むこ》うへも、左へも、右へも、十方八方《じっぽうはっぽう》へ、心は動き度《た》きように動きながら、卒度《そっと》も止《とど》まらぬ心を、不動智と申し候。（『不動智神妙録《ふどうちしんみょうろく》』）

【訳】不動というのは、文字で表せば動かないということである。智は智慧の智である。不動といっても、石や木のように意思がなくて動かないのではない。前方へも、左へも右へも、心が自由自在に動きながら、一瞬たりとも止まらない状態を、不動智というのである。

【解説】若き乱暴者であった宮本武蔵を諭《さと》したとか、柳生宗矩《やぎゅうむねのり》に剣の極意《ごくい》を説いたとか、沢庵には剣豪との逸話が多く伝えられている。武蔵との関係は、吉川英治の創作によるところが大きいが、柳生宗矩は家光の剣《けん》術《じゅつ》指南役《しなんやく》であり、幕政にも深く関わっており、沢庵が流罪《るざい》から赦されて家光の知遇を得たのも、宗矩が関与したのであろう。

『不動智神妙録《ふどうちしんみょうろく》』は、兵法《ひょうほう》に喩《たと》えながら禅の教えを説いたもので、宗矩に書き与えたものとされている。剣を握った手に気持ちを奪われず、打ち込む太刀筋《たちすじ》にも心を奪われることなく、向き合った相手にすら執着《しゅうじゃく》しない、いわば剣という技術にとらわれるのではなく、自分も相手も、握った剣も空《くう》になりきった境地《きょうち》に達しなければならない、と説いていると思われる。沢庵が剣術をどの程度に理解していたかは不明であるが、ある意味で、すべての道に通じる表現であり、たまたま兵法家に書き与えるから剣に喩えたのであって、内容的には沢庵自身の禅の悟りであったというべきである。

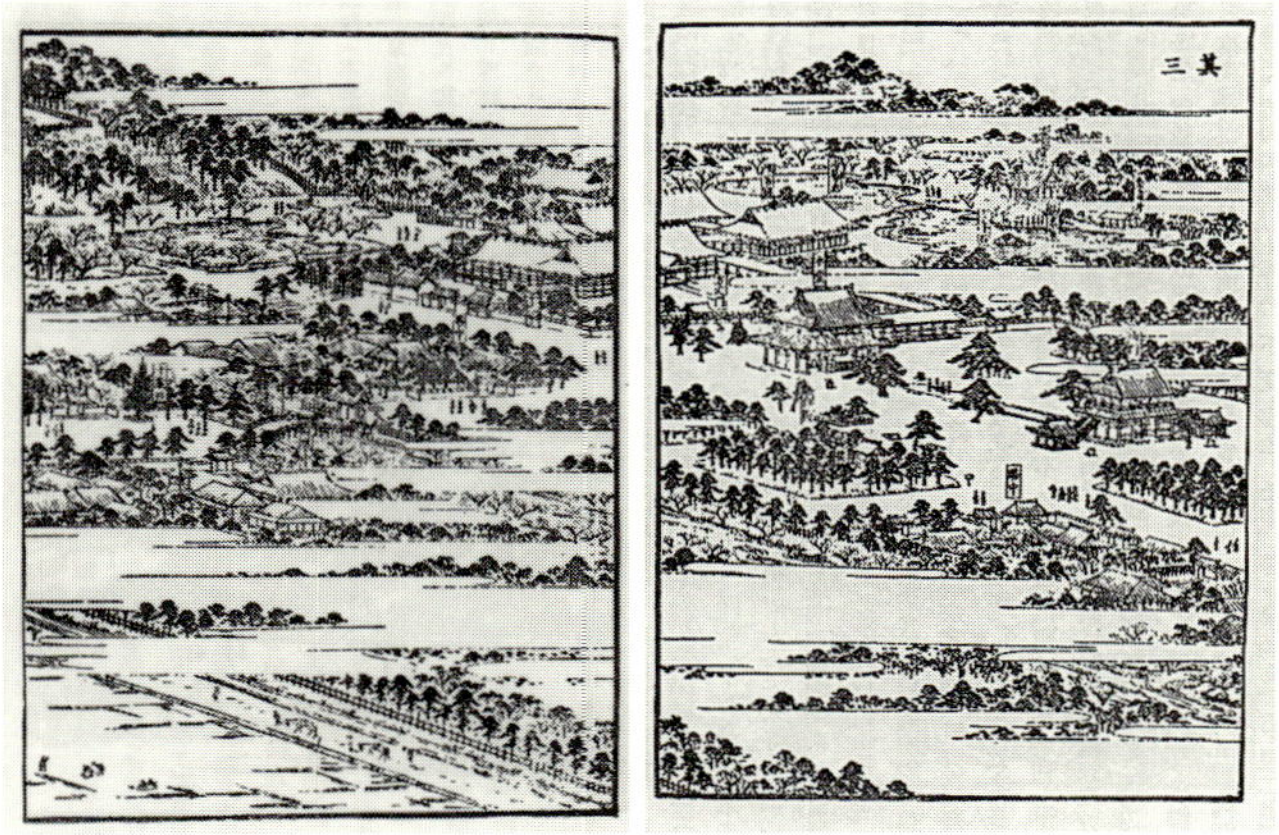

東　海　寺（『江戸名所図会』）
東京都品川区にある臨済宗大徳寺派の寺院で，徳川家光が建立し沢庵が開山に招ねかれた。

二　嗣法の弟子

法はそれ嗣《つ》ぐべからず、嗣ぐべきは法に非《あら》ず。法はそれ断ずべからず、断ずべくは法に非ず。（中略）法は自《おのずか》ら無始無終《むしむしゅう》なり。断絶なし。（『東海夜話』）

【訳】仏法というものは受け継ぐものではない。受け継がなければならないのは仏法ではない。教えというものは断絶するものではないし、断絶するのは教えではない。（中略）教えには始まりも終わりもないから、断絶もしない。

ただ弟子心了《しんりよう》し、師有《あ》りてこれを証明するのみ。もし証明の師無きは以て我《わ》れ是《こ》れ禅を得《え》、道《みち》を得《う》るといえ。（『碧巌九十偈《へきがんきゆうじゆうげ》』）

【訳】ただ弟子が会得《えとく》して、それを師が証明するだけである。もしも証明する師がいないときは、自ら禅の教えを会得したと言え。

【解説】沢庵は、ついに弟子を印可することがなかったため、法系《ほうけい》が途絶えてしまった。ある意味でこれは断《だん》法《ぽう》であり、教えを伝えるという義務を怠ったようにも見える。実際、沢庵の支持者であった徳川家光や後水尾上皇も、嗣法《しほう》の弟子がいないことを心配していたが、右の文から沢庵自身の嗣法に対する姿勢が窺《うかが》える。仏法というものは、伝わったり断絶したりするものではなく、常に教えとしてそこにあるものであって、自らが修行して悟ればよい。たまたま師がいれば証明してくれるだろうし、適当な師が得られなくても、会得《えとく》した教えに確信を持てばよい、というのである。見ようによっては、独りよがりの悟りに陥《おちい》る危険性があり、だからこそ師が正しい方向へ導かなければならないのだが、沢庵においては、修行者自身の仏法に対する主体的な理解を重視しているように思われる。

沢庵が断法したほんとうの理由については明らかではないが、紫衣《しえ》事件に見られるように、幕府権力が教団はおろか僧侶の修行や資格まで管理し、大寺院の住持《じゆうじ》が嗣法を売り物にしたり、俗世の名誉に毒された修行者が横行《おうこう》する世相に対し、持ち前の反骨精神を発揮したものかも知れない。その反骨精神を愛して大寺院の開山に迎えたのは、皮肉なことに権力の頂点にいた将軍徳川家光であった。

出　典　『沢庵和尚全集』第一書房、一九五五年。

参考文献　市川白弦『沢庵』（日本の禅語録一三）、講談社、一九七八年。

31 隠　元

いんげん

一五九二―一六七三

江戸初期に中国から渡来した臨済宗《りんざいしゅう》の僧。日本の黄檗宗《おうばくしゅう》の祖。万暦《ばんれき》二十年（一五九二）福清県（中国・福建省）に生まれる。初め農業に就いたが、のち黄檗山万福寺《まんぷくじ》鑑源興寿《かんげんこうじゅ》に就いて出家する。密雲円悟《みつうんえんご》に参ずるなどし、黄檗山に住した費隠通容《ひいんつうよう》の法を嗣《つ》いで、崇禎《すうてい》十年（一六三七）黄檗山に晋住《しんじゅう》した。

明国滅亡の時期に当たり、長崎興福寺逸然性融《いつねんしょうゆう》などの招聘《しょうへい》で、承応《じょうおう》三年（一六五四）に長崎へ渡来した。興福寺・摂津（大阪府）普門寺などに住した後、万治《まんじ》元年（一六五八）江戸に出て将軍徳川家綱《とくがわいえつな》に拝謁、寛文元年（一六六一）宇治（京都府）に土地を与えられて黄《おう》檗山万福寺《ばくさんまんぷくじ》を創建する。

中国風の儀礼や建築・書画などの文化を通じて多くの僧と交流し、当時の日本禅宗に大きな影響を与えた。中国では臨済正宗《りんざいしょうしゅう》を称していたが、念仏を取り入れた禅風《ぜんぷう》は日本の臨済宗とは相容《あいい》れなかったため、黄檗宗と称することになった。延宝《えんぽう》元年（一六七三）、八二歳で示寂。後水尾《ごみずのお》法皇から大光普照国師《だいこうふしょうこくし》と諡《おくりな》される。『普照国師広録《ふしょうこくしこうろく》』の他、『隠元法語』『黄檗清規《おうばくしんぎ》』『松隠集《しょういんしゅう》』『太和集《たいわしゅう》』『弘戒法儀《ぐかいほうぎ》』など、多くの撰述を遺している。

一念仏と禅

老僧、東のかた此の土に来たりてより今に迄《いた》って十載、専《もっぱ》ら済北《さいほく》の道を行う。奈何《いかん》せん、時輩《じはい》根劣《こんれつ》に気微《きび》にして能《よ》く担荷《かたん》するもの無し。已《や》むことを得ざるに至って、亦《また》人をして念仏せしむ。正に病に応じて薬を与うるの意なり。誰《たれ》か宜《よろ》しからずと謂《い》わん。（『黄檗《おうばく》和尚《わじょう》太和集《たいわしゅう》』）

隠　元　像（興福寺）

【訳】私は、海を渡って日本へ来てから一〇年の間、ひたすら臨済宗の教えを弘めてきた。ところが、どうにも正しい教えを伝えることができる人材に恵まれなかった。仕方なく、人々に念仏を勧めたのであるが、これは病気に応じて投薬するのと同じである。誰が良い方法ではないと言えようか。

【解説】日本においては、臨済宗《りんざいしゅう》・曹洞宗《そうとうしゅう》・黄檗宗《おうばくしゅう》の三宗を総称して禅宗というが、中国では黄檗宗という宗派は存在しない。禅宗が日本へ本格的に伝わった南宋《なんそう》時代以降の中国では、禅浄一致《ぜんじょういっち》の傾向が強まり、禅院においても念仏を唱えるようになったとされている。つまり隠元が渡来して伝えた禅宗は、宋《そう》・元《げん》代に伝えられ、鎌倉・室町時代を通じて日本化した禅宗とは、かなり異質であったといえるのであり、そのために中国において自称していた「臨済正宗」ではなく、「黄檗宗」の名で呼ばれることになったのである。

中国禅宗の正統を嗣ぐ隠元の渡来は、日本仏教界に大きな波紋を起こした。宇治（京都府）に建立した黄檗山万福寺では、念仏禅はもちろん、禅院の規矩《きく》や経典の読誦法《どくじゅほう》などに至るまで、儀礼のすべてが当時の中国風で行じられたため、久々に直接中国禅に接することができるということで、曹洞・臨済を問わず多くの僧がその門を敲《たた》いた。しかし他方、念仏的傾向の強い宗風に違和感を持って、排斥しようとする動きもあったのである。あるいは右の『太和集』の語は、そうした反感を抱く人たちに向かって述べられたものであり、自らの教化が間違っていないことを主張したものと思われる。応病与薬《おうびょうよやく》、すなわち相手の機根に応じて法を説く「対《たい》機説法《きせっぽう》」なのであるから、けっして間違った修行ではないと主張している。

二　己事究明

幼年より発心する者、是れ誰《た》そ。参究する者、是れ誰そ。未だ省力あらざる者、是れ誰そ。冀《こいねがわ》くば閒忙動静《かんぼうどうじょう》の際、行住坐臥《ぎょうじゅうざか》の間、本参を含《お》くことなく、孜々《しし》として究《きわ》め尽くせ。（『普照国師広録』「興福寺語録」）

【訳】幼くして発心するのは何者だ。真理を究めようとするのは何者だ。悟りに至ることができないのは何者だ。どうか、多忙であっても暇であっても、日常生活のすべてにおいて、正しい実践を忘れずに、怠ることなく真理を追い求めなさい。

【解説】隠元は多くの弟子を伴って渡来したが、同時に随行した工匠・画工などによって、当時の中国の文化が輸入されたのであり、日本の建築や絵画・彫刻などに大きな影響を与えた。特に、隠元やその弟子たちが遺した多くの書は、隠元自身とその教えが弘まった足跡を示すようである。

万福寺大雄宝殿

京都府味師にある黄檗宗の総本山で，徳川家綱を開基，隠元を開山として寛文８年（1661）に創建された。

また隠元に対しては、多くの在俗の居士《こじ》が法語を求めてきたが、しばしば「是れ誰そ」の語を与えて参究せしめている。右の語も、幼いころから発心して真実を参究しているものの、悟りに至ることができないという鍋島《なべしま》得峰居士《とくほうこじ》が、説示《せつじ》を求めてきたのに対して与えたものである。参究しているとか悟りに至れないことが重要なのではなく、他ならぬ自分自身は何者かと自問することこそが大切であると説いている。

「お前は何者か」という問いは、長い禅宗の歴史の中で、多くの師と弟子の間で交《かわ》わされてきたものであり、それに対する答えが、ときには水の入った瓶《びん》を蹴倒《けたお》すことであり、履《は》き物を頭に載《の》せて方丈《ほうじょう》から退室することであった。言い換えれば隠元は、道俗《どうぞく》を問わず悟りを求める者に対して、「是れ誰ぞ」と示すことによって「己《こ》事究明《じきゅうめい》」を教えていたのである。つまり禅では、自己自身を離れたところに真実を求めることを強く戒める。「お前は何者か」と問うことで、自らの実践が仏行であり、悟りそのものであることに気づかせようとしたのである。

三　中国禅の継承

古今東渡《ここんとうと》の諸祖嗣法《しょそしほう》の者を歴観するに、三、四代の後、即便《すなわち》断絶して遂に祖席をして寥々《りょうりょう》たらしむ。前に酒井空印老居士護法《さかいくういんろうこじごほう》の念を承《う》くるに、嘗《つね》に言う、本山他日主法《たじつしゅほう》苟《いやしく》も其人《そのひと》無くんば、まさに唐山に去って請補《しょうほ》して、法脈縄々《じょうじょう》として断えざらしむべしと。此の議甚《はなは》だ当たれり。惟《ただ》後代の賢子孫《けんしそん》、挙してこれを行うに在り。(『老人預嘱語《よしょくご》』)

【訳】むかしから日本へ渡来した祖師たちの嗣法の弟子を見てみると、三、四代伝わった後は絶えてしまい、住していた禅院も廃《すた》れてしまっている。前に酒井空印老居士(忠勝)が、黄檗山の法を護り伝えるために仰《おっしゃ》っていたのは、もしも住職としての人材が無いときは、中国まで行って適任の僧を招き、法脈が絶えないようにしなければならない、ということである。この考えはまことに当を得たものである。(法脈の護持は)法を嗣ぐものが結束して行うか否かにかかっている。

【解説】黄檗山万福寺が、仏像や伽藍《がらん》、規矩《きく》や儀礼に至るまで当時の中国風を忠実に伝えたものであったことは、菊舎尼《きくしゃに》が、万福寺の中はあたかも中国であるかのようだが、山門を出て聞こえてくる茶摘《ちゃつみ》うたで、そこが日本であったと思い出すことを、「山門を出《いず》れば日本ぞ茶摘うた」と詠《よ》んだことからも窺え、『預囑語《よしょくご》』に定められたように中国人住持が一六代まで続いている。また、かつて隠元が住した中国福建省の黄檗山万福寺を、「古黄檗《こおうばく》」と呼んで聖地としていることからも、自らが伝えた教えが中国臨済宗の正統であるという意識が、いかに強かったかということが理解できる。その強い思いを受け継いだ現在の万福寺では、なお明代の発音での読経《どきょう》が響いており、木魚《もくぎょ》に合わせて読経するという儀礼は、ある意味で日本の諸宗派を席巻したといえる。

出　典　平久保章編『隠元全集』開明書院、一九七九年。

参考文献　平久保章著『隠元』（人物叢書九六）吉川弘文館、一九六二年。

32 白隠

はくいん

一六八五—一七六八

江戸時代中期の禅僧で、臨済宗中興《りんざいしゅうちゅうこう》の祖。貞享《じょうきょう》二年（一六八五）駿河国《するがのくに》（静岡県）東海道原宿《はらじゅく》に生まれる。元禄《げんろく》十二年（一六九九）、一五歳で近くの松蔭寺《しょういんじ》で出家して禅の修行に励む。その後美濃《みの》（岐阜県）、若狭《わかさ》（福井県）、播磨《はりま》（兵庫県）、越後《えちご》（新潟県）、京都と、優れた禅僧を求めて各地をめぐり、教えを受けている。

白隠は出家以来厳しく修行を続け、二三歳のときに信州飯山の正受老人《しょうじゅろうにん》のもとで大悟《だいご》した。その後も、悟後の修行に励んだ。しかしあまりに厳しく修行に努めたためか、二六歳のときには身心を病んでしまった。そこで、長期間療養《りょうよう》に努めなければならないことがあった。七三歳のとき、『夜船閑話《やせんかんな》』と題するその闘病記《とうびょうき》をまとめ、回復の秘訣と養生法を発表した。これは薬で病気を治すというより、精神的な面からの回復をはかる方法、つまり内観修養《ないかんしゅうよう》を基本としている。

三二歳のとき、故郷に帰って松蔭寺に入る。翌々年には京都妙心寺《みょうしんじ》の第一座《だいいちざ》に選ばれている。白隠の令名《れいめい》は高く、松蔭寺に来て修行する僧は多く、「駿河には過ぎたるものが二つあり、一に富士山二に原の白隠」といわれた。明和《めいわ》五年（一七六八）十二月十一日松蔭寺で亡くなった。八四歳。現在の臨済宗のほとんどの法系《ほうけい》は白隠のもとに源を発している。

一　禅の強調

大凡《おおよそ》一切《いっさい》の賢聖《けんせい》、古今《ここん》の智者《ちしゃ》、禅定《ぜんじょう》に依《よ》らずして仏道を成就《じょうじゅ》する底《てい》、半箇《はんこ》も亦《また》なし。夫《そ》れ戒《かい》定慧《じょうえ》の三要《さんよう》は、仏道万古《ぶつどうばんこ》の大綱《たいこう》なり。誰《たれ》か敢《あえ》て軽忽《けいこ》にせんや。（『遠羅天釜《えんらてんぷ》』）

【訳】だいたい、すべての賢人・聖人、古今の智者たちのうちで、坐禅によらなくて仏道の成果をあげた者は一人としていない。そもそも、戒《かい》（身を正しくする）・定《じょう》（気持ちを落ち着ける）・慧《え》（人生と宇宙を見通す智恵を得る）という三つの重要な事柄は、仏道を成す上でのはるか昔からの決まりごとである。軽々しく扱ってよいだろうか。

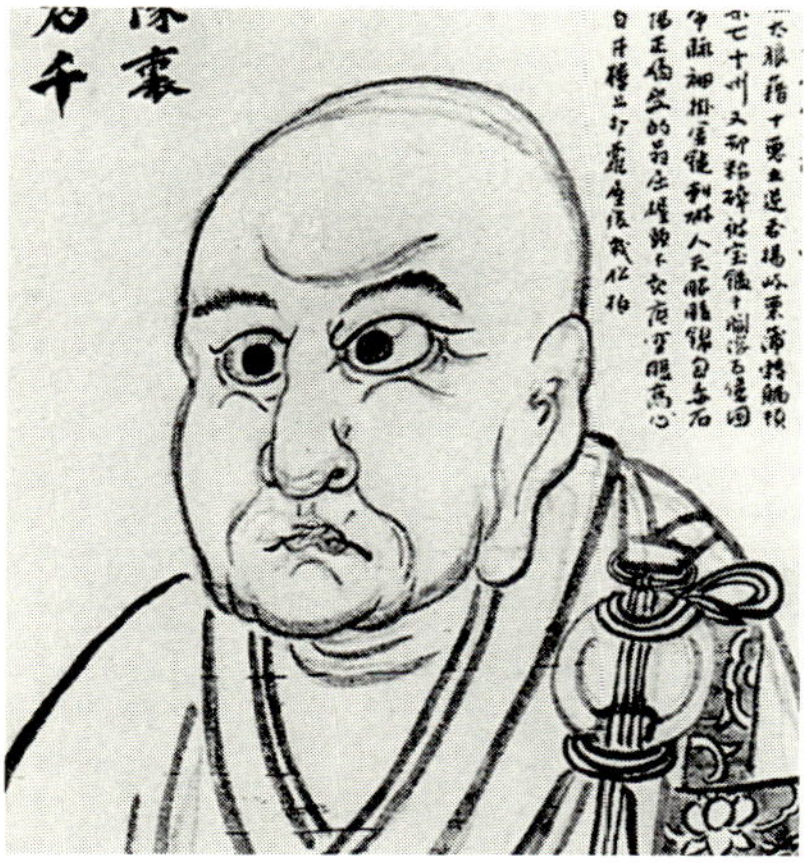
白隠自画像（松蔭寺）

【解説】『遠羅天釜』は、延享《えんきょう》五年（一七四八）の九州の大名である鍋島摂津守直恒《なべしませっつのかみなおつね》の質問に答えたものである。白隠は多くの人々の帰依《きえ》を受けて禅の普及に尽力した。そしてその人気があった理由の一つに、上下の人々に分かりやすく禅を説いたことであった。鍋島直恒に対しても、まず禅の本来的な意義を述べている。次に修行する者は形式にこだわらずにいろいろな工夫をすべきこと、また自分に適応する方法を取ってよいことをいろいろと例を挙げて説明している。ここでは意義の部分を掲載した。

二　理想的な病気治療法

もし、此《こ》の秘要《ひよう》を修《しゅ》せんと欲せば、且《しば》らく工夫を抛下《ほうげ》し、話頭《わとう》を拈放《ねんほう》して、先《ま》ず須《すべか》らく熟睡一覚《じゅくすいいっかく》すべし。其《そ》の未だ睡《ねむ》りにつかず眼を合せざる以前に向かって、長く両脚《りょうきゃく》を展《の》べ、強く踏みそろえ、一身《いっしん》の元気をして臍《さい》輪《りん》気海《きかい》、丹田腰脚《たんでんようきゃく》、足心《そくしん》の間に充《み》たしめ、時々に此の観を成《な》すべし。（『夜船閑話《やせんかんな》』）

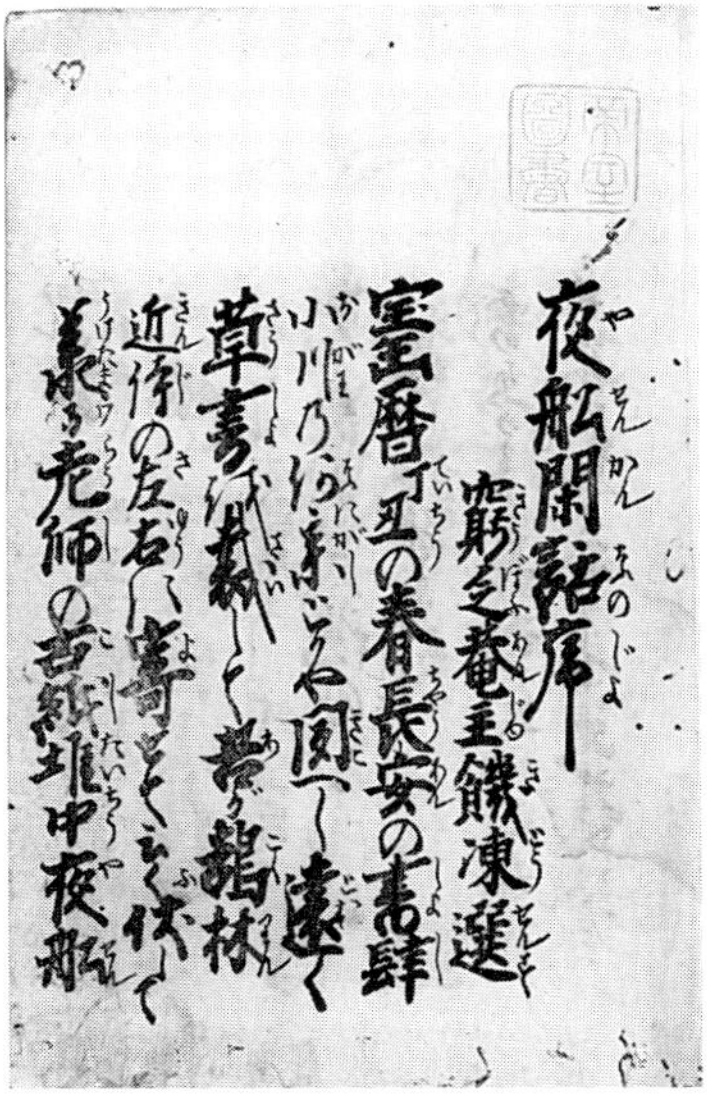

『夜船閑話』（宮内庁書陵部）
白隠の闘病記で，精神面から回復をはかろうとする内観修養をしめしたもの。

【訳】もし病気治療のため、私の治病方法を採用するのであったら、坐禅の公案《こうあん》も坐禅そのものも話をすることも止めて、ともかく熟睡するようにしなさい。そして眠りに入らず、両方の瞼を合わせる前に、両足を長く伸ばし両方の踵《きびす》を強く踏み揃え、一身に籠っている元気を、臍《へそ》から臍下、腰、脚から足の裏まで充実させ、次のような内観を行いなさい。

【解説】この文は『夜船閑話』の始めの部分に出ている。禅の修行者が寝食を忘れて修行しているうち、体調が悪くなることもある。精神も肉体も疲れ、活気がなくなり、諸種の病気にかかってしまったとき、まず熟睡せよ、というのである。

だいたい、そのような患者は熟睡しようと思っても熟睡できない。それで睡眠薬を飲んで眠ることになるが、この睡眠薬はしだいに習慣性を増して効かなくなったり量が多くなったりする。

白隠は、静かに横になって精神を落ち着け、悩みや妄念を忘れ去るようにし、病気という観念も取り去れ、とするのである。文中の「此の観」というのは、

①我が臍・臍の下・腰脚・足の裏は、私の本来の姿だ。そこにどんな鼻の穴があるというのだ。

②我が臍・臍の奥は、すべて私の本分の故郷だ。故郷には何の変化もないはずだ。

③我が臍・腹の奥は、すべて私の心の浄土だ。浄土には何の飾りもあるはずはない。

④我が臍・腹の奥は、すべて私のなかの阿弥陀だ。

という四種類の句を繰り返し繰り返し一心に念じていればよい、というものである。やがて気力が臍から足の裏まで満ちてくる。この内観を続けて一週間、三週間と続ければ病気は必ず治る、と白隠は説いている。

出典　『白隠禅師法語全集』全一四巻、花園大学禅文化研究所、二〇〇三年完結。

参考文献　高山峻著『夜船閑話』改訂新版、大法輪閣、一九七五年。『白隠』大乗仏典中国・日本編二七、中央公論社、一九八八年。

33 慈雲《じうん》

一七一八—一八〇四

江戸時代の学僧で、真言宗正法律《しょうぼうりつ》の開祖。享保《きょうほう》三年（一七一八）高松藩士上月安憲《こうづきやすのり》の子として大坂で生まれた。一二歳のときに朱子学《しゅしがく》を学び、河内国法乗寺貞紀《じょうき》のもとで一三歳で出家、一八歳のときには京都にのぼって伊藤東崖《いとうとうがい》のもとで儒学を学んだ。ついで奈良におもむいて仏教諸宗派に接するうち、しだいに戒律《かいりつ》の研究に没頭するようになった。そして元《げん》文《ぶん》四年（一七三九）、二二歳の時に河内国野中寺《やちゅうじ》の住職となった。五年後には長栄寺《ちょうえいじ》に移って、初めて戒律を説いた。

慈雲は、わが国における戒律は奈良時代の鑑真《がんじん》以後、種々の形式があって一定していなかったとの認識のもとに、戒律に関する規則を制定した。これを正法律《しょうぼうりつ》と呼んで、普及に努めた。その著『十善法語《じゅうぜんほうご》』は庶民に対して戒律を分かりやすく説いたものである。また梵学《ぼんがく》の研究にも力を注ぎ、『梵学津梁《ぼんがくしんりょう》』一〇〇〇巻は世界的にもずば抜けた水準を有していた。梵学研究史上の不朽《ふきゅう》の成果である。

慈雲は、文化《ぶんか》元年（一八〇四）、京都の阿弥陀寺に八七歳の長寿を保って亡くなった。

江戸時代における慈雲の戒律運動は、本質的には、本末制度《ほんまつせいど》や寺檀制度《じだんせいど》を通じて幕府や藩の権力と結びついた仏教界の堕落に対する抗議であり、その改革運動ととらえるべきものである。

一　『十善法語』のこころ

人の人たる道は此《この》十善に在《ある》じゃ。人たる道を全《まった》くして賢聖《けんせい》の地にも到るべく、高く仏果をも期すべきと云ことじゃ。（『十善法語』）

【訳】人が人として生きるべき道は、この十善のなかにあるのだ。人として生きるべき道をよく守ってこそ、儒学でもっとも優れた人とされる賢人《けんじん》・聖人《せいじん》の位置にも到達できるし、仏教の悟りの境地も得られるということなのだ。

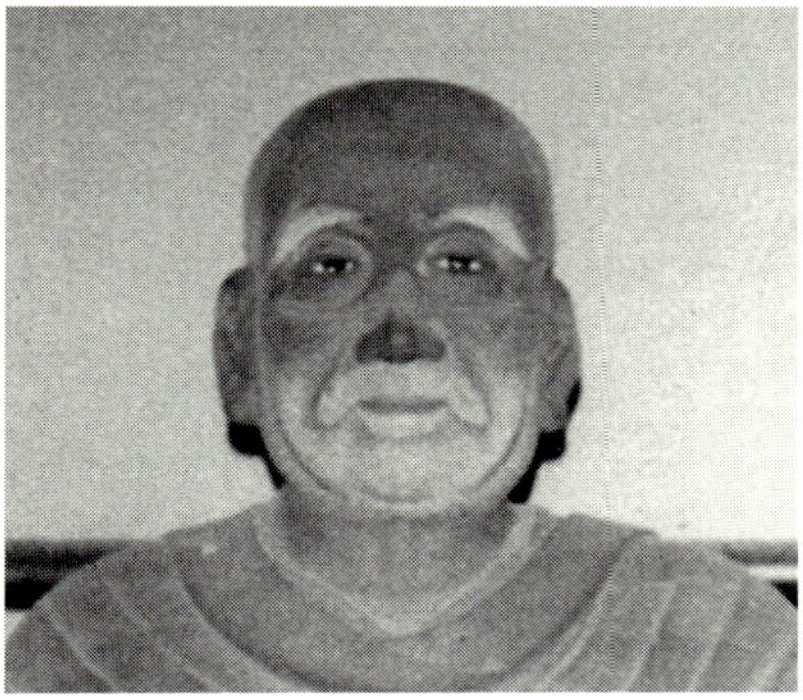

慈　雲　像（高貴寺）

【解説】慈雲は人間の生きるべき道として戒律を普及させようとしていた。その根底には、当時の仏教界が堕落《だらく》していたことに対する批判がある。仏教界は、本末制度《ほんまつせいど》や檀家制度《だんかせいど》を通して幕府や藩の権力と結びつき、その状況に安住していたのである。

慈雲は戒律についての種々の考え方を統一し、宗派の別を立てず、直接釈迦如来《しゃかにょらい》の教えにしたがって修行しようとした。そしてその統一した戒律を正法律《しょうぼうりつ》と呼んだ。そしてその戒律のなかでも釈迦が出家・在家《ざいけ》を問わずに説いたのが十善戒《じゅうぜんかい》であるとし、『十善法語』や『人となる道』でその内

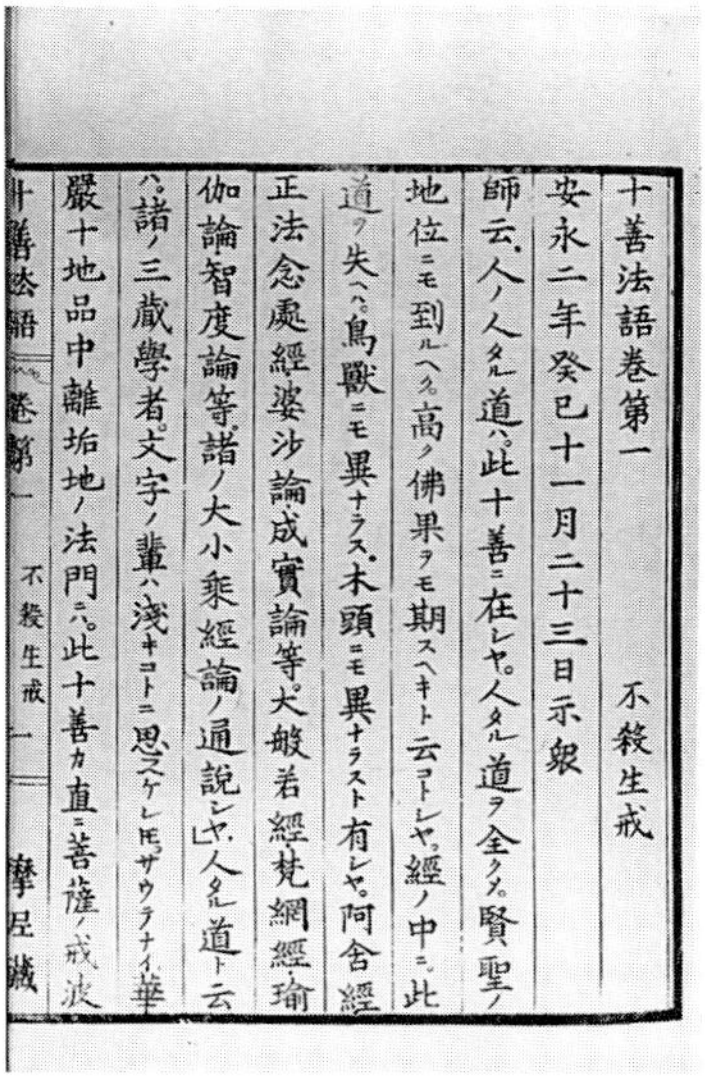
十善法語巻第一　不殺生戒
安永二年癸巳十一月二十三日示衆
師云、人ノ人タル道ハ、此十善ニ在リヤ。人タル道ヲ全クシテ、賢聖ノ地位ニモ到ルヘク、高ク佛果ヲモ期スヘキト云コトヤ。經ノ中ニ、此道ヲ失ヘハ、鳥獣ニモ異ナラス。木頭ニモ異ナラスト有リヤ。阿含經正法念處經婆沙論成實論等、大般若經梵網經瑜伽論智度論等、諸ノ大小乘經論ノ通説ジヤ。人タル道ト云ハ、諸ノ三藏學者文字ノ輩ハ淺キコトニ思ヘケレドモ、ザウデナイ。華嚴十地品中離垢地ノ法門ニハ、此十善カ直ニ菩薩ノ戒波

十善法語　巻第一　不殺生戒　一

『十善法語』（国立国会図書館）
仏教の戒律を民衆に分かりやすく解説し，その功徳を詳述したもの。

容をやさしく説いている。それは次の一〇の戒律である。

①不殺生《ふせっしょう》……人や動物を殺してはいけない。あわれみ深い心を持つように。
②不偸盗《ふちゅうとう》……他人の財物を奪ってはいけない。
③不邪婬《ふじゃいん》……男女の道を乱さないように。
④不妄語《ふもうご》……自分自身と他人に嘘をついてはいけない。
⑤不綺語《ふきご》……軽口《かるくち》や冗談《じょうだん》、下品な言葉などは使わないように。
⑥不悪口《ふあっく》……悪口をいわないように。いわなければ徳や利益が得られる。
⑦不両舌《ふりょうぜつ》……二枚舌《にまいじた》を使ってはいけない。仲間を大切に。
⑧不貪欲《ふとんよく》……自分の分限《ぶんげん》をわきまえて、むさぼらないように。
⑨不瞋恚《ふしんに》……怒ってはいけない。怒ると、長い間に培った徳がたちまちに失せる。
⑩不邪見《ふじゃけん》……まちがった見方をしないように。

十善とは特別深い理論があるわけではなく、高邁《こうまい》な理屈があるわけでもない。十善はすなわち人の生き方の自然な道であり、万物《ばんぶつ》はこれによって生きる。上下貴賤《じょうげきせん》すべての人間がこれによってその所を得る。慈雲はこのように教えた。十善は天地の天地たる所以《ゆえん》を示すものであり、また人の人たる所以を示すものであった。

二　慈雲の神道論

神道の高き、道教《どうきよう》儒教《じゆきよう》の及ぶ処《ところ》に非《あら》ず。その深い意《い》を得るに於ては、密教《みつきよう》に入るに非ざれば是《これ》を知ること能《あた》わず。（『開会神道《かいえしんとう》』）

【訳】神道の精神が高い所にあることは、道教や儒教の及ぶところではない。神道の真意を得ようとするならば、密教を学ばなければ得ることはできない。

【解説】慈雲は神道にも関心を持ち、新たな神道説を立てた。これを雲伝神道《うんでんしんとう》あるいは葛城神道《かつらぎしんとう》といい、神道は仏教に包摂《ほうせつ》されるものと理論づけた。このことは、江戸時代の排仏論《はいぶつろん》の立場や儒学者の立場からの神道説（山崎闇斎《やまさきあんさい》の垂加神道《すいかしんとう》など）に対抗するものであった。

神道は一箇《いっこ》の赤心《せきしん》、君臣の大義《たいぎ》のみなり。（『神儒偶笑《しんじゆぐうしよう》』）

【訳】神道というのは、すなわち赤心である。これは君臣の関係を示すものである。

【解説】雲伝神道では、「赤心」をもって神道の本質とした。この赤心は君臣関係を中心に展開するものとし、普遍性《ふへんせい》を持たせて広く庶民にまで共通したものとした。雲伝神道の理論は平易であったが、これは儒教の煩瑣《はんさ》な理論を批判する意味が込められていた。

出典　『慈雲尊者全集』思文閣出版、一九七七年。

参考文献　慈雲尊者二百回遠忌の会編『真実の人　慈雲尊者』大法輪閣、二〇〇四年。

34 良寛《りょうかん》

一七五八―一八三一

江戸時代後期の禅僧《ぜんそう》・歌人。俗名は山本文孝《やまもとふみたか》。宝暦《ほうりゃく》八年（一七五八）越後国（新潟県）三島郡出雲崎の名主《なぬし》橘屋《たちばなや》山本泰雄の息子として生まれる。一五歳で元服《げんぷく》して名主見習いとなるが、一八歳でこれを放棄、近くの曹洞宗光照寺《そうとうしゅうこうしょうじ》で出家《しゅっけ》した。二二歳の時、備中国（岡山県）玉島《たましま》の円通寺《えんつうじ》に移り、大忍国仙《だいにんこくせん》を師としてひたすら禅の修行に励んだ。

寛政《かんせい》二年（一七九〇）、三三歳のとき、国仙から禅僧の基礎ができたと認められた。翌年国仙が亡くなったので、それを機会に良寛は円通寺をあとにして全国行脚修行《あんぎゃしゅぎょう》の旅に出た。中国・九州・四国と経由した四年後、父が京都桂川《かつらがわ》に入水《じゅすい》自殺したことを聞いて故郷に帰ることになった。

文化《ぶんか》元年（一八〇四）から国上山《くにがみやま》西坂の五合庵《ごごうあん》に落ち着いた。同十三年からは乙子神社《おとごじんじゃ》境内の草庵に移ったが、このころから病気がちとなり、天保《てんぽう》二年（一八三一）正月六日に七四歳で亡くなった。

良寛は和歌や俳句・漢詩にすぐれ、また書もよくした。これは芭蕉風の俳人であり国学者でもあった父の影響であろうか。良寛の歌や漢詩は型にはまらず、気の向くままに書も自由奔放なもので、ものにこだわらない生活ぶりがよく表われており、その書は各地に残されている。

良寛自画像（個人蔵）

一坐禅修行

円通寺に来たりてより　幾春秋《いくしゅんじゅう》なるかを知らず
門前は千家の邑《むら》　さらに一人をも知らず
衣垢《ころもあか》づけば手ずから洗い　食尽《しょくつ》くれば城いんに出ず
嘗《かつ》て高僧伝を読むに　僧は清貧《せいひん》に可なるべし（「円通寺に来たりてより」）

【訳】私が円通寺に来てから、いったい何年の月日が過ぎたであろうか。
円通寺の門前には多くの家が立ち並んでいるが、誰一人知人はいない。
僧衣が垢で汚れれば自分で洗うし、食料がなくなれば街に出て托鉢《たくはつ》をする。
高僧の伝記を読んで勉強した結論は、僧侶は清貧であるのがよいということである。

【解説】良寛はよほど俗世間《ぞくせけん》の仕事が嫌だったのか、一八歳で曹洞宗光照寺に入って剃髪《ていはつ》した。その寺の住職は玄乗《げんじょう》破了《はりょう》という僧であった。二二歳のとき、玄乗破了の師僧である大忍国仙《こくせん》が巡錫《じゅんしゃく》してきたおりに認められて得度《とくど》し、良寛と名付けられた。以後、国仙和尚に従い、その円通寺で修行すること一二年間、その時代を回想して詠《よ》んだのが右の詩である。

円通寺時代の良寛はひたすら坐禅修行《ざぜんしゅぎょう》に打ち込んだ。僧堂での集団生活があまり得意ではなく、孤独だった。また世間嫌いでもあり、門前に出て気晴らしをする気も起きなかったようである。後年になると多少余裕ができたのか、若いころの孤独の様子を右のように客観的に表現している。

良寛は鎌倉時代の道元《どうげん》を手本とし、『正法眼蔵《しょうぼうげんぞう》』を学んだ。道元のいう祇管打坐《しかんたざ》（ただひたすら坐禅をすること）あるいは「仏道の者はすべからく貧《ひん》なるべし」という教えは、良寛の生き方の根幹になっていた。「仏道の者はすべからく貧なるべし」とは、物質的には貧しいけれども、心は豊かであることをいう。良寛自身もその教えを守っていたことは、この詩のまとめの句、「僧は清貧に可なるべし」に示されている。

ちなみに良寛は各地に多くの書を残しているが、円通寺修行時代の書はひとつも発見されていない。

二　托鉢の生活

吾《わ》れ亦是《またこれ》れ釈氏子《しゃくしし》
一衣一鉢《いちえいっぱつ》迥《はるか》に灑然《さいぜん》たり
君見ずや浄名老人《じょうみょうろうじん》嘗《かつ》て道《い》う有り
食に於て等しき者は法も亦然《またしか》り

直下《じきげ》に恁麽《いんも》し去るも
誰か能《よ》く兀々《ごつごつ》として驢年《ろねん》に到る（「托鉢」）

【訳】私も釈迦の末孫の末弟の一人に連なっている。身につけているのは袈裟《けさ》だけ、持っているのは食物《しょくもつ》の布施《ふせ》を受ける鉢《はち》だけ。昔、維摩居士《ゆいまこじ》が次のように言っていたのを知っているだろう。食物を受けるにも、仏法を施すにも、差別をしてはいけない。言葉ではすぐ解ったつもりになっても、いったい誰が仏法の真の境地《きょうち》を会得《えとく》することができるだろうか。

【解説】この詩は「托鉢《たくはつ》」と題した一九句からなる漢詩の後半の部分である。托鉢とは乞食《こつじき》あるいは行乞《きょうこつ》ともいい、僧侶が鉢を胸元に捧《ささ》げ、家一軒一軒の門口《かどぐち》に立ってお布施《ふせ》をもらうことである。僧侶はそれによって命をつなぐ。これは釈迦が定めた修行である十二頭陀行《じゅうにずだぎょう》の一つで、「比丘《びく》が已れの色身《しきしん》を資《たす》くる為に食を人に乞うこと」という行いであるから、大切な修行でもある。

しかしこの托鉢（布施行）は、実際にはなかなか厳《きび》しいものである。足は疲れ、冬は寒く、すげなく断られることもあり、ときには冷たい水をかけられることもあるという。「食に於て等しき者は法も亦然り」とあるのは、行きたくない家でも、かならず順番に門口に立たなければいけない、ということである。これもとても大変なことである。施しをくれそうな家にだけ行くのでは修行にならない。

このような修行は、人に教えを授けるとき、相手がどのような人であろうと平等に授けるということにつながるのである。良寛は、生涯、この托鉢の精神によって生きたのである。

三一　人遊び

世の中に　まじらぬとには　あらねども
　ひとりあそびぞ　われはまされる（「良寛自画像讃」）

【訳】世間とはいっさい交際しない、というのではないけれども、
　私にとっては、一人遊びに勝るものはない。

【解説】良寛は世間と交わるよりも一人でいるほうがよかったのだ。気が楽、ということもあったと思われる。一人遊びというのは、良寛にとっては詩や歌を作り書を書くことであった。単なる気晴らしや娯楽というより、芸術的に高い境地を意味している。良寛の人生観の神髄を示した歌である。

なお、神奈川県大磯町の安田家が所蔵する良寛自筆のこの書には、自画像が描かれていて有名である。画面の左半分に、頭巾をかぶった良寛が行灯の前で読書をしている絵である。行灯が逆遠近法で描かれていることも注目されている。

四　子どもたちとの遊び

かすみたつ　ながき春日に　子どもらと
　手まりつきつつ　この日くらしつ　（「くにがみにてよめる」）

【訳】はるか野辺の遠くに霞がたつ、うらうらとした日が長くなった春の日に、
　子どもたちと手まりをつきながら、今日を過ごしているのだ。

【解説】晩年の良寛が五合庵《ごごうあん》や乙子《おとご》神社の境内に住み、子どもたちとまりつきをしたり、おはじき、かくれんぼをしたりして遊んだことは有名である。世俗のことは何もかも忘れきって子どもたちと楽しく過ごすことが、良寛にとってその時の精いっぱいの生き方だったのである。

同じ時期の次のような歌もある。

この里に　手まりつきつつ　子どもらと
　遊ぶ春日は　くれずともよし　（「くにがみにてよめる」）

【訳】子どもたちと手まりをつきながら、この里で遊んでいる。

とても楽しい春の日の夕方、暮れなくてもよいのだ。

【解説】近年の良寛研究によれば、良寛は単に無邪気に遊んでいただけではないのだ、という説も出ている。江戸時代後半の貧しい農村のなかで、貧乏に耐え切れず家族の生活のために女の子を売ることも行われた。良寛は、そのような悲しい運命の子どもたちのことも思いつつ、今のときは楽しく過ごそうとしていたのだ、という説である。

また良寛はまり（毬、毬子）が好きであったとみえ、まりについての歌や漢詩をいくつか残している。

袖裏《そでうら》の繍毬《しゅうきゅう》　値千金《あたいせんきん》
謂《おも》う　われこそ好手等匹《とうひ》なしと
箇中《かちゅう》の意趣　相問わば
一二三四五六七（「毬子《まり》」）

良寛の肖像　亀田鵬斎画（相馬御風記念館）
良寛と親交のあった亀田鵬斎によって描かれた良寛と遊ぶ子供たち。

【訳】私の袖の中にあるこの手毬《てまり》は、
何物にも代えがたい宝物だ。
私こそ、一番のまりつきの名人さ。
その毬の心はどんなものだろうか、と
聞いてみると、

一二三四五六七さ。

【解説】当時のまりは、ぜんまいの白い毛を集めてまるめ、布で覆ったものである。現在のゴムのまりよりずっと撞《つ》きにくく、うまく一定の高さや方向に弾まない。良寛はそのまりつきが好きで、また上手だったのであろう。

まりつきはかなりむずかしいからこそ、ついているときには「一二三四五……」と懸命に数えながらつくことになり、そのときには人間のへたな思慮分別など関係なく、ただ、つくだけの世界である。それがまりの心であり、ひいては祇管打坐《しかんたざ》の世界なのであろう。

五　辞世の句

首をめぐらせば　七十有余年
人間の是非　看破《かんぱ》に飽《あ》きたり
往来の跡幽《かす》かなり　深夜の雪
一柱の線香　古窓の下（「草庵の雪夜に作る」）

【訳】私の人生を振り返ってみれば、早くも七〇年あまりが過ぎてしまった。

人間の善い行いも悪い行いも、すべて十分に見破ってしまった。
深夜、外に音もなく降りしきる雪は、人々の足跡をすっかり覆い隠してしまった。
私には一本の線香をくゆらせ、慣《な》れた窓辺で坐禅をする尊い生き方がある。

【解説】これは「草庵の雪夜に作る」と題のある漢詩である。七四歳で亡くなった良寛が、一生を振り返っている気配であり、辞世の句かともいわれている。一柱というのは一本の線香を薫《た》くことである。その時間は約五〇分で、坐禅の時間の一単位を表している。良寛は一本の線香を窓辺に立て、しんしんと降りしきる雪を外に、ただ一人黙々と壁に向かって坐禅をしている。

良寛は、子どもたちとまりつきをしたりかくれんぼをしたりし、無邪気に遊んでいるのとは別人のような厳しい生きざまを持っていた。その生きざまが最晩年のこの詩によって私たちに迫ってくる。

出典　谷川敏明編『校注　良寛全詩集』春秋社、二〇〇七年。吉野秀雄著『良寛―歌と生涯』筑摩書房、一九七五年。

参考文献　久馬慧忠著『良寛入門―仏のモノサシ・人のモノサシ―』法蔵館、二〇〇一年。加藤信一著『良寛入門』新潟日報事業社、二〇〇四年。

執筆者紹介（生年／現職／執筆項目）

今井雅晴（いまい まさはる）　→別掲／10、12、17、23、28、32―34

小原　仁（おばら ひとし）　一九四四年／聖心女子大学教授／2、6―8

真野俊和（しんの としかず）　一九四四年／元筑波大学大学院教授／3、5、9

根本誠二（ねもと せいじ）　一九四九年／筑波大学大学院教授／4

中尾　堯（なかお たかし）　→別掲／1、11、13、19、21、27、29

中尾良信（なかお りょうしん）　一九五二年／花園大学教授／14―16、18、30、31

原田正俊（はらだ まさとし）　一九五九年／関西大学教授／20、22、24―26

索　　引

太字は項目のページを示す。

さ　行

た　行

ま　行

ら　行

知っておきたい　名僧のことば事典

二〇一〇年（平成二十二）九月二十日　第一刷発行

編　者　中尾　堯
　　　　今井雅晴

発行者　前田求恭

発行所　株式会社 吉川弘文館
郵便番号一一三—〇〇三三
東京都文京区本郷七丁目二番八号
電話〇三—三八一三—九一五一〈代〉
振替口座〇〇一〇〇—五—二四四番
http://www.yoshikawa-k.co.jp/

印刷＝株式会社 平文社
製本＝誠製本株式会社
装幀＝伊藤滋章

編者略歴

中尾　堯

一九三一年　広島県生まれ
一九五七年　立正大学大学院修士課程修了
現在　立正大学名誉教授　文学博士

主要著書
『日蓮』吉川弘文館、二〇〇一年
『中世の勧進聖と舎利信仰』吉川弘文館、二〇〇一年

今井雅晴

一九四二年　東京都生まれ
一九七七年　東京教育大学大学院博士課程修了
現在　筑波大学名誉教授　文学博士

主要著書
『鎌倉新仏教の研究』吉川弘文館、一九九一年
『親鸞と浄土真宗』吉川弘文館、二〇〇三年

ISBN978-4-642-08041-5

一休とは何か　今泉淑夫著　一七八五円

若き日の最澄とその時代　佐伯有清著　二四一五円

最澄とその門流　佐伯有清著　二五四八円

最澄と空海　交友の軌跡　佐伯有清著　三二五五円

空　海　生涯とその周辺　高木訷元著　二二〇五円

成尋の入宋とその生涯　伊井春樹著　二七三〇円

事典　日本の名僧　今泉淑夫編　二八三五円

日本仏教史辞典　今泉淑夫編　二一〇〇〇円

（価格は5％税込）

日本の名僧　全15巻

現代人の魂をゆさぶる名僧たちの生き方に、混迷の時代を生きる指針を学ぶ。

①和国の教主　聖徳太子　本郷真紹編　二七三〇円

②民衆の導者　行　基　速水　侑編　二七三〇円

③山家の大師　最　澄　大久保良峻編　二七三〇円

④密教の聖者　空　海　高木訷元・岡村圭真編　二七三〇円

⑤浄土の聖者　空　也　伊藤唯真編　二七三〇円

⑥旅の勧進聖　重　源　中尾　堯編　二七三〇円

⑦念仏の聖者　法　然　中井真孝編　二七三〇円

⑧信の念仏者　親　鸞　草野顕之編　二七三〇円

⑨孤高の禅師　道　元　中尾良信編　二七三〇円

⑩持戒の聖者　叡尊・忍性　松尾剛次編　二七三〇円

⑪遊行の捨聖　一　遍　今井雅晴編　二七三〇円

⑫法華の行者　日　蓮　佐々木　馨編　二七三〇円

⑬民衆の導師　蓮　如　神田千里編　二七三〇円

⑭反骨の導師　日親・日奥　寺尾英智・北村行遠編　二七三〇円

⑮政界の導者　天海・崇伝　圭室文雄編　二七三〇円

全15巻セット定価＝四〇九五〇円

吉川弘文館

姉妹編

知っておきたい
日本の名言・格言事典

大隅和雄・神田千里・季武嘉也・山本博文・義江彰夫著

A5判・上製・カバー装・二七二頁／二七三〇円（5％税込）

聖徳太子から松下幸之助まで、歴史上に輝かしい足跡を残した日本人一一四名の珠玉のことば。生年順に配列し、人物紹介・文意・要旨・出典・参考文献も収めた、どこから読んでも役に立つ、座右必備の名言・格言事典。

知っておきたい
日本史の名場面事典

大隅和雄・神田千里・季武嘉也・森　公章・山本博文・義江彰夫著

A5判・上製・カバー装・二八六頁／二八三五円（5％税込）

大化の改新、壇浦の戦い、川中島合戦、赤穂浪士の討ち入り、玉音放送、東京オリンピック…。日本史の転機となった名場面が、詳細・平易な解説と臨場感あふれる豊富な図版で鮮やかによみがえる。出典と参考文献を付す。